嘉兴学院学术专著出版基金资助出版

产品内分工与贸易的动因及收益

——理论与中国制造业的实证

唐铁球　著

经济科学出版社

图书在版编目（CIP）数据

产品内分工与贸易的动因及收益：理论与中国制造业的
实证／唐铁球著 . —北京：经济科学出版社，2013.7
ISBN 978 - 7 - 5141 - 3660 - 9

Ⅰ . ①产… Ⅱ . ①唐… Ⅲ . ①制造工业 - 研究 - 中国
Ⅳ . ①F426. 4

中国版本图书馆 CIP 数据核字（2013）第 171953 号

责任编辑：段　钢
责任校对：王凡娥
版式设计：齐　杰
责任印制：邱　天

产品内分工与贸易的动因及收益
——理论与中国制造业的实证
唐铁球　著

经济科学出版社出版、发行　新华书店经销
社址：北京市海淀区阜成路甲 28 号　邮编：100142
总编部电话：010 - 88191217　发行部电话：010 - 88191522
网址：www. esp. com. cn
电子邮件：esp@ esp. com. cn
天猫网站：经济科学出版社旗舰店
网址：http: //jjkxcbs. tmall. com
北京万友印刷有限公司印装
710 × 1000　16 开　13.75 印张　280000 字
2013 年 12 月第 1 版　2013 年 12 月第 1 次印刷
ISBN 978 - 7 - 5141 - 3660 - 9　定价：39.00 元

前　言

20世纪后半期，在科技进步和贸易与投资自由化的有力推动下，发达国家通过外包与垂直FDI等组织方式，将产品生产过程中的低端制造/加工/组装环节大规模转移到发展中国家完成，跨国界的产品内分工与贸易得以迅速发展。这种新型的国际分工与贸易对发达国家的生产与贸易方式、就业与产量、要素价格与国家福利、产业升级与贸易发展战略等产生了不同于最终产品分工与贸易的重大冲击，因而成为西方国际经济学最新前沿研究领域之一。加工贸易是发展中国家参与产品内分工的主要形式。改革开放以来，中国加工贸易发展迅猛，长三角和珠三角都已成为全球生产加工基地。然而，中国虽享有"世界工厂"美称，但却被长期锁定在产品内分工价值链的低端环节，难以有效控制链上要素定价权与利润分配权。进入21世纪，受人民币升值和劳动力成本上升等因素影响，中国作为制造大国的低成本竞争优势也在逐渐丧失。尤其是当前的后金融危机时代，随着国外市场需求严重萎缩，国内产业结构趋同与空间结构失衡明显恶化，中国制造业转型升级的压力与风险骤然凸显。在这样的现实背景下，如何准确测度中国制造业参与产品内分工与贸易的水平，如何正确评价中国制造业参与产品内分工与贸易的决定因素，如何合理选择中国制造业参与产品内分工与贸易的组织方式，如何提高中国制造业在产品内分工与贸易中的国际竞争力与租金收益份额，如何在后金融危机时代与新型国际分工格局下对中国制造业的赶超战略进行前瞻性调整，以实现中国由制造大国向制造强国的根本性转变等，都是中国当前亟待解决的重大现实问题。

顺应当代国际贸易以跨国公司全球化经营为主要扩展路径的经济现实，本书将标准贸易理论与制度经济学中的现代企业理论、管理学中的全球价值链理论结合起来，构建了一个融宏观与微观视角为一体的研究框架，一定程度上克服了国际贸易理论微观基础薄弱的缺陷，增强了国际贸易理论的现实解释力，并在此框架下系统而深入地研究了中国制造业参与产品内分工与贸易的动因与收益。

首先从中国制造业参与产品内分工与贸易的实际情况出发，融合投入产出法与进口中间投入占总投入比重法思想，克服以往研究多用投入产出法，仅从出口方面考察中国参与产品内分工与贸易程度的局限，从进口、出口、内销与国内增加值四个方面构建了一套符合中国国情的测度指标体系，并利用OECD提供的将中间投入和最终使用分为国内和进口两部分的中国非进口竞争型投入产出表和从UNcomtrade数据库中重新集结得到的中国制造业进出口数据，对中国制造业作了详尽的实证分析，较为全面合理地反映了其参与产品内分工与贸易的水平与程度。

其次基于生产成本与交易成本的宏观层面，在标准贸易理论框架内，研究中国制造业参与产品内分工与贸易的宏观动因。在改造与拓展标准贸易理论基础上，构建了基于比较优势与规模经济的产品内分工与贸易模型，对产品内分工与贸易的宏观动因给予了严谨的理论剖析。并以此为基础，结合Egger加工贸易影响因素理论框架，利用面板数据模型技术，兼顾生产成本与交易成本，分东部、中部与西部，就加工贸易进口与出口，对中国制造业参与产品内分工与贸易的宏观动因进行了实证检验，发现劳动力优势是中国制造业参与产品内分工与贸易的基础，制造业规模直接影响其参与产品内分工与贸易的程度，而包括法律制度质量在内的贸易与投资自由化、信息交流技术等也从交易成本方面对其参与产品内分工与贸易产生重要影响。

再次基于生产成本与交易成本的微观层面，在现代企业理论框架内，研究中国制造企业参与产品内分工与贸易的微观动因，以及由此决定的生产组织方式。从发展中国家特别是中国的视角，对国际贸易理论研究的最新领域——全球生产组织理论，即产品内分工与贸易组织方式现有的理论体系进行初步的探索性拓展：一是以中国等发展中国家为母国，在 Chakrabarti 跨国公司 FDI 区位决定因素模型基础上，结合国际贸易和跨国公司国际化战略文献有关产品内分工组织方式的决定因素，尝试性构建了国内一体化、外包与垂直 FDI 的均衡选择模型，发现要素价格差异、范围经济、不完全契约下"敲竹竿"成本、关税、运输成本和汇率风险成本等，是影响企业参与产品内分工与贸易进而决定其生产组织方式选择的重要因素；二是以中国等发展中国家为东道国，在 Antras、Grossman 与 Helpman 模型和 Reis 模型基础上，尝试性构建了垂直 FDI 与外包对发展中国家经济福利影响模型，发现在外包对劳动力技能密集度要求高于垂直 FDI 的假设前提下，对经济福利的追求是影响发展中国家参与产品内分工与贸易，并对发达国家跨国公司发起的垂直 FDI 与外包进行主动选择的重要因素。

然后分析在采取一定的组织方式参与产品内分工与贸易后，中国制造业与其他参与国之间分工与贸易收益的创造、占有与分配。突破现有文献从产业或产品角度评判中国制造业国际分工地位的传统思路，根据 ISIC Rev. 3、SITC Rev. 3、BEC 之间的对照表，在 UNcomtrade 数据库中重新集结中国制造业主要生产环节的进出口数据，从产品价值链层面对其竞争力给予了更为准确的评价。结果显示，中国制造业的竞争优势主要集中在低端的最终消费品与资本品环节，而高端的零部件环节则处于相对劣势。接着进一步分析中国制造业国际竞争力不强进而获利甚微的深层次影响因素。为此，突破现有文献从区位、制度和贸易等宏观层面分析产品内分工与贸易收益分配的传统思路，立足于微观生产层面，以 Kaplinsky 价值链租金理论为基础，引入 Teece 创新收益占有模型和 Porter "五力"模型思想，构建了产品内分工与贸易的收益创造、占有与分配的理论框架，并以中国电子产业的 iPod 产品为案例作了实证分析。结果显示，在产品内分工价值链上，受产业演化与技术标准、专属制度与互补性资产等因素影响，中国制造企业处于全球领导企业的严厉控制之下，其利润增长空间极为有限。同时，受产品要素密集度、产品差异化、转换成本、分销渠道、知识产权等因素影响，中国制造企业的市场势力在纵横维度上均处于明显劣势，因此只能分获极为微薄的租金收益份额。

最后从理论与实证两个方面归纳本书的基本结论，并在其基础上给出促进中国制造业发展的政策建议，包括摆脱外部依附的发展路径、改善制度与服务质量、实现市场势力与创新的良性互动、协调国内外产品内分工价值链、构建自己的全球生产网络和新的贸易网络、推行国际协调型产业政策，等等。

作者

2013 年 5 月

目　　录

第1章 绪 论

1.1 问题的提出及研究意义

20世纪后半期，经济全球化最显著的特征之一，是国际贸易总量占世界产出的比重急剧上升。标准国际贸易理论将其归因于全球关税的普遍削减与国际运输成本的下降。然而，正像Yi（2005）指出的，这一结论无法解释下面三个事实：其一，自20世纪60年代以来，世界贸易增长了3.4倍，而全球关税仅下降约11%，若将关税降低视为世界贸易增长的根本原因，则据此计算的贸易对关税的反应弹性将达到50，这一数值远远超过了标准贸易理论对该弹性值不能超过20的判定；其二，与20世纪80年代中期之前相比，中期之后关税削减的幅度要小，但贸易增长的幅度却更大。这表明，80年代中期以后贸易对关税的反应弹性呈急剧上升的非线性特征，这也无法在标准的贸易理论中得到解释；其三，自20世纪60年代以来，国际运输成本仅下降约5%。Hummels（1999）也认为，国际运输成本在20世纪70年代还是上升的，进入20世纪80年代才略有下降，因而国际运输成本的减少对国际贸易增长产生的促进作用也是同样有限的。在这一背景下，以Feenstra（1998）、Hummels（1999，2002）、Yi（2005）、Grossman与Helpman（2004，2006，2008）等为代表的学者认为，只有将研究视野由最终产品间的分工与贸易扩展到产品内的分工与贸易，才能对国际贸易在过去20年的飞速增长作出合理解释。

产品内分工（Intra-product specialization）是指特定产品的生产过程，被分解为不同模块，包括不同的零部件和不同的生产阶段，在地理空间上分散到两个或者两个以上国家进行，形成跨国性的生产价值链条或网络。它是国际分工超越产业间分工（Inter-industry specialization）与产业内分工（Intra-industry specialization）深入发展到产品生产过程之中的结果，是新型的国际分工形式。而以产品内分工为基础的中间投入品贸易则称为产品内贸易（Intra-product trade）。产品内分工主要表现为发达国家通过契约外包、垂直EDI等方式将其产品价值链上的加工生产环节转移到劳动力低廉的发展中国家完成。随着科学技术的发展，模块化生产方式应运而生，同时运输和通信成本以及跨区域生产的协调组织成本大幅下降，致使以利润最大化为目标的发达国家企业纷纷将劳动密集的低附加值生产环节转移到发展中国家，跨国界的产品内分工与中间投入品贸易由此有了显著增长。而这种产品内分工与贸易①在为发达国家企业带来更多利润的同时，也对其国内的生产与贸易方式、就业与产量、要素价格与国家福利、产业升级与贸易发展战略等产生了不同于最终产品贸易的重大冲击。因此，产品内分工与贸易引起了西方贸易理论界的重大关注，成为继新贸易理论（New trade theory）、贸易与经济增长（Trade and economic growth）、利益集团与贸易政策（Interest groups and trade policy）之后西方国际经济学最新前沿研究领域之一。近年来国外关于该问题的研究文献大量涌现，标志着标准贸易理论开始突破原有的以最终产品作为基本研究对象、以产品不可再分割性为暗含前提的理论局限，将研究视野从产品间分工扩展到产品内分工，有力地推动了新世纪国际贸易理论的新发展。同时，学者们还将产业组织与契约理论的思想同新贸易理论模型结合起来，开辟了产品内分工与贸易的组织方式这一全新的研究领域，为国际贸易理论奠定了微观基础，使其进入一个新的发展阶段。

　　加工贸易是发展中国家参与国际产品内分工的主要形式。中国的加工贸易从20世纪80年代初起步，进入21世纪后在国际产品内分工日益深化的推动下，得到了迅猛发展，长江三角洲、珠江三角洲和环渤海地区都由此成为世界性的生产加工基地。中国加工贸易近30年的发展历程已证明，在新的国际分工形势下，大力发展加工贸易，沿着产品内部的国际纵向分工体系向上攀升，已日益成为中国实现工业化的主要途径。正如卢锋（2006）指出的，"利用产品内分工国际环境谋求自身经济发展，是中国过去20多年改革开放获得成功的一条重要经验，因而产品内分工概念和分析框架，对解读中国当代经济开放成长内在机理和规律以及指导中国贸易战略的调整和未来经济的发展具有重要的启示意义"。吴福象、刘志彪（2011）也指出中国进出口贸易的爆炸性增长，源于经济全球化进程中的产品内国际分工，源于跨国公司对其低端生产/制造/加工/组装环节的国际外包，源于中国企业适时调整和参与产品内国际分工的战略。但是，发达国家跨国公司作为产品内分工与贸易的发起者与主导者，不仅凭借其丰裕的知识与技术要素获取了高额的附加值，还通过产业资本、金融资本与商业资本的加快融合来进一步推动整条产品内分工价值链的整合，并严格控制发展中国家产业在链上的功能升级，以获取更多的分工与贸易利益。在这一背景下，中国虽已享有"世界工厂"的美誉，但却长期被锁定在产品内分工价值链的低端生产/制造/加工/组装环节，而不得不进行着恶性的模仿竞争和价格竞争，难以控制产品内分工价值链的要素

---

① 产品内分工与贸易按地理空间可分为国内产品内分工与贸易和国际产品内分工与贸易。本书主要考察的是后者。因此，除了明确指出的地方外，本书的产品内分工与贸易均指国际产品内分工与贸易。

定价权和利润分配权，从而陷入制造业总产值全球第二，但利润率却远低于欧美等发达国家的困境。例如，2011 年，中国出口高达 1.2 万亿美元，但加工贸易占比 48.8%；高新技术产业出口近 4000 亿美元，加工贸易占了 80%，尤其是知识与技术高度密集型的软件和芯片出口不到 6%；全国申请的专利达到 18 万多件，但实用新型与外观设计占比 80%，技术含量较高的发明专利仅有 20%。这种低端的发展方式已经严重破坏了中国的资源与环境，使得中国的可持续发展危机日益凸显。据周天勇（2010）统计[①]，在资源浪费方面，中国百分之八十的江河湖泊断流枯竭，三分之二的草原沙化，绝大部分森林消失，近乎百分之百的土壤板结。而在环境破坏方面，中国三分之一的国土被酸雨污染，主要水系的五分之二成为劣 5 类水，四分之一的中国人喝不上洁净、安全的水，至少三分之一的城市人口呼吸着污染严重的空气，1500 万人因此患有支气管炎与肺癌等呼吸道疾病。世界银行的研究报告显示，在全球 20 个污染最严重的城市中，中国占了 16 个。实践表明，中国在产品内分工与贸易中的低端发展方式已经导致一系列严重的后果。并且在进入 21 世纪后，受到出口退税率下调、人民币升值和劳动力成本上升等因素的影响，中国作为全球制造中心的低成本竞争优势正在逐渐丧失。尤其在当前的后金融危机时代，国外市场需求严重萎缩，国内产业结构趋同、空间结构失衡、功能结构冲突等问题明显恶化，中国制造业转型升级的压力骤然凸显。在这样的现实背景下，如何准确测度中国制造业参与产品内分工与贸易的程度，如何正确评价中国制造业参与产品内分工与贸易的决定因素，如何合理选择中国制造业参与产品内分工与贸易的组织方式，如何在产品内与贸易中提高中国制造业的国际竞争力与租金收益份额，如何在后金融危机时代与新型国际分工格局下对中国的赶超战略和宏观经济管理职能进行前瞻性调整，以实现中国由制造大国向制造强国的根本性转变等，都是中国当前亟待解决的重大现实问题。

目前，国外相关理论多是基于发达国家的视角来研究产品内分工与贸易，因此这些理论并不直接适用于中国这样的发展中转型大国。而国内学术界有关产品内分工与贸易的文献虽日趋增多，但基本上还是处于有关概念和意义介绍的起步阶段。对发展中国家，尤其中国制造业如何通过产品内分工与贸易实现可持续发展的探讨还比较欠缺，专门的研究文献较少，研究范围也有限，尚未结合中国处于发展中国家的地位和从封闭经济向开放经济转变的特殊环境与发展阶段，从理论和实证两方面形成系统的技术路线与研究脉络。本书较早在国内运用产品内分工与贸易理论对中国制造业的发展进行较为系统的研究[②]，主要目的：一是根据

---

① 周天勇. 中国的危机. http://www.360doc.com/content/08/0801/15/65663_1497520.shtml.
② 作为处于工业化进程的新兴经济体群体，制造业具有举足轻重的地位，其与产品内分工与贸易的联系也最为密切。基于此，本书以中国制造业参与产品内分工与贸易为研究对象。本书对制造业子行业的划分标准以国际标准产业分类 ISIC Rev.3 为基准，并按照 OECD（2004）的方法将其子行业归为四个技术层次：低技术产业、中低技术产业、中高技术产业和高技术产业。

发展中国家的特点对西方产品内分工与贸易的相关理论进行初步的探索性拓展，以构建符合发展中国家特别是中国国情的产品内分工与贸易理论体系；二是根据本书建立的理论体系，利用 OECD 提供的中国非进口竞争型投入产出表和国际标准产业分类 ISIC Rev. 3、联合国国际贸易商品分类 SITC Rev. 3、联合国广义经济类别分类 BEC 之间的对照表，以及 UNcomtrade 数据库等数据来源，对中国制造业进行比较系统的实证研究，并据此给出中国制造业在产品内分工与贸易下的可持续发展之路。研究成果将为中国在后金融危机时代新型国际分工格局和资源环境强约束下的工业增长，以及中国由制造大国向制造强国的根本性转变等，提供一些有益的借鉴。因此，本书的研究既有重大的理论意义，也有重大的现实意义。

1.2　有关产品内分工与贸易的概念说明

1.2.1　产品内分工[①]的界定

"产品内分工"虽然是一个新的理论范畴，但与之相关的概念最早可追溯到 20 世纪 60 年代。60 年代后期，世界贸易的一个重大变化，是出现了特定产品生产过程包含的不同生产环节或中间产品，在空间上分散到不同国家或地区进行，由此引起中间产品贸易在国际贸易中所占份额大幅上升。Ballasa（1967）将这一现象概括为"垂直专业化"（Vertical Specialization）。此后，经济学、管理学与地理学等不同学科的学者从自身学科的研究需要出发，提出了多个意义相近但又不完全一致的术语来描述这一现象。除了"垂直专业化"（Ballasa，1967；Hummels，1999、刘志彪、刘晓旭，2004；盛文军，2005；高峰，2006；胡昭玲，2010），还包括国际外包（International Outsourcing）（Feenstra & Hanson，1998；Grossman & Helpman，2005；宋玉华，周均，2009）、多阶段生产（Multi-stage Pro Duction，Markusen & Venables，2006）、国际生产分割（International Fragmentation of Production）（Jones & Kierzkowski，1999；Arndt & Kierzkowski，2004）、国际生产非一体化（International Disintegration of Production）（Feenstra，1998；吴福象，2009）、产品内分工（Intra-product specialization）（Arndt，1999；卢锋，2007；田文，2009）、非本地化生产（De-localization Production）（Leamer，2000）、价值链切片（Slicing up the Value Chain）（Krugman，1997）等。以上术语尽管由于视角上的不同而略有差异，但其基本含义是一致的，均指特定产品生产过程，在地理空间

---

　　① 产品内分工与贸易按地理空间可分为国内产品内分工与贸易和国际产品内分工与贸易。本书主要考察的是后者。因此，除了明确指出的地方外，本书的产品内分工与贸易均指国际产品内分工与贸易。

上被分解到两个或者两个以上的国家进行。例如，Hummels（2002）认为"垂直专业化"的基本特征是：一种最终产品可分解为多个连续的生产环节或阶段；两个或两个以上的国家分别至少承担一个生产环节或阶段的生产任务；至少有一个国家在生产过程中使用进口投入品，并将其生产的部分产品进行出口。如图 1.1 所示。因而，在一般情况下，这些概念可以不加区分地使用。国内学者卢锋（2006）在前人文献的基础上，也提出了与 Arndt（1999）相类似的"产品内分工"（Intra-product specialization）概念，认为产品内分工是指"特定产品生产过程中不同工序、不同区段、不同零部件在空间上分布到不同国家，每个国家专业化于产品生产价值链的特定环节进行生产的现象"，产品内贸易（Intra-product trade）则是指由产品内分工引起的中间投入品贸易。

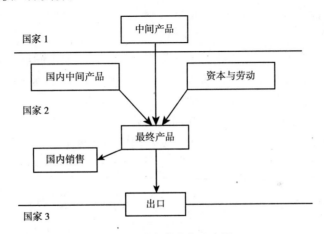

图 1.1 垂直专业化示意图

资料来源：Hummels David, Ishii Jun, Kei-Mu Yi. The nature and growth of verticalcialization in world trade [J]. Journal of International Economics, 2002, (1): 78.

本书从国际分工概念的内在发展逻辑出发，选用与产业间分工和产业内分工相对照的产品内分工概念。并在 Arndt 和卢锋等人定义的基础上，结合产品内分工以跨国公司为主导的现实特征，将其定义为：在跨国公司的主导下，以垂直 FDI 和外包为主要方式，将某一特定产品生产过程的不同阶段或环节，在空间上分离到两个及两个以上的国家进行，形成跨越国家或地区界限的专业化分工生产体系。

对此定义，需作以下几点说明：

（1）产品。"产品"是指经济社会在一定时期生产出来的能够满足人们各种消费需要的物品。在现代经济中，产品按其物质形态可分为有形产品与无形产品两大类。有形产品指各种货物类商品，无形产品则指服务类商品。在 20 世纪后半叶，货物类商品的产品内分工与贸易的发展使发展中国家能够参与技术和资本密集型产品生产过程中的部分劳动密集型生产环节。而进入 21 世纪以来，经济全球化的一个最重要的特征，是在货物类商品的产品内分工快速发展的同时，服务类商品的产品内分工也在迅猛增长。服务类商品的产品内分工的发展，为发展中国家在国际分工中由低附加值的加工制造环节向高附加值的现代服务环节升级提供了新的重要途径。

（2）中间产品与最终产品。在经济学中，产品按其用途又可分为最终产品与中间产品。最终产品是指供最终用户，包括居民户、厂商和政府等直接使用的产品。中间产品则是指在后续生产阶段，作为中间投入品，用来生产其他产品的产品。它具体包括零件、部件、配件、子系统组件或模块等。在产品内分工中，由于最终产品的组装可以看成是全部生产过程中的一个环节，即所有中间产品的集合环节，因此也属于中间产品的生产范围。

（3）生产过程。生产过程有广义与狭义的区分。狭义的生产过程是指产品的加工制造。广义的生产过程则包括产品的研发设计、加工制造与流通销售整个流程。一般来说，在产品的生产价值链中，各个生产阶段创造的附加值并不是等量的。上游的研发设计与下游的流通销售是高附加值的环节，主要为发达国家的企业所把持；中游的加工制造是低附加值的环节，主要为发展中国家的企业所占据。在这种产品内的纵向分工关系中，发达国家与发展中国家的市场势力与利益分配是不对称的。

1.2.2　产品内分工下的贸易方式：产品内贸易

国际分工与国际贸易是两个紧密相关的概念。国际贸易方式和国际分工方式是相互适应的。国际分工的方式决定国际贸易的方式，而国际贸易反过来也可以促进国际分工的进一步深化。当国际分工方式由产业间分工发展到产业内分工时，国际贸易方式则由产业间贸易发展到产业内贸易。随着科学技术的进步，国际分工又逐渐由产业内分工深入到产品内分工时，国际贸易方式也由产业内贸易发展到产品内贸易。产品内贸易是产品的不同生产环节分解到全球各地而形成的中间产品的国际交换活动。它在本质上是经济资源在企业内部或企业之间的配置活动。随着科学技术的日益发展，产品的生产过程更加细化。一个完整产品的生产过程可以分割成多个相互独立的生产阶段或环节。从事这些生产阶段生产的企业形成纵向的分工协作关系，每一个阶段生产出来的产品都会作为下一个阶段的中间产品投入使用。在产品内国际分工下，这种分工协作关系是通过产品内国际贸易来实现的。

从根本上说，产品内分工与产品内贸易是相互作用与相互影响的。而两者在经济体系中所处的位置来看，产品内分工处于商品的生产层面，体现的是商品生产的组织方式；而产品内贸易则处于商品的流通层面，体现的是商品的交换方式和流通方向。按照产品内分工的组织方式和贸易联系纽带的不同，产品内贸易又可具体分为企业间贸易与企业内贸易两种形式：企业间贸易与企业内贸易。当产品内分工采用国际外包的组织方式时，所形成的中间产品贸易属于跨国公司与其外包伙伴之间的企业间贸易。而采用垂直 FDI 的组织方式时，所引发的中间产品贸易则属于跨国公司内部各子公司之间的企业间贸易。

1.3 研究方法

伟大的思想家培根指出"方法掌握着研究的命运"。本书研究的问题既有理论性又有现实性；既对西方国家的新理论给予介绍与发展，又联系中国制造业的实际进行具体分析，采用的研究方法主要是：

第一，规范分析与实证分析相结合。本书在充分掌握国内外相关文献和中国制造业实践发展的基础上，运用科学的抽象思维法，整合西方产品内分工与贸易理论，并通过构建严谨的数理经济模型来更好地推演和把握经济发展过程的内在规律，以便提出一些新的理论洞见。如第 4 章，通过建立数理模型对产品内分工与贸易产生的宏观动因进行严谨的理论分析；第 5 章，则通过构建数理模型分析发展中国家对国内一体化、垂直 FDI 和外包三种产品内分工与贸易组织方式的均衡选择。此外，在进行主观理论推演的同时，也进行客观事实的分析，力求做到理论解释都有相应的实证研究支持。

第二，计量分析与案例分析相结合。在实证研究中，主要是采用计量分析与案例分析相结合的方法。具体而言，主要是运用面板数据的最新检验技术，来验证理论分析得出的结论与现实经济现象或经济过程之间的"拟合程度"，如第 4 章，应用该方法研究了中国制造业参与产品内分工与贸易的宏观决定因素。而在统计数据不全或不易获得的情况下，则运用案例分析法为理论解释奠定实证研究的基础。如第六章，以中国电子产业中加工组装基地设在中国的美国苹果公司的 iPod 产品为案例对象，对其产品内分工各环节的收益创造、占有与分配进行细致的实证分析。

第三，交易成本分析和价值链分析相结合。交易费用是新制度经济学最基本的概念。交易成本决定了企业的存在，企业采取不同的组织方式最终目的也是为了节约交易成本。本书运用新制度经济学的交易成本理论在第 5 章分析了发展中国家对国内一体化、垂直 FDI 和外包三种产品内分工与贸易组织方式的均衡选择，在第 6 章分析了产品内分工与贸易的收益创造、占有与分配。同时，本书将管理学中的价值链分析法引入产品内分工与贸易的研究中，主要是运用产品内分工价值链的图解分析、进入壁垒分析、治理分析和创新分析，来研究产品内分工与贸易的利益占有与分配，以及中国制造业在国际分工中的地位和产业升级的机理与途径。

1.4 研究框架

本书的研究思路与逻辑框架图如图 1.2 所示。

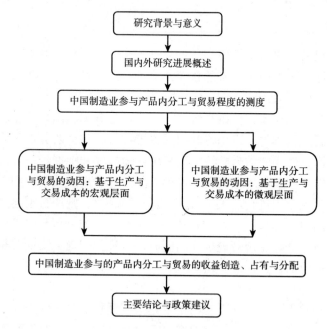

图 1.2 研究逻辑框架图

本书在充分掌握近些年来国内外相关文献资料和中国制造业实践发展的基础上，首先，从中国参与产品内分工与贸易的实际情况出发，构建了符合中国国情的四个产品内分工与贸易程度的测度指标：进口投入产品内分工指数、出口贸易产品内分工指数、国内销售产品内分工指数、国内完全附加值产品内分工指数，以较为准确而全面地反映中国制造业参与产品内分工与贸易的水平和程度；其次，基于生产成本与交易成本的宏观层面，在标准贸易理论框架内，对产品内分工与贸易产生的宏观动因进行理论剖析，并以此为基础，对中国制造业参与产品内分工与贸易的影响因素进行实证分析；再次，基于生产成本与交易成本的微观层面，在企业理论框架内，研究中国制造企业参与产品内分工与贸易的微观动因及由此决定的生产组织方式；随后，从价值链的视角深入考察中国制造业在采取一定的组织方式参与产品内分工与贸易后，其主要生产阶段的国际竞争力状况。在此基础上，结合全球价值链租金理论、Teece 创新收益占有模型和 Porter "五力"模型思想，重新诠释产品内分工价值链中收益创造、占有与分配问题，以揭示中国制造业竞争力不强进而获利甚微的深层次成因；最后，从理论与实证两个方面归纳出本书基本结论，并据此给出促进产品内分工与贸易下中国制造业发展的政策建议。

本书共分 7 章。第 1 章是绪论，简要地阐述了论文选题的背景和研究意义、论文的研究方法、研究框架以及可能的创新。

第 2 章是文献综述，在大量阅读国内外文献的基础上，对产品内分工与贸易的理论与经验研究文献作了较为全面而深入的归纳与整理。1.2 节介绍产品内分工与贸易的度量；1.3 节阐述产品内分工与贸易的基础和决定因素；1.4 节介绍产品内分工组织方式选择研究；1.5 节介绍产品内分工与贸易的主要经济效应；最后一节对文献给予总体评述，并指出未来的研究方向。

第 3 章着重分析中国制造业参与产品内分工与贸易的水平与程度。首先，介绍了目前国际上三种主要的产品内分工与贸易的测度方法，并比较各自的优劣所在；其次，重点分析了国内外最常用的两种测度方法，即投入产出法和进口中间投入占总投入比重法，指出直接简单套用这两种方法与指标体系，来衡量中国参与产品内分工与贸易的程度存在一定局限；然后，从中国参与产品内分工与贸易的现状出发，融合投入产出法和进口中间投入占总投入比重法的思想，构建了四个产品内分工与贸易程度的测度指标：进口投入产品内分工指数、出口贸易产品内分工指数、国内销售产品内分工指数、国内完全附加值产品内分工指数，以较为准确而全面地反映中国参与产品内分工与贸易的水平和程度；最后，基于这一指标体系，利用 OECD 提供的中国非进口竞争型投入产出表和和从 UNcomtrade 数据库中重新集结得到的中国制造业进出口数据，对中国制造业各子行业参与产品内分工与贸易的水平作了详尽的实证分析。分析结果表明，这一套产品内分工与贸易的测量方法和指标体系，对中国制造业产品内分工与贸易实践具有较强的现实解释能力，能够更好地为中国的产业和贸易发展战略及政策的调整提供重要的参考依据。

第 4 章基于生产成本与交易成本的宏观层面重点研究中国制造业参与产品内分工与贸易的宏观动因。首先，在标准贸易理论框架内，建立基于比较优势、内部规模经济与外部规模经济的产品内分工与贸易模型数理模型，对产品内分工与贸易产生的宏观动因进行严谨的理论剖析。并从交易成本角度进一步考察产品内分工与贸易的其他宏观决定因素；随后，根据前面的理论分析，结合 Hartmut Egger 和 Peter Egger（2007）关于加工贸易影响因素的理论研究，归纳提炼出一个基于发展中国家视角的产品内分工与贸易影响因素的理论框架；最后，根据这一理论框架，利用面板数据模型技术，既考虑生产成本也考虑交易成本，分别就加工贸易进口与出口，分东部、中部与西部三个地区，进行计量回归，以较为全面而深入地对中国参与产品内分工与贸易的宏观动因进行实证检验。结果表明：第一，低成本劳动力的比较优势是中国参与产品内分工与贸易的基础，而劳动力素质和效率的影响也不可忽视；第二，制造业的发展水平和规模直接影响到其参与产品内分工与贸易的程度；第三，包括法律制度质量在内的贸易与投资自由化程度、基础设施的完善情况以及信息交流技术的进步水平也从交易成本节省的方面对中国制造业参与产品内分工与贸易产生重要影响；第四，由于东部具有独特的区位、劳动力资源、基础设施、制度质量和政策优惠等优势，所以其参与产品内分工与贸易的程度远高于中西部地区。

　　第5章基于生产成本与交易成本的微观层面主要分析中国制造企业参与产品内分工与贸易的微观动因及由此决定的生产组织方式。为此，本章在企业理论框架内，运用贸易理论与新制度经济学的现代企业理论、信息经济学和跨国公司理论融合而成的国际贸易理论研究的全新领域——产品内分工与贸易组织方式，即全球生产组织理论①，研究企业这一微观主体参与产品内分工与贸易的动因及由此决定的生产组织方式。从发展中国家特别是中国的视角，对现有全球生产组织理论体系进行初步的尝试性拓展：一是以中国等发展中国家为母国，在Chakrabarti跨国公司FDI区位决定因素模型基础上，结合国际贸易和跨国公司国际化战略文献有关产品内分工组织方式的决定因素，尝试性构建国内一体化、外包与垂直FDI的统一均衡选择模型。研究显示，要素价格差异、范围经济、不完全契约下"敲竹竿"成本、关税、运输成本和汇率风险成本等，是影响企业参与产品内分工与贸易，进而决定其对国内一体化、外包与垂直FDI等组织方式选择的重要因素。二是以中国等发展中国家为东道国，在Antras、Grossman与Helpman模型和Reis模型基础上，尝试性构建垂直FDI与外包对发展中国家经济福利的影响模型。研究显示，在外包对劳动力技能密集度的要求比垂直FDI更高

---

　　① 作为国际贸易理论的新领域，产品内分工与贸易组织方式，即全球生产组织理论为国际贸易理论奠定了微观基础。标准国际贸易理论在某种程度上对微观主体的研究较为忽视。李嘉图模型、赫克歇尔－俄林模型未纳入企业，而新贸易模型虽涉及企业，但对企业作了对称性的简化处理，对其研究依然单薄。此外，在传统国际贸易理论中，完全竞争是市场的主要形式，交易成本为零且信息完全。在新国际贸易理论中，虽采用了不完全竞争市场等概念，引入了规模经济、异质性等概念，但也未将交易成本与信息不完全引入其研究框架。目前，在Helpman、Grossman、Antras、Melitz和Yeaple等学者的引领下，国际贸易理论开始对微观主体行为给予重大关注，开辟了全球生产组织理论这一全新的研究领域。该理论在标准贸易理论中融入现代企业理论、跨国公司理论与信息经济学，着重考察跨国公司作为当代国际贸易主体对跨国外包与垂直FDI等分工与贸易组织方式的选择，以及这些组织方式对国际贸易模式的影响。从企业这一微观主体的行为出发研究国际贸易模式，符合当代国际贸易主要以跨国公司的全球化生产与经营为扩展路径的经济现实，为国际贸易理论奠定了微观基础，增强了理论对现实的解释力。与第4章侧重于从生产成本与交易成本的宏观层面来研究产品内分工与贸易的动因相比，第5章则侧重于从企业这一微观主体出发，考察企业如何通过对节省的生产成本与新产生的交易成本的比较，来决定是否参与产品内分工与贸易，以及采取何种生产组织方式参与产品内分工与贸易。

的假设前提下，对经济福利的追求是影响发展中国家参与产品内分工与贸易，并对发达国家跨国公司发起的垂直 FDI 与外包进行主动选择的重要因素；如果发展中国家的熟练劳动力与非熟练劳动力的数量之比大于发达国家跨国公司在发展中国家生产单位的熟练劳动力与非熟练劳动力的成本份额之比。那么，外包必定会产生更高的福利水平；在外包方式下，人力资本投资更能促进发展中国家福利水平的提高。

　　第 6 章着重研究在采取一定的组织方式参与产品内分工与贸易后，中国制造业与其他参与国之间分工与贸易得益的创造、占有与分配。首先，突破国内现有文献多是从产业或产品角度来评判中国的竞争力水平和国际分工地位的传统思路，在 UNcomtrade 数据库中，利用国际标准产业分类 ISIC Rev. 3 与联合国国际贸易商品分类 SITC Rev. 3 对照表，以及 SITC Rev. 3 与联合国广义经济类别分类 BEC 对照表，重新集结得到中国制造业在主要生产环节中的进出口贸易数据，从价值链视角对中国制造业在产品生产过程各个主要环节上的竞争力进行比较研究，以对新型产品内国际分工体系下中国制造业的竞争力给予更为深入准确的评价。结果显示，在产品层面，中国制造业的比较优势仍然集中于低技术产业，而高技术产业的国际竞争力还比较弱小；在产品生产阶段层面，中国制造业的竞争优势主要集中在价值链低端的最终消费品与资本品的生产环节，而处于价值链高端的零部件，特别是高技术产业中的关键零部件产品则更多地依赖于国外进口。这种比较优势格局决定了中国制造业竞争力的实质性提升依然任重道远，进而也决定了其在产品内分工与贸易中获利甚为有限；然后，为进一步分析中国制造业竞争力不强进而获利甚微的深层次影响因素，本书突破国内外现有文献多是从区位、制度和贸易等宏观层面分析产品内分工与贸易收益分配的思路，立足于微观生产层面，以 Kaplinsky 全球价值链租金理论为基础，引入战略管理理论中 Teece 的创新收益占有模型和产业经济学中 Porter 的"五力"模型思想，构建了一个产品内分工与贸易的收益创造、占有与分配的理论框架；最后运用该理论框架，以中国电子产业中将加工组装基地设在中国的美国苹果公司的 iPod 产品为案例对象，对其各环节的收益创造与分配进行分析，重点说明作为领导企业的苹果公司创新收益最大化的实现，以及在 iPod 价值链上包括中国企业在内的各参与企业收益分配的决定。结果显示，在产品内分工价值链上，受产业演化与技术标准、专属制度和互补性资产等因素影响，中国制造企业处于全球领导企业的严厉控制之下，其利润增长空间极为有限。同时，受产品要素密集度、规模经济、产品差异化、转换成本、信息掌握、分销渠道、知识产权和专有技术等因素影响，中国制造企业在链中的市场势力与讨价还价能力在纵向与横向两个维度上均处于明显劣势，因此只能分获极为微薄的租金收益份额。所以，提高中国制造业在产品内分工价值链上的竞争力与收益份额，关键在于从以上影响因素出发，以创新为基础大力提升其纵向与横向两个维度的市场势力与讨价还价能力，并实现创新与市场势力的良性互动。

第7章是主要结论与政策建议。从理论与实证两个方面归纳出本书的基本结论，并在其基础上给出产品内分工与贸易下促进中国制造业发展的政策建议，包括积极融入产品内国际分工体系，适当保护劳动密集型产业的出口与发展；摆脱外部依附的发展路径，重视实施内外需均衡战略；改善制度与服务质量，降低产品内分工与贸易的交易成本；构建自己的全球生产网络和新的贸易网络，充分利用国内外资源；实现市场势力与创新的良性互动，增加分工与贸易收益；推动区际产业转移，协调国内外产品内分工价值链；推行基于产品内分工的国际协调型产业政策，实现国家战略利益最大化，等等。

1.5　可能的创新及有待进一步研究的问题

1.5.1　可能的创新

（1）研究框架方面。本书将标准贸易理论与制度经济学中的企业理论、管理学中的全球价值链理论结合起来，构建了一个融宏观与微观视角为一体的研究框架。标准贸易理论主要考察国际分工的基础、贸易形式及其效应等"宏观"特征，其中李嘉图模型、赫克歇尔—俄林模型未纳入企业，而新贸易模型虽涉及企业，但对企业作了对称性的简化处理，对其研究依然单薄。现代企业理论则以交易成本为核心重点考察微观主体——企业的边界与组织模式的演化。全球价值链理论则主要关注全球产品价值链的治理、租金、创新与升级等"微观"层面的运行机制。本书试图突破以往对标准国际贸易理论的研究通常只重点涉及国际分工与贸易的"宏观"表现与效应，而现代企业理论与全球价值链理论的研究又往往主要考察企业微观领域的传统思路，将两者结合在一起，建立了一个较为全面的，融宏观与微观视角为一体的研究框架，以顺应当代国际贸易以跨国公司的全球化生产与经营为主要扩展路径的经济现实，夯实了国际贸易理论的微观基础，增强了国际贸易理论对现实的解释力。如第5章，通过融合标准贸易理论与现代企业理论来研究企业参与产品内分工与贸易的微观动因及由此决定的生产组织方式；第6章突破过去国际贸易理论多是从区位、贸易和制度等宏观层面分析收益分配的传统思路，立足于微观生产层面，运用管理学中的价值链分析框架重新诠释产品内分工与贸易中的收益创造、占有与分配；突破国内研究多是从产品或产业的层面来评判中国制造业国际竞争力的传统思路，通过对中国制造业在初级产品、中间产品（包括半成品与零部件）和最终产品（包括半成品与零部件）

等方面进出口贸易数据的深入分析，从价值链视角对中国制造业在产品生产过程的各个主要环节上的竞争力进行比较研究，等等。

（2）理论研究方面。第一，从中国制造业参与产品内分工与贸易的实际情况出发，融合国际上常用的投入产出法和进口中间投入占总投入比重法的思想，构建了四个产品内分工与贸易程度的测度指标：进口投入产品内分工指数、出口贸易产品内分工指数、国内销售产品内分工指数、国内完全附加值产品内分工指数，克服了国内以往研究多用投入产出法，仅从出口贸易方面考察中国制造业参与产品内分工与贸易程度的片面性，从而较为全面合理地反映了中国制造业参与产品内分工与贸易的程度与水平。第二，在研究企业参与产品内分工与贸易的微观动因时，基于中国等发展中国家的视角，从两个方面对国际贸易理论的最新领域——全球生产组织理论，即产品内分工与贸易组织方式的现有理论体系进行初步的探索性拓展：一方面是研究发展中国家作为母国，从成本最小化目标出发，对国内一体化、垂直 FDI 和外包三种组织方式的均衡选择；另一方面是研究发展中国家作为东道国，对发达国家发动的垂直 FDI 与外包两种组织方式，依其对本国福利影响的差异而做出的主动选择。在第一个方面，以 Chakrabarti（2005）构建的跨国公司 FDI 区位决定因素模型为基础，结合国际贸易文献和跨国公司国际化战略文献中有关产品内分工组织方式的决定因素，尝试性构建了一个将一体化、外包与垂直 FDI 统一起来的数理模型；在第二个方面，以 Antras、Grossman 和 Helpman（2005，2006）的模型和 Reis（2003）的模型为基础，尝试性构建了垂直 FDI 与外包对发展中国家经济福利影响的数理模型。第三，突破国内外现有文献多是从区位、制度和贸易等宏观层面分析产品内分工与贸易收益分配的思路，立足于微观生产层面，以 Kaplinsky 全球价值链租金理论为基础，引入战略管理理论中 Teece 创新收益占有模型和产业经济学 Porter "五力" 模型的思想，构建了一个产品内分工与贸易的收益创造、占有与分配的理论框架。

（3）实证研究方面。主要是利用国际标准产业分类 ISIC Rev. 3 与联合国国际贸易商品分类 SITC Rev. 3 对照表、SITC Rev. 3 与联合国广义经济类别分类 BEC 对照表，以 OECD 提供的包含 22 个制造业子行业且将中间投入、中间使用和最终使用分为国内和进口两部分的中国非进口竞争型投入产出表[①]、UN-comtrade 数据库、中国统计年鉴、中国工业统计年鉴等为主要数据来源，采用新的研究指标与研究思路，对中国制造业参与产品内分工与贸易进行较为系统的且不同于以往国内相关研究成果的经验实证。如第 3 章，利用 OECD 提供的中国非进口竞争型投入产出表和从 UNcomtrade 数据库中重新集结得到的中国制造业进

---

① 通过采用 OECD 编辑的包含了 22 个制造业子行业的中国非进口竞争型投入产出表，可以避免在测算参与产品内分工与贸易的程度时，国内以往研究多用中国统计局编制的包含 15 个制造业子行业的中国进口竞争型投入产出表，对进口中间投入比例在各行业间相同的严格假定所带来的计算误差。

出口数据，从进口投入产品内分工指数、出口贸易产品内分工指数、国内销售产品内分工指数、国内完全附加值产品内分工指数四个方面较为全面地测度了中国制造业参与产品内分工与贸易的程度和水平；第4章，以中国各省市加工贸易进出口为样本，建立面板数据模型，既考虑生产成本也考虑交易成本，分东部、中部与西部三个地区，较为全面而深入地对中国参与产品内分工与贸易的宏观动因进行实证检验；第6章，根据国际标准产业分类 ISIC Rev. 3 与联合国的国际贸易商品分类 SITC Rev. 3 对照表，SITC Rev. 3 与联合国广义经济类别分类 BEC 对照表，从 UNcomtrade 数据库中重新集结得到中国制造业在初级产品、中间产品（包括半成品与零部件）和最终产品（包括半成品与零部件）等方面的进出口贸易数据。通过对这些数据的深入分析，突破国内研究多是从产品或产业的层面来评判中国制造业国际竞争力的传统思路，从产品内价值链分工的视角对中国制造业在各个主要生产环节上的国际竞争力进行比较实证研究；以中国电子产业中将加工组装基地设在中国的美国苹果公司的 iPod 产品为案例对象，对其各环节的收益创造与分配进行分析，重点说明作为领导企业的苹果公司创新收益最大化的实现，以及在 iPod 价值链上包括中国企业在内的各参与企业收益分配的决定。

1.5.2　有待进一步研究的问题

（1）由于一项研究无法解决所有问题，加上中间产品技术分析上的复杂性，因而在本书的理论研究中，从研究目标出发，对数理模型作了某些假设，以简化分析，得到更为明确的结果。如在"中国制造业参与产品内分工与贸易的组织方式研究"一章中，第一节的模型假定了北方企业在选择组织方式时以北方国家市场（母国市场）为唯一的目标国市场；第二节的模型则假定了南方国家为小国开放经济。但是，为了使理论更加接近现实，在今后的研究中需要放宽这些假设，对模型作进一步扩展。

（2）由于数据可获得性及相关条件的限制，在"中国制造业参与的产品内分工与贸易的收益创造、占有与分配"一章中，对产品内分工与贸易的收益创造、占有与分配理论的实证研究，仅局限于中国电子产业，尚需将实证分析拓展到中国制造业其他子行业或重要产品；在"中国制造业参与产品内分工与贸易的动因：基于生产与交易成本的微观层面"一章中，未能结合中国制造业的实际情况对理论研究的结论给予实证检验，还有待以后相关微观数据的不断丰富而作进一步研究①。

---

① 目前在产品内分工与贸易组织方式的研究中，由于缺乏必要的相关微观企业数据的支持，因此相对于理论模型研究而言，经验实证研究非常薄弱。所以，如何加强对相关微观企业数据的搜集，以提供更多的经验实证支持，是国际学术界关于产品内分工与贸易研究下一步需要解决的问题。

第 2 章 文献述评

2.1 引言

20 世纪后半期，经济全球化最显著的特征之一，是国际贸易总量占世界产出的比重急剧上升。标准国际贸易理论将其归因于全球关税的普遍削减与国际运输费用的下降。然而，正如 Yi（2005）指出的，这一解释无法回答下面三个事实：第一，自 20 世纪 60 年代以来，世界贸易增长了 3.4 倍，而全球关税仅下降约 11%，若将关税降低视为世界贸易增长的根本原因，则据此计算的贸易对关税的反应弹性将达到 50，远远超过了标准贸易理论对该弹性值不能超过 20 的判定。第二，与 20 世纪 80 年代中期之前相比，中期之后关税削减的幅度要小，但贸易增长的幅度却更大。这表明，80 年代中期以后贸易对关税的反应弹性呈急剧上升的非线性特征，这也无法在标准的贸易理论中得到解释。第三，Yi（2005）指出自 20 世纪 60 年代以来，国际运输费用仅下降约 5%。Hummels（1999）也认为，20 世纪 70 年代以来，全球运输费用只有稍许下降，期间 20 世纪 70 年代还呈上升态势，80 年代才开始下降，因而国际运输费用的下降也不足以对国际贸易的快速增长作出有力的解释。在这一背景下，以 Feenstra（1998）、Hummels（1999，2002）、Yi（2005）、Grossman 和 Helpman（2004，2006，2008）等为代表的学者认为，只有将研究视野由最终产品间的分工与贸易扩展到产品内的分工与贸易[①]，才能对国际贸易在过去 20 年的飞速增长作出合理解释。

产品内分工（Intra-product specialization）是指特定产品的生产过程，分解为不同的生产环节或中间产品，从地理空间上被配置到两个及两个以上国家进行，从而形成全球性的生产价值链或网络。它是国际分工超越产业间分工（Inter-in-dustry Specialization）与产业内分工（Intra-industry Specialization）而深入发展到产品生产过程之中的结果，是新型的国际分工形式。而以产品内分工为基础的中间产品贸易则称为产品内贸易（Intra-product Trade）。对于这种生产环节跨国配

[①] 产品内分工与贸易按地理空间可分为国内产品内分工与贸易和国际产品内分工与贸易。本书主要考察的是后者。因此，除了明确指出的地方外，本书的产品内分工与贸易均指国际产品内分工与贸易。

置并通过中间产品贸易链相互连接的崭新经济现象，学者们从不同的角度给予了不同的表述，目前尚无一致认可的统一说法。除了产品内分工（Intra-product specialization）（Arndt，1999），还包括垂直专业化（Vertical Specialization）（Hummels，Ishii & Yi，2002）、国际外包（International Outsourcing）（Feenstra & Hanson，1999，Grossman & Helpman，2008）、国际生产分割（International Fragmentation of Production）（Jones & Kierzkowski，1999；Arndt & Kierzkowski，2004）、国际生产非一体化（International Disintegration of Production）（Feenstra，2000）、非本地化生产（De-localization Production）（Leamer，2000）、全球生产分享（Global Production Sharing）、价值链切片（Slicing up the Value Chain）（Krugman，1997）等。尽管这些术语由于视角上的不同而略有差异，但其内涵基本上是相通的。因此，除了特别指明之处外，本书对上述概念不加区分地使用。

产品内分工主要表现为发达国家将其产品价值链上的加工生产环节转移到劳动力低廉的发展中国家。随着科学技术的发展，模块化的生产方式应运而生，同时运输和通信成本以及跨区域生产的协调组织成本大幅下降，致使以利润最大化为目标的发达国家企业纷纷将劳动密集的低附加值生产环节转移到发展中国家，跨国界的产品内分工与中间投入品贸易因此有了显著增长。而这种产品内分工与贸易在为发达国家企业带来更多利润的同时，也对其国内的生产与贸易方式、就业与产量、要素价格与国家福利、产业升级与贸易发展战略等产生了不同于最终产品贸易的重大冲击。因此，产品内分工与贸易引起了西方贸易理论界的重大关注，成为继新贸易理论（New Trade Theory）、贸易与经济增长（Trade and Economic Growth）、利益集团与贸易政策（Interest Groups and Trade Policy）之后西方国际经济学新的前沿研究领域之一[①]。近年来国外关于该问题的研究文献大量涌现，标志着主流贸易理论开始突破原有的以产品作为基本分工对象、以产品不可再分割性为隐含前提的理论局限，将研究视野从产品间分工扩展到产品内分工，有力地推动了新世纪国际贸易理论的新发展。同时学者们还将产业组织与契约理论的思想和新贸易理论模型结合起来，开辟了产品内分工与贸易的组织方式这一全新的研究领域，为国际贸易理论奠定了微观的经济学基础，使国际贸易理论进入一个新的发展阶段。

---

① 美国佛罗里达大学商学院国际贸易教授许斌（2004），根据 Feenstra 的《国际贸易高级教程》（Advanced international trade）以及 Chio 与 Harrigan 主编的《国际贸易学手册》（Handbook of international trade）指出，目前国际贸易理论研究领域有三大热点：其一是由单区域的贸易理论转向多区域的贸易理论，并将进一步研究区域间中间品贸易问题；其二是产业组织理论，特别是契约理论在国际贸易理论研究中得到更广泛深入的运用。例如，Grossman 与 Helpman 继贸易政策政治经济学的研究之后，开始转向用不完全契约理论研究产品内分工与贸易的组织方式选择的问题，为国际贸易理论奠定企业层次的微观基础；其三是国际贸易的"关系网"（Network）理论正在酝酿中。加州圣地亚哥分校的 Rauch 教授是这个理论的重要推动者，其中心观点是国际市场上的交易需要卖者和买者匹配。关系网可以极大地减少这种匹配产生的信息成本。由于不同商品信息成本不同，关系网成为决定贸易类型的又一重要因素。

　　加工贸易是发展中国家参与国际产品内分工的主要形式。中国的加工贸易从20世纪80年代初起步，进入21世纪后在国际产品内分工日益深化的推动下，得到了迅猛发展，长江三角洲、珠江三角洲和环渤海地区都由此成为全球性的生产加工基地。中国加工贸易近三十年的发展历程已证明，在新的国际分工形势下，大力发展产品内分工与贸易，沿着产品内部的国际纵向分工体系向上攀升，已日益成为中国加快工业化进程的主要途径。但是，从总体上看，中国在国际产品内分工体系中尚处于产品价值链的低端环节，如何提高中国的国际分工地位，如何在产品内国际分工中获取更多的附加值，如何利用产品内分工与贸易加快技术进步与产业升级，如何根据国际分工和贸易的发展趋势制定新的赶超战略和对国家宏观经济管理职能进行前瞻性调整等都是中国当前亟待解决的重大现实问题。在这一背景下，产品内分工与贸易也日渐引起了国内学者的关注。正如卢锋（2006）指出的"利用产品内分工国际环境谋求自身经济发展，是中国过去20多年改革开放获得成功的一条重要经验，因而产品内分工的概念和分析框架，对解读中国当代经济开放成长内在机理和规律以及指导中国贸易战略的调整和未来经济的发展具有重要的启示意义"。但与国外相比，国内学界在产品内分工与贸易方面的研究相对落后，相关的研究文献较少，研究范围也较为狭窄，总体上尚处于援引和借鉴阶段。现有文献主要包括北京大学中国经济研究中心（CCER）课题组（2006）对1992~2004年12年的中国的产品内分工与贸易程度的分年度、分产业、分国别的计算，刘志彪和吴福象（2008，2010）对中国参与产品内分工与贸易程度及其影响因素的实证分析，田文（2007，2008，2009）的系列论文对生产过程跨越国界及一体化与专业化生产组织方式的选择，不同生产环节之间市场结构差异对产品内贸易利益分配的影响，以及发展中国家加工贸易的分配效应等的分析，张小蒂和孙景蔚（2007）对产品内分工与中国产业国际竞争力关系的分析，胡昭玲（2010）就产品内国际分工对中国工业各行业生产率影响的研究，盛斌、马涛（2010）对中国产品内分工的劳动力需求效应的研究，马野青（2011）从产品内分工角度对中美贸易顺差产生原因的考察，汪丽、贺书锋（2011）对中国实物外包与服务外包的生产率效应的分析，等等。卢锋（2006）发表在《经济学季刊》上的论文《产品内分工》是国内第一篇较系统地研究产品内分工与贸易的理论文章。该文虽然提及了产品内分工与贸易理论的大量文献，但存在以下两方面的不足：一是在研究内容上主要集中于产品内分工发展趋势及其决定因素，因而不够全面，特别是遗漏了对该领域最前沿研究阵地，即产品内分工与贸易的组织方式的文献评述；二是在文中综述部分，对相关文献中的理论模型的机理剖析不够。

　　本章对有关产品内分工与贸易的研究文献进行了较全面的梳理，基本框架如下：第二部分介绍产品内分工与贸易的度量；第三部分阐述产品内分工与贸易的基础和动因；第四部分介绍产品内分工组织方式的理论研究；第五部分介绍产品内分工与贸易的经济效应；本章的最后一部分简单地阐述了文献综述的启示，指出未来研究方向。

2.2　产品内分工与贸易的度量研究

Berman 等（1994）在考察美国不同行业的技术/非技术工人工资率变化的影响因素时，发现以进口原材料衡量的产品内贸易份额较小，因而只能对某些特定行业技术/非技术工人工资率变化产生影响。Lawrence（1994）利用美国跨国公司中间产品的进出口数据计算了美国的产品内贸易额，也发现产品内贸易额太小以至于不可能成为美国工资率变化的主要影响因素。与这些早期研究结果相反，近期研究显示美国的产品内贸易大到足以对劳动力市场效应产生显著影响。Feenstra 和 Hanson（1997）注意到早期研究可能由于多方面原因而低估了美国产品内贸易规模。例如，他们认为与进口中间投入品相比，国内原材料存在加倍计算的可能性①；产品内分工与贸易不仅包括零部件，还应包括在发展中国家完成的装配工作。为此，他们使用了更为广义的产品内贸易测度方法。该方法将所有进入产品生产过程的进口中间投入品作为产品内贸易的计量范围，得出美国的产品内贸易与进口中间产品增长是迅速的，因而会对国内工资率的变化产生影响。

20 世纪 90 年代以来，国际生产中产品内分工与贸易趋势日益加强，因而设计一套能够合理反映产品内分工与贸易程度的测量方法和评判标准，以对产品内分工与贸易进行深入的量化分析，已成为当前国际产业和贸易研究的迫切需要。虽然由于中间产品技术上的复杂性和相关数据获得的困难，迄今为止国际上尚未形成一套完善而准确的产品内分工与贸易程度测量方法和指标体系，但西方贸易理论学者也在这方面进行了尝试，提出了多种测度产品内贸易的方法，主要包括：

（1）"进口中间投入占总进口份额"（Imported Inputs as Share of Total Imports，IITM）法。其计算公式是：

$$IITM_t = \frac{\sum\limits_{j=1}^{n} \sum\limits_{w=1}^{z} i_{wjt}}{\sum\limits_{j=1}^{n} m_{jt}} \tag{2.1}$$

---

① 如果进口中间投入品在国内企业间进行多次加工与出售，而该进口中间投入品仅在它第一次进入本国时作为进口品进行了计算。

式中, i 代表进口的中间投入品价值, m 代表总进口价值。i_{wjt} 代表 t 期 j 部门进口的 w 部门提供的中间投入品价值, m_{jt} 代表 t 期 j 部门进口的总价值。n、z 代表产业部门数目, 其大小取决于期望加总水平。$0 \sim t$ 期的 $IITM$ 变化可用下面公式计算:

$$IITM_{0,t} = \frac{IITM_t}{IITM_0} \tag{2.2}$$

当采用投入产出表计算时, $IITM$ 的计算公式如下:

$$IITM_t = u'i \left[u'm \right]^{-1} \tag{2.3}$$

式中, i 代表进口中间投入的 $n \times 1$ 维向量, m 代表 j 部门总进口投入的 $n \times 1$ 维向量, u 是由 1 组成的 $n \times 1$ 维向量。

Yeats (2004) 使用该方法, 利用国际贸易商品标准分类下第 7 类商品 (SITC 7) 的贸易统计数据说明了国际贸易占比达到 50% 的机械与运输设备行业中零部件贸易的增长, 并使用 OECD 相关贸易统计说明了与关税引致的海外加工组装相关联的贸易的重要性。P. Egger 和 H. Egger (2007) 也利用该方法计算了中欧与西欧七国的产品内贸易份额。P. Egger (2006) 指出 Yeats (2004) 的方法仅测度了"国际外包的大小", 因此他采用了另一种测度方法, 即"进口中间投入占总产出份额"法重新计算了 1995 年 OECD 国家的产品内贸易程度, 结果显示了这些国家的产品内贸易的发展情况。Chen 等 (2008) 也利用"进口中间投入品占总进口份额"法计算了 1968 ~ 1998 年间 10 个 OECD 国家的产品内贸易水平。

(2) "进口投入总投入份额" (Imported Inputs as Share of Total Inputs, IITI) 法。Amiti 和 Wei (2007) 将该方法称为"中间投入的外包密度" (Outsourcing intensity of intermediate inputs), 其计算公式是:

$$IITI_t = \frac{\sum_{j=1}^{n} \sum_{w=1}^{z} i_{wjt}}{\sum_{j=1}^{n} x_{jt}} = \frac{\sum_{j=1}^{n} \sum_{w=1}^{z} i_{wjt}}{\sum_{j=1}^{n} \left(i_{wjt} + d_{wjt} \right)} \tag{2.4}$$

式中, i 代表进口的中间投入品价值, x 代表总投入价值。i_{wjt} 代表 t 期 j 部门进口的 w 部门提供的中间投入品价值, x_{jt} 代表 t 期 j 部门总投入价值, 它可分为进口中间投入与国内生产的中间投入 d 两部分。n、z 代表产业部门数目, 其大小取决于期望加总水平。$0 \sim t$ 期的 $IITI$ 变化可用下面公式计算:

$$IITI_{0,t} = \frac{IITI_t}{IITI_0} \tag{2.5}$$

当采用投入产出表计算时，*IITM* 的计算公式如下：

$$IITT_t = u'i\,[\,u'x\,]^{-1} = u'i\,[\,u'(i+d)\,]^{-1} \tag{2.6}$$

式中，i 代表进口中间投入的 $n \times 1$ 维向量，d 代表国内生产的中间投入的 $n \times 1$ 维向量，u 代表由 1 组成的 $n \times 1$ 维向量。x 代表 j 部门总投入的 $n \times 1$ 维向量，等于进口中间投入的 $n \times 1$ 维向量与国内生产的中间投入的 $n \times 1$ 维向量之和，即 $x = i + d$。

Amiti 和 Wei（2007）利用该方法计算了英国服务业与制造业的外包密度，即产品内贸易比率，发现从 1992~2004 年间 UK 服务业与制造业的外包密度提高了。根据他们的模型，服务业的外包密度要低于制造业的外包密度，但其增长速度则要快于后者。Bardhan 和 Kroll（2007）对美国服务业与制造业的计算，也得到了相同的结果。他还计算了美国高技术部门的外包密度，发现 1987~1997 年，整个制造业部门和高技术部门的产品内贸易比率都提高了。Feenstra 和 Hanson（1998）以"中间投入占非能源类总投入的份额"来衡量外包密度，并以此计算了美国制造业部门的产品内贸易比率。欧洲经济顾问组（2008）也用"进口投入占总投入份额（*IITI*）"法计算了 1995 年与 2002 年几个欧洲国家的外包密度。结果表明，德国的外包密度由 1995 年的 20% 上升到 2002 年的 26%。与其他欧洲国家相比，德国的外包密度是较低的。除了意大利与芬兰，所有其他国家都有较高的外包密度，其中荷兰的外包密度最高，1995 年与 2002 年分别达到 29% 与 30%。

（3）"进口中间投入占总产出份额"（Imported Inputs as Share of Gross Output，*IIGO*）法。其计算公式是：

$$IIGO_t = \frac{\sum_{j=1}^{n}\sum_{w=1}^{z} i_{wjt}}{\sum_{j=1}^{n} o_{jt}} \tag{2.7}$$

式中，i 代表进口的中间投入品价值，O 代表总产出。i_{wjt} 代表 t 期 j 部门进口的 w 部门提供的中间投入品价值，o_{jt} 代表 t 期 j 部门进口的总价值。n、z 代表产业部门数目，其大小取决于期望加总水平。$0~t$ 期的 *IITM* 变化可用下面公式计算：

$$IIGO_{0,t} = \frac{IIGO_t}{IIGO_0} \tag{2.8}$$

当采用投入产出表计算时，*IIGO* 的计算公式如下：

$$IIGO_t = u'i\,[\,u'o\,]^{-1} \tag{2.9}$$

式中, i 代表进口中间投入的 $n \times 1$ 维向量, O 代表 j 部门总进口投入的 $n \times 1$ 维向量, u 是由 1 组成的 $n \times 1$ 维向量。

"进口中间投入品占总产出份额"（$IIGO$）法是由 P. Egger 和 H. Egger（2007）提出来的。他们利用该方法计算了 1990～1997 年, 欧洲 11 国 3 位数产业的产品内贸易的年均变化率。结果表明, 从平均上看, 产品内贸易增长了, 尤其是欧洲南部国家的产品内贸易增长非常显著。Geishecker 和 Görg（2008）也使用该方法计算了 1991～2002 年间德国制造业部门的产品内贸易比率, 发现整个制造业部门以及制造业的各子行业的产品内贸易都有显著增长。几乎所有行业的全球生产分割密度（Fragmentation Intensity）在 1991～2002 年都上升了。

（4）"进口中间投入占产值份额"（Imported Inputs into Production, IITP）法。该方法是由 Campa 和 Goldberg（1997）提出来的, 其计算公式是:

$$IITP_t = \sum_{j=1}^{n} \sum_{w=1}^{z} \frac{f_{jt} \cdot q_{wjt}}{p_{jt}} = \sum_{j=1}^{n} \sum_{w=1}^{z} \frac{\frac{m_{jt}}{d_{jt}} \cdot q_{wjt}}{p_{jt}} \qquad (2.10)$$

式中, q_{wjt} 代表 t 期 j 部门使用的 w 部门提供的总投入价值, f_{jt} 是 t 期 j 部门所使用的进口中间投入与国内中间投入的比值。q_{wjt} 与 f_{jt} 的乘积等于 t 期 j 部门进口的 w 部门提供的中间投入品价值。p_{jt} 代表 t 期 j 部门的总产值, n、z 代表产业部门数目, 其大小取决于期望加总水平。$0～t$ 期的 $IITP$ 变化可用下面公式计算:

$$IITP_{0,t} = \frac{IITP_t}{IITP_0} \qquad (2.11)$$

当采用投入产出表计算时, $IITP$ 的计算公式如下:

$$IITP_t = (diag(p^{-1}))[[diag(m)(d^{-1})]Q'] \qquad (2.12)$$

式中, m 是进口中间投入的 $n \times 1$ 维向量, d 是国内中间投入的 $n \times 1$ 维向量, Q 是所有投入（进口投入与国内投入）的 $n \times z$ 维矩阵, p 是总产值的 $n \times 1$ 维向量。

Campa 和 Goldberg（1997）利用"进口中间投入占产值份额"（$IITP$）法计算了 20 世纪 70～80 年代期间, 美国、加拿大、英国和日本的产品内贸易比率。结果显示, 美国的产品内贸易比率由 4% 上升到 8%, 加拿大由 16% 上升到 20%, 英国由 13% 上升到 22%, 而日本的产品内贸易比率只有轻微上升。Feenstra（1998）以表格形式综合了 Campa 和 Goldberg（1997）的结果, 并用 $IITP$ 法计算了各国整个制造业部门和化学及相关产品、工业机械（无电）、电力设备与机械、运输设备等制造业子行业的产品内贸易比率。结果显示, 除了日本, 其他所有国家的产品内贸易比率都呈现出上升趋势。Strauss-Kahn（2006）也使用该方法计算了 1977 年和 1993 年法国的产品内贸易比率, 发现法国整个工业的产品内贸易比率由 9% 上升到 133%，上升幅度超过 50%。此外，Strauss-Kahn（2006）还计算了分行业的产品内贸易比率，发现产品内贸易比率的增长速度因行业而异。在法国，一些行业，如化学及相关产品行业的产品内贸易比率提高较快，而像黑色金属采掘业与木制品业的产品内贸易比率呈下降趋势。Geishecker 和 Gorg（2010）则采用该方法，利用微观家庭数据，实证分析了产品内分工贸易与工资之间关系。

（5）"进口中间投入占总出口份额"（Imported Inputs as Share of Total Exports）法[①]。该方法由 Hummels，Ishii 和 Yi（2004）提出，又称为"垂直专业化"（VS）法[②]。VS 又可分为 VS 值与 VS 比率（VSS），前者是绝对指标，衡量进口中间投入中用于生产出口品的那部分投入的价值；后者是相对指标，衡量 VS 值占总出口值的比率。在实际测算中，常用 VS 比率，其计算公式是：

$$VSS_t = \frac{VS_t}{X_t} = \frac{\sum_{j=1}^{n} VS_{jt}}{\sum_{j=1}^{n} x_{jt}} = \frac{\sum_{j=1}^{n} \sum_{w=1}^{z} \frac{i_{wjt} \cdot x_{jt}}{o_{jt}}}{\sum_{j=1}^{n} x_{jt}} \quad\quad (2.13)$$

式中，VS 代表总进口中间投入中用于生产出口品的那部分投入的价值，X 代表总出口，VS_{jt} 代表 t 期 j 部门进口中间投入中用于生产出口品的那部分投入的价值，x_{jt} 代表 t 期 j 部门的出口，i_{wjt} 代表 t 期 j 部门进口的 w 部门提供的中间投入品价值，o_{jt} 代表 t 期 j 部门的产出。n、z 代表产业部门数目，其大小取决于期望加总水平。VS 比率处于 0 ~ 1 之间，若进口投入品未用于生产出口产品，则该值等于 0；若进口投入品全部用于生产出口产品，则该值等于 1。

0 到 t 期的 VSS 变化可用下面公式计算

$$VSS_{0,t} = \frac{VS \text{ 比率}_t}{VS \text{ 比率}_0} \quad\quad (2.14)$$

Hummels，Ishii 和 Yi（2004）在 Ishii 和 Yi（1997）；Hummels，Rapoport 和 Yi（1998）对垂直专业化研究的基础上，利用投入产出表中的进出口中间投入品数据，发展了两种垂直专业化测量方法：VS1 和 VS。VS1 法用于测量一国出口商品所包含的被其他国家作为生产出口商品的中间投入品份额，需要获取各目标出口国商品出口的详细资料，计算相当困难，目前仅针对一些重要目标出口国使用。而 VS 法则用于测量一国出口商品所包含的进口中间投入品的份额，计算相

[①]　尽管 Grossman 与 Helpman（2006）认为"进口中间投入品占总出口份额"法对产品内分工与贸易程度的测量不够准确，但由于其能够清楚地反映产品内分工与贸易的发展趋势，因而被学者们普遍采用。

[②]　Hummels 等（1998；2002）对产品内分工的定义较为严格，该定义强调进口投入用于生产出口品，因此他们对产品内分工与贸易程度的度量也是考察出口品中包含的进口投入价值及其比例，而不是衡量总产出或总投入中进口中间投入的比例。

对容易，因而成为衡量垂直专业化程度和水平的主要方法。

当采用投入产出表计算时，VSS 的计算公式如下：

$$VSS = \frac{VS}{X} = uA^M \left[I - A^D \right]^{-1} X^V / X \tag{2.15}$$

式中，u 是由 1 组成的 $1 \times n$ 向量，n 是行业数目，I 为单位矩阵，A^M 是 $n \times n$ 的进口系数矩阵（即对进口中间产品的依存系数矩阵）。A^D 是 $n \times n$ 的国内消耗系数矩阵，$A^D + A^M = A$，A 是投入—产出表的直接消耗系数矩阵。X^V 是 $n \times 1$ 出口向量，X 是各行业部门出口之和。

Hummels，Ishii 和 Yi（2004）采用垂直专业化法，利用 10 个 OECD 国家和 4 个新兴市场经济国家的数据，对这些国家的产品内分工与贸易水平，以及世界贸易中总体产品内贸易程度作了估算。采用此方法的国外学者还有，Chen 等（2008）对美国过去 35 年的中间品贸易的研究；Amador 和 Cabral（2010）对葡萄牙参与产品内分工与贸易程度的研究。Chen 与 Chang（2008）则对中国台湾和韩国参与产品内分工与贸易的程度及相关产业结构的变动作了研究。在国内学术界，田文（2008）在借鉴 Hummeles 等人计算方法的基础上，明确提出了产品内贸易的范围与计量方法，并将一国进口的中间投入品作为产品内贸易的统一口径。CCER 课题组（2008）也采用 Hummeles 等人的方法，对 1992～2006 年 12 年的中国的产品内分工与贸易程度做了分年度、分产业、分国别的计算，得出与流行观点相反的结论，即加工贸易在中国出口贸易比重被夸大。此外，吴福象（2007）、刘志彪和吴福象（2008，2010），张小蒂和孙景蔚（2009）、黄先海和韦畅（2009）、徐毅和张二震（2010a，2010b）等也使用垂直专门化比率（VSS）的计算方法估算了中国工业行业的产品内分工与贸易程度。为了综合运用不同来源的数据，解决投入产出表带来的数据不足的问题，Amador 和 Cabral（2010）对 Hummels，Ishii 和 Yi（2004）的垂直专业化法作了进一步改进，提出了垂直专业化的相对度量方法。该方法首先根据投入产出表提供的信息确定各个国家每个行业的生产所投入的中间产品，然后结合多个国家多个行业的进出口数据，计算出国家之间的贸易专业化指数分布及相应的临界点，进而通过临界点与各国具体情况的比较，就可以反映出其相对产品内分工与贸易程度。垂直专业化的相对度量方法可以克服计算各国产品内分工与贸易程度时投入产出表的局限，从而能够对各国产品内分工与贸易的程度行连续动态的评估比较。

下面以 Hummels 与 Feenstra 等人以及 CCER 课题组的研究为主要依据，对世界主要国家及其相关产业的产品内分工与贸易及发展趋势进行比较，以得到一些规律性的结论。

（1）自 20 世纪 60 年代以来，产品内分工的迅猛发展推动了世界贸易的长足发展。根据 Hummels 等（2004）的计算，1990 年他们考察的 14 个国家（和地区）的 VSS 达到 21.1%，比 1970 年增长近 30%，1995 年达到 22.2%，增长约 35%；1990 年世界总体的 VSS 达到 21.2%，比 1970 增长近 33%，1995 年则达到 21.2%，增长约 43%。Chen 等（2008）对 OECD 国家的研究表明，自 20 世纪 90 年代以来，OECD 国家的 VSS 都呈上升态势，如美国由 1990 年的 10.8% 提高到 1997 年的 12.3%；英国由 1990 年的 25.9% 提高到 1997 年的 27.2%。CCER 课题组（2009）对中国的研究也指出，1992～2006 年中国 VSS 从 14% 提高到 21.8%，增长幅度超过 50%。

（2）产品内分工程度因产业性质而异。Hummels 等（2004）的研究表明，各国 VSS 比例较高的产业主要有：化学工业与汽车、船舶制造、飞机、电子设备等机械工业；VSS 比例较低的产业主要是：农业、木制品与纸制品业等。Feenstra 和 Hanson（1998）也发现，美国的交通运输设备制造业、电子及通信设备制造业、电气机械及器材制造业的 VSS 要高于其他产业。从上面可以看出，VSS 比例较高的产业一般是资本与技术密集型产业。与木制品、纸制品业等劳动密集型产业相比，这些产业的产品生产的迂回环节较长，可以分成更多的独立生产环节或中间产品，而且各个生产环节的生产技术差异较大，从而更易发生产品内分工与贸易行为。

（3）产品内分工程度因国家经济规模而异。Hummels 和 Feenstra 等人的计量研究结果表明，丹麦、荷兰、爱尔兰、韩国等的 VSS 要高于美国、德国等。这说明，国家的经济规模越大，参与产品内分工的程度可能越低，其原因在于大国的大市场，能促进分工的发展并获取规模经济的利益，而且大国的"市场厚度"（Market Thickness）也较高，同一产品的生产者可能较多，差异化的程度也大，因而每个生产阶段的生产留在国内的可能性就高。而小国由于资源匮乏和国内市场狭小，更需要向国外开放，享受分工带来的种种好处，产品内贸易程度也就较高。

（4）跨国公司在产品内分工中起着十分重要的作用。跨国公司是产品内分工与贸易的主要组织者。与内资企业相比，跨国公司更多的是从国外进口所需的中间投入品，并将生产的产品销往国外市场，因而参与产品内分工与贸易的程度较高。可以说，如果没有跨国公司的垂直 FDI，就没有产品内贸易在当今世界蓬勃发展的大好局面。CCER 课题组（2009）发现，在整个 20 世纪 90 年代，中国的 VSS 提升缓慢，但在 2002～2007 年却大幅上升，而这一时期的中国外资流入也是急剧增加。中国以加工贸易作为参与产品内分工与贸易的主要方式，而发达国家跨国公司在中国的子公司实现的加工贸易额占了中国加工贸易总额的 50% 以上，这充分表明跨国公司的子公司已成为中国参与全球产品内分工与贸易的重要组织者。Hummels 等（2004）也指出，爱尔兰的 VSS 没有明显提高，其原因主要是跨国公司较少，进口投入品主要是由内资企业使用，因而 VS 比率的提高幅度就比跨国公司较多的国家要小得多。

2.3 产品内分工与贸易的基础和决定因素研究

导致产品内分工与贸易产生的因素有很多。在最近的有关产品内分工与贸易的文献中，以下几方面的因素被认为是促进产品内分工与贸易在近几十年来迅猛发展的基础和决定因素。

2.3.1 生产技术和要素禀赋的差异

传统主流国际贸易模型都是用来解释最终产品的生产和贸易方式的。李嘉图模型（Ricardian model）和赫克歇尔—奥林模型（Heckscher – Ohlin model）模型中，各国分工生产各自具有比较优势的产品，并通过国际贸易进行产品交换。李嘉图的简单模型有两个国家和一种生产要素，比较优势取决于两国间生产技术，即劳动生产率的差异。而 H - O 的简单模型有两个国家和两种生产要素，比较优势取决于两国间要素禀赋结构和产品中的要素比例差异。一般而言，最终产品都由或多或少的中间产品组成。过去，产品内分工主要发生在一国内部，也就是说，若一国专门生产电视机，那么模型就会假定电视机所需的全部零部件均在该国国内生产，因而传统贸易模型也就忽视了中间产品贸易的可能性，没将产品内分工与贸易纳入正面考察的视野。然而现在，随着各国间的产品内分工与贸易在世界范围内广泛而深入地发展，学者们开始尝试对传统的主流国际贸易模型，主要是李嘉图和 H - O 模型进行修正，以说明中间产品的生产和贸易方式。在一定程度上，这些学者的研究为发达国家与发展中国家之间的产品内贸易产生的原因提供了合理的解释[①]。

1. 基于李嘉图模型的框架

Sanyal（1982）、Hummels 等（2004）、Deardorff（2004）、Jones（2002）、Findlay 和 Jones（2004）等在李嘉图模型框架内解释了产品内分工下的贸易方式。最简洁的李嘉图模型仅包括两种最终产品。为了确定两种以上最终产品的贸易是否也存在着比较利益，Dornbusch、Ficsher 和 Samuelson（1977）将商品连续统（Continuum of Goods）引入李嘉图的简单模型，通过比较国家间产品的单位劳动投入来确定各国的比较优势，并按国家间比较优势递减的顺序为最终产品编号排序。而在一般情况下，最终产品都是由两种以上的中间产品构成的，因而存在

---

① 在某些研究中，学者们试图将李嘉图模型和 H-O 模型的特征纳入到一个模型中。例如，Cheng 等（2002）通过结合这两个模型的特征考察了 FDI 与产品内贸易之间的联系。

中间产品多样化问题，为此，Sanyal（1982）把连续统中间产品引进李嘉图模型，构建了最早的产品内贸易模型。Sanyal 模型和 Dornbusch 等模型基本相同，唯一的不同之处是，前者考察的是生产环节垂直序列上的连续统中间产品，而后者考察的则是连续统最终产品。Sanyal 模型中，两个国家使用一种要素（劳动）生产一种最终产品。与 Dornbusch 等相同，Sanyal 在间隔 [0，1] 内为每个生产阶段编号。此外还假定，在向最后生产阶段 1 移动时，每个阶段所需的劳动投入量（因国家而异）递增。模型预测，如果劳动投入到 x，国家 1 的劳动投入比国家 2 少，那么国家 1 将专门从事零部件的生产（从生产阶段 0 到 x），而国家 2 则专业化于后续阶段的生产（从 x 生产阶段到 1）。模型中的比较优势取决于国家间相对劳动力投入的差异。模型证明，国家 1 在生产阶段 0 到 x 间具有比较优势，而国家 2 在生产阶段 x 到 1 间具有比较优势，这两个国家分别在各自具有比较优势的生产阶段从事专业化生产，其福利都会得到改善。Hummels（2004）也构建了一个 Dornbusch—Ficsher—Samuelson 李嘉图模型的扩展形式来解释产品内分工与贸易。Deardorff（2004）则在李嘉图模型框架内，考察了产品内分工与贸易在开放的小国与大国经济下对贸易方式，要素价格和国家福利等的影响。他用单位商品的价格与劳动投入量的比率来衡量比较优势。在开放的小国经济下，小国按其比较优势参与产品内分工与贸易，因其供求数量有限而在国际市场上只能成为商品价格的接受者。在劳动生产率不变且产品生产可分为若干阶段的条件下，该国的生产与贸易方式将主要取决于中间投入品的国际市场价格。具体而言，如果中间投入品价格较高，小国将在国内自行生产这些投入品；如果中间投入品价格较低，则该国会采取外包或垂直 FDI 的方式将中间投入品转移到国外生产。显然，这种分工生产方式能够使各参与国的比较优势在产品生产环节的层面得到更充分的发挥，从而会使参与国国民福利及世界总福利得以增加。而在开放的大国经济条件下，由于大国供给量较大，因而其供给的增加会恶化贸易条件，使商品的国际市场价格下降，从而不利于该国国民福利的改善。此时商品的需求量将起着重要作用。如果需求量较大，即便因供给量的增加使贸易条件恶化，其国家福利也可能不会遭到损害。Jones（2002）、Findlay 和 Jones（2004）则对李嘉图模型进行了拓展。他们将 2×2×1 模型，即 2 个国家 2 种商品 1 种要素的李嘉图模型，拓展为 2×2×2 模型，即 2 个国家 2 种商品 2 种要素的模型。在模型中，一种商品的生产只需投入劳动力一种要素，而另一种商品的生产则要投入劳动力与某种中间产品。中间投入品可在两国同一产业之间转移，而劳动力只能在两国内部不同产业之间转移。假设资源禀赋差异使 A 国的投入品价格低于 B 国投入品价格，但 A 国的劳动生产率低于 B 国，如果没有投入品贸易，只要 B 国的劳动生产率优势小于 A 国投入品的价格优势，则产品将由 A 国生产。但如果存在投入品贸易，世界市场上将形成均衡的投入品价格，即贸易会使两国间的投入品价格趋向于均等化，因而劳动生产率的绝对优势成为决定生产方式与贸易方式的唯一基础，产品将由 B 国产生。

2. 基于 H-O 模型框架

Feenstra 和 Hanson（1998、1997、1999、2006），Arndt（1997、1998、2004），Deardorff（2004），Jones 和 Kierzkowski（2002a、2004b）利用 H-O 模型解释了产品内分工与贸易对贸易方式尤其是贸易利益的影响。这些模型的共同特点是，都假定生产过程可以拆分为若干要素密集度不同的生产环节或阶段。与最终产品贸易模型相同，H-O 产品内贸易模型的比较优势也是建立在各国要素价格差异基础之上。Deardorff（2004）的模型中，有两个小国、两个最终产品（X 与 Y）和两种要素（劳动与资本）。模型假定本国资本相对丰裕，在资本密集型的最终产品 X 上拥有比较优势，最终产品 X 的生产过程可以无成本地分解成两个生产阶段。第一个阶段用劳动和资本生产中间产品 Z，第二个阶段用中间产品、劳动和资本生产最终产品 X。假定中间产品相对于最终产品 X 是资本密集型的，那么本国在中间产品 Z 的生产上拥有比较优势。由于两国在最终产品与中间产品上没有实行完全的专业化分工，因此本国会继续生产中间产品 Z、最终产品 X 和 Y，但是它会使用更多的资源生产资本密集型产品 Z，以使本国的要素禀赋优势得到更充分的发挥。总之，Deardorff（2004）认为产品内分工与贸易可使企业参与最初不具有比较优势的产品的生产，从而扩大了多样化锥体（Diversification Cone）。在李嘉图模型的基础上，Jones（1965）指出国际贸易理论中存在两种放大效应：一种是产品价格变化对要素价格变化的放大效应，即斯托尔帕—萨缪尔森定理（Stolper-Samuelson Theorem），另一种是要素禀赋变化对产品产量变化的放大效应，即雷布钦任斯基定理（Rybczynski Theorem）。设 X 是劳动密集型产品，Y 是资本密集型产品。根据第一个效应，当 Y 产品的相对价格上升时，资本要素报酬上升得更快，如果技术使 A 国生产这种产品具有比较优势，A 国将首先生产这种产品，并吸引资本向该产业流动，当 Y 产品的相对价格持续上升时，A 国将放弃 X 产品，专业化生产 Y 产品，B 国最终也会吸引资本流入转向 Y 产品的生产，直至两国都完全专业化生产 Y 产品。在这里，技术差异与跨国流动要素报酬率的变动是决定生产与贸易方式的基础。

Feenstra 和 Hanson（2006）在 H-O 框架中，构建了一个存在连续统中间产品的产品内贸易模型，并利用这个模型研究了产品内贸易或外包对美国和墨西哥国内日益拉大的工资差距的影响。模型中，贸易方式取决于国家间要素禀赋的差异。Feenstra 和 Hanson 的模型和 Sanyal（1983）的模型有某些相似之处，但也存在明显区别，主要表现在 Feenstra 和 Hanson 的产品内贸易模型有三种要素：资本、技术劳动力（Skilled Labour）和非技术劳动力（Unskilled Labour）。另外，沿着生产环节的垂直序列，每道生产环节不是按单位劳动投入量，而是按技术密集度进行编号排序。在这个模型中，技术劳动力较丰裕的发达国家将低技术生产环节转移到劳动力低廉的发展中国家，而自己则从事技术劳动力密集的中间产品专业化生产。

2.3.2 规模经济

标准国际贸易理论按其对国际贸易成因的解释大致可以分为传统贸易理论和新贸易理论。前者在完全竞争市场结构前提下，以比较优势为基础，对产业间贸易进行了解释；后者则在不完全竞争市场结构前提下，以规模经济与不完全竞争为基础，对产业内贸易给予了诠释。如前所述，学者们在传统贸易理论的框架内，以比较优势为基础分析了产品内分工与贸易方式的决定因素。同样，学者们也尝试了在新贸易理论框架内，以规模经济与不完全竞争为基础，分析了规模经济与不完全竞争对产品内分工与贸易的作用。Ishii 和 Yi（1997）认为，一般而言，特定产品生产过程中的不同工序或中间产品，由于技术上的差异而往往具有不同的最佳规模。在产品不可再分割性的条件下，整个产品的最佳规模只能由关键工序或中间产品的最佳规模决定，其他工序或中间产品则会因实际规模偏离最佳水平而无法实现规模经济效益。如果产品生产过程能够分割成相互独立的工序，那么就可以通过产品内分工，将具有不同最佳规模的工序或中间产品分布到不同地方，不同企业，从而确保每道工序的生产都能达到最佳规模水平，这样就可以促使平均成本下降和资源配置效率提高。Ishii 和 Yi（1997）还进一步指出，由于不同工序之间可能会同时存在要素比例和最佳规模上的差异，因此，产品内分工与贸易实际上由比较优势和规模经济共同决定，前者决定不同生产工序或中间产品的国别分工结构，后者则进一步强化这种分工结构。国内学者卢锋（2008）、高越（2009）等也持有与 Ishii 和 Yi（1997）相同的观点。Jones 和 Kierzkowski（2007）指出，大规模生产与减少运输、通讯等交易成本的技术进步导致了产品内分工的产生与发展。产品内分工使得产品生产过程的各个生产环节在不同国家进行，从而会引起具有相似要素比例和劳动技能类型生产环节在某个国家或地区集聚，形成不同产业的生产区块。Jones 和 Kierzkowski（2007）还认为如果每一个生产区块内部都存在规模报酬递增，而联结不同区块的运输服务呈现规模报酬不变，那么更大的生产规模将会使得原先分离的生产区块出现集聚现象。

2.3.3 技术进步、制度和政策演变

除了技术和资源禀赋差异以及规模经济外，运输和与通讯事业的发展、科学

技术的进步、贸易壁垒的削减、FDI 自由化和政府的干预等，也都是产品内分工与贸易产生和发展的动因。

（1）技术进步。

Jones 和 Kierzkowski（2002）认为生产领域的技术进步是近年来推动产品内分工与贸易迅速发展的主要动力。由于科学技术的不断进步，企业可以利用新技术将越来越多的投入品结合起来生产最终产品，从而在生产企业之间形成了越来越密切的产品内分工与贸易关系。因此，生产领域的技术进步大大促进了产品内分工与贸易的发展。

Jones（1990）认为，服务业在产品内分工与贸易中起着十分重要的作用，并指出服务成本（Service Costs）的影响产品内分工与贸易发展的一个重要因素。他假定最终产品的生产包括两个生产阶段。如果这两个阶段都在国内进行，那么不需要提供任何服务。但如果一个阶段在国内，另一个阶段在国外，则服务就会发挥重要的作用。外包虽然有助于企业降低边际生产成本，但也会带来额外的连接两个生产阶段的服务成本，这些服务成本主要包括运输、通讯、协调和会计等方面支付的费用。Jones 和 Kierzkowski（1990）分析了服务成本对产品内分工与贸易发展的影响，他们认为产品内分工，一方面，发挥了不同国家或地区的要素价格差异优势，从而减少了生产的边际成本；另一方面，则会由于服务环节的增加而提高运输、通讯、计划及协调等方面的服务成本。企业对产品内分工与贸易的决定，取决于外包所需支付的服务成本与所节省的生产成本之间的权衡。一般而言，产品内分工越发达，服务成本就越大。科学技术的发展会不断降低服务成本，从而促进了产品内分工与贸易的发展。在一定意义上言，服务成本相当于一种固定成本，因而生产规模也与产品内国际分工密切相关，生产规模的扩大会使分摊在单位产品上的服务成本下降，从而能促进分工的发展。Jones（2002）在 H－O 模型的框架内继续分析了服务成本的不断下降对产品内分工的促进作用，并证明了产品内分工与贸易降低了生产成本进而提高了各参加国的产量与总福利水平。近年来，随着运输和通讯等服务行业技术的不断进步，国际生产与贸易领域的一个明显的动向是，发达国家企业发现将更多的生产环节外包到劳动力低廉的发展中国家以获取更多的利润。

Jones（2002）认为运输成本是很重要的一种服务成本。因为在中间产品需跨越多个国界的情况下，运输成本在总成本中所占比重很大（Krugman & Venables，1995），微小的运输成本变化也会对产品内分工和贸易产生很大的扩张效应[1]。Harris（2004）则构建了一个数理模型研究了近年来通讯技术进步带来的相关服务成本的下降对产品内分工与贸易的影响。他强调了零部件生产有一种独

---

[1]　参见 Krugman 和 Venables（1995）在片断化生产的框架中对运输成本作用的分析。

特固定网络成本（Network Costs）。Either（1982）曾构建模型分析了中间产品生产中固定成本带来的递增规模收益。Harris（2004）则将工厂层面的网络成本和传统固定成本纳入 Ethier（1982）的零部件成本函数以寻求规模经济效应。Harris（2004）认为通讯服务是一种半公共产品（Quasi-pubic Good），因而通讯成本不同于运输成本。一旦通讯网络建立起来，每个企业都会按平均成本来使用。整个网络系统的总成本取决于市场数量和零部件数量。随着零部件生产企业增加，平均成本会降低，企业将会获得更多利润。所以，在国际贸易中，全球网通讯络系统的出现，导致了零部件生产规模收益递增，而递增的规模收益所带来的高利润又会吸引更多的零部件生产企业进入市场，从而使通讯成本进一步降低，进而推动产品内分工与贸易滚雪球似地扩张。

Hummels 等（1998，2004）也将产品内贸易的增长原因之一归结为运输与通讯技术进步，认为运输与通讯技术进步有利于企业将不同的生产环节分布到不同国家，例如通讯技术进步及信息传递成本降低便于企业间协调合作，监督不同地区的生产活动。卢锋（2008）也持相似的观点，认为运输与信息交流成本下降、技术进步等是产品内分工与贸易的重要影响因素。

（2）贸易自由化与 FDI 自由化的改革。

在过去 20 多年中，贸易自由化和 FDI 自由化也是产品内贸易发展迅猛的主要原因。Hummels 等（1998，2004）认为贸易自由化带来的贸易壁垒的削减是产品内分工与贸易的发展的原因之一。由于产品内分工与贸易中投入品往往会多次跨越国界，因而贸易壁垒的削减对产品内分工与贸易发展的促进作用有乘数放大的效应[①]。Jones 与 Kierzkowski、卢锋等学者也持相同的观点，认为贸易自由化是产品内分工与贸易发展的重要影响因素。

Cheng 等（2004）构建了一个包括 FDI 的产品内贸易模型研究了 FDI 自由化对产品内分工与贸易的影响。他们认为，在现实中，发达国家跨国公司主导着世界 FDI 活动，它们在发展中国家建立子公司生产劳动密集型的中间产品，并将这些产品再返销回母国进行组装。跨国公司是否在发展中国家设立子公司取决于 FDI 带来的利润大小。FDI 往往伴随着发达国家（母国）的先进技术转移到发展中国家（东道国），而东道国对这些先进技术的使用会使母国企业遭受一些与效率有关的利益损失。Cheng 等（2004）模型的解显示，保证子公司中间产品正供给的最低价格水平与效率损失负相关，而与关税、运输成本和工资正相关。因此，效率损失会对具有中间产品生产比较优势的发展中国家产生负面影响。如果效率损失较小或适当，那么发达国家跨国公司会选择 FDI，发展中国家的中间产品供应量将会增加，而价格水平将会下降。如果效率损失较大，就不会有 FDI 发

---

① Yi（2004）的研究表明，当中间产品跨越国境时，关税降低 1 个百分点，总成本就会降低 $nt/(1+t)$ 个百分点，要 n 倍于一次跨越国境所降低的成本。

生，产品内分工与贸易也就不会产生。Cheng 等利用这个模型研究了香港与广东之间的经贸联系。他们发现，香港在广东的 FDI 份额从 1988 年的 61% 上升到 1998 年的 68%，同期加工贸易在广东出口贸易总额中的比重则从 5.4% 提高到 27.2%。广东外资企业的出口份额也从 16% 上升到 51%。这些数据表明，由 FDI 引致的产品内分工与贸易是形成香港与中国内地巨大贸易额的根本原因。

尽管世界范围内，特别是发达国家的关税和非关税壁垒都很低，但是由于中间产品可能会多次跨越国界，因而更多大程度的贸易自由化会扩大产品内分工与贸易的利益。此外，如果各国减少或取消对 FDI 限制，产品内分工的贸易利益还会增加。程式化事实表明，跨国公司进行 FDI 的动因在于：一是规避关税和非关税壁垒，二是利用国外的要素价格差异的优势。由于跨国公司在当代产品内分工与贸易中起着主导作用，因此，产品内分工与贸促使使 FDI 政策与贸易政策的联系日渐紧密。Markusen（1997）通过数值模拟研究了贸易自由化与投资自由化政策之间的替代（Substitute）和互补（Complement）关系。他发现在贸易自由化模拟中，贸易成本为零但没有 FDI 发生；在投资自由化模拟中，FDI 发生但贸易成本很高。当将贸易自由化与投资自由化结合起来模拟时，其结果比前面两种单独形式要好，既有 FDI 发生，贸易成本又很低。因此，Markusen（1997）认为贸易自由化与投资自由化政策之间是互补关系，两者的结合可以提高国民福利水平，因而政府应该同时推行贸易自由化与投资自由化政策。国内学者高越、高峰（2009）在赫克歇尔—俄林模型基础上建立一个产品内分工的分析框架，把小岛清模型应用到产品内分工上，揭示了产品内分工条件下贸易和投资存在着互补关系。

（3）政府政策的演变。

政府的经济发展政策对产品内分工与贸易也有很大影响。如果发展中国家的投资条件较差，如基础设施不完善和国内政治环境不稳定，发达国家企业就会由于这些不利条件带来的成本增加超过廉价劳动力带来的成本节省，而不愿将其低技术生产环节转移到发展中国家。20 世纪 60 年代，东亚国家实施了一系列改善本国投资环境的计划。这些计划使发达国家与东亚国家之间的产品内贸易显著增长。其他发展中国家目睹了东亚国家经济发展的奇迹，也纷纷实施了类似的计划。因此，在改善教育，提高识字率，发展运输、金融和通讯系统，培训技术劳动力，消除政治风险、社会不稳定、汇率风险、罢工等风险等方面，政府制定的政策会有力地推动发达国家与发展中国家产品内贸易的扩张。

2.4　产品内分工与贸易组织方式选择研究

近几十年来，随着国际分工由产业间分工、产业内分工深入发展到由跨国公司主导的产品内分工，中间投入品贸易发展非常迅速。这种中间投入品贸易，既可以通过一体化组织方式（FDI）采取企业内贸易的形式，也可以通过非一体化组织方式（契约外包）采取市场交易的形式。同时，来自企业层面的数据揭示了以前未认识到的国际贸易与投资新方式，即跨国公司与出口企业仅仅是部分企业，并且前者的生产率高于后者，而后者的生产率又高于只服务于国内市场的非出口企业。为了解释上述新现象，学者们对贸易理论进行了发展。新理论为国际贸易与投资研究提供了一个新的中心，即企业参与产品内分工组织方式的选择。Antras 和 Helpman（2009）指出，企业组织方式的变化已经成为理解世界经济变化的关键。通过聚焦于企业的微观特征，新理论提出了一些新问题：哪些企业会服务国外市场？它们是选择出口还是 FDI 来服务国外市场？它们是采用外包还是一体化形式来组织生产？在什么情况下，它们会选择跨国外包而非国内外包，或者选择垂直 FDI 而非国内一体化？为了合理诠释这些问题，学者们在传统国际贸易理论基础上，引入企业异质性和不完全契约的思想，开辟了国际贸易理论的一个新的研究领域，对传统贸易理论无法说明的产品内分工的生产与贸易组织方式作出了有力的合理解释，目前这一方向的研究代表着西方国际贸易理论与实证研究的最新动向。

2.4.1　企业异质性与组织方式的选择

标准的 Heckscher – Ohlin 国际贸易模型是不考察企业的，而新贸易理论模型虽然包括了企业，但对企业作了对称性的简化处理，这意味着所有企业生产率都相同，且都是出口企业。然而，近十年来关于出口企业大量的实证研究，使人们发现现实经济中只有小部分企业出口。这些企业比仅服务于国内市场的企业生产率更高、规模更大。对这一现象的合理解释催生了建立在企业异质性基础上的"新新贸易理论"。

（1）企业异质性和国际贸易的基本模型——Melitz 模型。

Melitz（2004）构建了一个基于企业异质性的国际贸易垄断竞争模型。这里的企业异质性表现为企业之间生产率或边际成本的差异。该模型的主要思想是通过生产率的差异和固定出口成本的相互作用发展出来的。固定出口成本是指在国外市场发生的分销与服务成本。Melitz 假定，在某个行业中，每家企业生产一种差异化产品，企业之间的生产率存在差异，并且企业 j 在进入行业后才知道自己的生产率水平 $\theta(j)$。对企业 j 产品的需求函数是 $x(j) = Ap(j)^{-\varepsilon}$，式中 x 是数量，p 是价格，A 是需求水平的度量，ε 是需求常弹性。$\varepsilon = 1/(1-\alpha)$，且 $0 < \alpha < 1$。在这些条件下，企业的最大化利润为 $\pi_D(\Theta) = \Theta B - cf_D$，其中，$B \equiv (1-\alpha)A(c/\alpha)^{1-\varepsilon}$，$\Theta \equiv \theta^{\varepsilon-1}$，$c/\theta(j)$ 是可变成本，cf_D 是固定成本。这时存在一个企业国内

生存的生产率临界值 Θ_D。Θ_D 之上的高生产率企业进入市场进行生产，Θ_D 之下的低生产率企业则由于可变利润不足以补偿固定成本而退出市场。假定高生产率企业将其产品出口到外国 ℓ。由于从国内运送产品到外国 ℓ 存在"冰山"型可变贸易成本和固定出口成本 cf_x，因而 $\tau > 1$ 单位的产品只有 1 单位到达外国 ℓ。在这些条件下，企业从出口中获得的额外利润为：$\pi_x^\ell(\Theta) = \tau^{\varepsilon-1}\Theta B^\ell - cf_x$。这时存在一个企业出口的生产率临界值 Θ_x^ℓ，由于出口存在额外的出口固定成本，因而 $\Theta_x^\ell > \Theta_D$。模型的最终结论是，Θ_D 之下的低生产率企业由于收不抵支退出市场，Θ_D 和 Θ_x^ℓ 之间的中等生产率企业仅供给国内市场，Θ_x^ℓ 之上的高生产率企业则同时供应国内外市场。Melitz 还揭示和证明了出口促进经济增长的一个新的渠道，即贸易自由化（贸易伙伴增加、出口可变贸易成本以及固定成本降低等）会导致资源和产出的份额向生产率更高的企业配置，从而通过"达尔文进化过程"提高整个产业的生产率。

（2）企业异质性与组织方式的选择。

Melitz（2006）的模型同新贸易理论模型一样，没有分析企业可以通过另一种选择即 FDI 进入出口市场。Helpman，Melitz 和 Yeaple（2007）在拓展 Melitz（2004）模型的基础上，发现企业生产率的差异对企业在出口与 FDI 之间的选择具有重要影响。他们建立了一个异质性企业的自由进入模型。该模型假定每家企业生产一种差异性产品，消费函数为 CES 函数，产品出口需要存在"冰山"型可变贸易成本。其基本结论是，生产率最低的企业仅供给国内市场，生产率居中的企业通过出口供给国外市场，生产率最高的企业则通过 FDI 供给国外市场。Antras 和 Helpman（2007）则在 Melitz（2004）企业异质性模型的基础上，构建了跨国公司组织方式选择的一般均衡模型。该模型假定存在一个北方国家（发达国家）和一个南方国家（发展中国家），最终品生产商在北方提供总部服务（Headquarter services）并进行成品组装，而其他中间投入则可选择在北方或南方，通过一体化或外包方式生产。一方面，中间产品是在北方还是南方生产，取决于北方较高的固定成本和南方较低的可变成本之间的权衡；另一方面，中间产品是通过一体化还是外包进行生产，则取决于一体化带来的所有权优势和外包对中间产品生产商的激励作用之间的权衡。这样，组织选择的均衡结果就由产业的总部服务密集度和企业的生产率水平等因素内生决定：对于最终产品生产企业商而言，在总部服务密集度较高的产业中，企业倾向于选择一体化组织方式。进而生产率最高的企业通过垂直 FDI（国外一体化）在南方生产中间产品，生产率较高的企业通过国际外包从南方购买中间产品，生产率较低的企业通过国内外包在北方获得中间产品，而生产率最低的企业则退出市场。Helpman，Melitz 和 Yeaple 模型中 FDI 是水平型 FDI。Grossman，Helpman 和 Szeidl（2008）则将 Melitz（2004）模型中的企业异质性和 Yeaple（2006）对水平型 FDI 与垂直型的 FDI 的模型化结合起来,构建了北方国家(发达国家)跨国公司组织方式的最佳选择模型。该模型假定存在两个北方国家和一个南方国家(发展中国家),每家企业生产一种差异性产品,生产函数为凹性规模收益不变函数,中间产品可以选择在国内或国外、企业内部或外部生产。模型的结果可以分为没有运输成本与存在运输成本两种情况。在没有运输成本的情况下,如果中间产品选择在国外生产,所需的固定投资可以分为低、中与高三种水平,企业组织方式的一般均衡选择是:低水平固定投资情形下,生产率最低的企业在国内生产中间产品和组装最终产品;生产率居中的企业通过垂直 FDI 在南方生产中间产品,在国内组装最终产品;生产率最高的企业在南方生产中间产品和组装最终产品。中间水平固定投资情形下,低生产率企业在国内,而高生产率的企业在南方生产中间产品和组装最终产品。高水平固定投资情形下,低生产率的企业将所有活动放在国内,生产率居中的企业将中间产品的生产放在国内,将最终产品的组装放在南方;高生产率的企业则将所有活动放在南方。在存在运输成本的条件下,对于低水平的运输成本,企业组织方式的选择与上述相同;对于中间运输成本,生产率最低的企业在本国进行所有活动,生产率最高的企业在南方进行所有活动,而生产率居中的企业在本国生产中间产品,其中,生产率较高的企业通过水平 FDI 在另一个北方国家组装最终产品,生产率较低的企业则通过垂直 FDI 和水平 FDI 在南方和另一个北方国家组装最终产品;对于高运输成本,不同生产率水平的企业对组织方式的选择更具灵活性。

2.4.2　不完全契约和组织方式的选择

近几十年来,随着国际分工由产业间分工、产业内分工深入发展到跨国公司主导的产品内分工,中间投入品贸易在全球范围内迅速发展。由此引出的问题是,为什么一些企业采取垂直 FDI 的一体化组织方式行企业内贸易,而另一些企业采取契约外包的非一体化组织方式进行市场交易?通过将国际贸易理论与不完全契约理论结合起来,不仅可以合理解释上述问题,而且还有助于理解国家间法律制度质量的差异对比较优势,进而对贸易方式的影响,等等。这类研究一般以新贸易理论模型为基础,假定存在北方(发达国家)与南方(发展中国家),最终产品生产商位于北方国家,其所需的中间投入品,既可在本国生产,也可在南方国家生产。与南方企业相比,北方企业技术较先进,但劳动力成本较高。中间投入品具有专用性要求,需要进行专用性关系的投资。但由于中间产品生产企业的专用性投资不可完全观察,契约中往往不可能明确规定专用性投资水平,因此投资契约的签订与履行具有不完全性,很容易导致机会主义行为的发生。为此,最终产品生产企业必须在权衡企业专用性技术能力与市场环境的情况下找到符合其要求中间产品生产企业，从而使不完全信息下的搜寻与匹配成为这一研究领域的核心问题。

（1）契约性投入品密度和组织方式的选择。

不完全契约理论将投入品密度界定为最终产品中由最终产品生产商控制的中间投入品和由供应商控制的中间投入品的相对数量。由供应商控制中间投入品存在对代理人的激励问题。契约性投入品密度会影响最终产品生产商对供应商的激励水平，进而决定着最终产品生产商对外包和一体化组织方式的选择，Antras（2007）首先将契约性投入品密度纳入一般均衡垄断竞争模型中，解释了美国 23 个跨部门的制造业的贸易组织方式。该模型假定在某个生产差异性产品的行业中，产品的生产需要两种定制投入品：总部服务 h 和零部件 m，h 由最终产品生产商提供，m 由中间投入品供应商提供。h 和 m 通过科布—道格拉斯生产函数结合起来，生产最终产品 $x(i)$，其关系式为 $x(i) = \left[\dfrac{h(i)}{\beta}\right]^{\beta} \left[\dfrac{m(i)}{1-\beta}\right]^{1-\beta}$。式中 β 衡量了契约性投入品密度，β 越大，表明该行业总部服务越密集。Antras 假定 h 是资本密集型的，m 是劳动密集型的，且资本是可转移的。在不完全契约条件下，供应商生产中间投入品，需要进行专用性关系投资，因而面临被最终产品生产商锁定的困境，这会导致供应商投资不足。为减少或消除供应商的投资不足，最终产品生产商可与其分摊资本的专用性关系投资，但这样又会增大最终产品生产商受到供应商机会主义行为威胁的风险。如果资本投资份额足够大，事前效率要求最终产品生产商必须掌握剩余控制权，因此会导致纵向一体化的出现。而与固定资产投资相比，劳动投入很难进行分摊。因此，跨国公司对资本密集型中间投入品一般采用垂直 FDI 的一体化组织方式进行企业内贸易，而对劳动密集型中间投入品则采取契约外包的非一体化组织方式进行市场交易。

Antras（2008）借鉴了 Vernon（1962）的产品生命周期思想，构建了一个内生产品生命周期和组织方式演变周期的南北贸易模型。他假定总部服务和最终产品只能由北方国家生产，而零部件南北国家均能生产。北方国家的契约是完全的，而南方国家的契约是不完全的。在这些条件下，模型的结论是，在总部服务密度较高时，最终产品生产商从本国获取零部件；总部服务密度次之时，通过垂直 FDI 从南方国家获取；总部服务密度较低时，通过外包从南方国家获取。Antras 认为可以把总部服务密度理解为技术特征，它随时间的推移而变化。一般情况下，新产品的总部服务密度较高，但随着生产经验的积累，其总部服务密度会随时间而下降。这个结果符合弗农型产品生产周期：新产品价值链上的每个环节都在北方国家进行，随着时间的推移，其零部件通过垂直 FDI 转向南方国家生产，当产品生产成熟时，零部件则会外包给南方国家的供应商。

（2）匹配、市场厚度和组织方式的选择。

在前面的模型中，中间投入品供应商有无限供给弹性。这并不完全符合现实，因为买卖双方的互相匹配是一个对双方都存在风险且要支付交易成本的复杂过程。在买卖双方之间搜寻和匹配以及契约签订与履行过程中，都会产生交易成本。这种成本包括搜寻成本、匹配成本以及因契约得不到履行而生产的"敲竹竿"成本等。这种交易成本的高低决定着最终产品生产商对外包与一体化方式的选择。而影响交易成本的关键因素之一是所谓的市场厚度。市场厚度是指最终产品生产者与中间产品生产者的数量，它与交易成本呈反向变化关系。原因在于，市场厚度越大，意味着最终产品生产商和中间产品生产商的数量越多，它们之间就越易达成的准确的匹配关系，因此产生的交易成本就会越少。随着市场厚度的变化，一体化与外包的选择将存在均衡结果。市场越厚，生产者需要支付的交易成本越少，因而就越倾向于选择外包方式，以避免一体化带来的管理成本及其他形式的沉没成本。

McLaren（2002）假定某一产业有 n 对生产中间产品的上游企业与生产最终产品的下游企业。下游企业既可以通过一体化自己生产中间产品也可以通过外包从上游企业处获得中间产品。在外包方式下，上游企业为生产下游企业所要求的专用性中间产品需要进行专用性关系投资。这种投资由于具有非完全可证性而难以明确地写入投资契约中，因此一旦投资完成，上游企业就会面临被下游企业"敲竹竿"的风险。而这类"敲竹竿"的风险会随着市场厚度的增加，即下游企业数量的增多而下降。因此，市场厚度越大，"敲竹竿"的风险就越小，由此产生的交易成本就越少，企业也就越倾向于选择外包的组织方式。在开放经济条件下，自由贸易会增加贸易各国上游企业的数量，从而有利于市场厚度的加大，进而有利于产品内贸易的发展和国民福利的提高。Grossman 和 Helpman（2005）在 McLaren（2002）的市场厚度原理的基础上，建立了封闭经济下的企业一体化和外包组织方式选择的一般均衡模型。他们指出市场厚度不仅会影响"敲竹竿"成本，也会影响匹配成本。上游企业与下游企业数量越多，两者以较低的成本和较快的速度形成最佳匹配的可能性就越大。也就是说市场越厚，找到最佳匹配的成本就越小。因此，市场较厚时，由于匹配成本较低，下游企业会优先选择外包方式，以避免一体化带来的管理成本及其他形式的沉没成本。Grossman 和 Helpman（2006）以 Grossman 和 Helpman（2005）模型为基础，又进一步建立了产业均衡中企业外包和对外直接投资组织方式选择的一般均衡方式。他们认为，企业采取和对外直接投资组织的一般均衡状态取决于中间产品生产企业的边际成本、异质性产品的产业规模、南方国家（发展中国家）的契约环境及其相对工资水平。中间产品生产企业的边际成本越低，外包对最终产品生产企业的吸引力就越大；异质性产品的产业规模越大，最终产品生产企业就越倾向于选择外包方式；

南方国家契约环境越好，专用性关系投资契约就越完全，最终产品生产企业选择外包方式的比例就越高；南方国家（发展中国家）的相对工资水平越低，参与外包的最终产品生产企业就越多。Grossman 和 Helpman（2008）运用要素禀赋差异假设和交易成本分析方法，建立了国际外包和国内外包竞争的垄断竞争模型。在这个模型中，最终产品生产企业位于北方国家，其所需要的中间产品既可以在本国生产，也可以在南方国家生产。企业进行外包的区位选择取决于国家规模、基础设施、外包技术和契约环境。①一国规模越大，市场就越有厚度，最终产品生产企业在寻找合适的中间产品生产企业过程中，需要支付的搜寻成本和匹配成本等交易成本就越少，因而就越愿意在该国进行外包活动。②一国的通讯运输等基础设施越完善，最终产品生产企业所支付的搜寻成本就越少，因而就越倾向于在该国从事外包活动。③一国外包技术越先进，中间产品生产企业的专用性关系投资就会越少，因而就越能激励企业采取外包方式。④一国契约环境越好，专用性关系投资契约就越完全，企业说服合作者进行专用性关系投资的能力就越强，因而就越愿意选择在该国进行外包行为。Grossman 和 Hansberg（2011）指出这些研究促成了全球生产组织理论，即产品内分工与贸易组织方式理论的产生。这在很大程度上为国际贸易理论奠定了微观基础，增强了其对现实经济的解释能力。

（3）制度质量对契约执行的影响。

前面都是基于发达国家的视角探讨跨国公司对生产组织方式的选择。但现实中，无论是选择与一体化相对应的 FDI 方式，还是选择与非一体化相对应的跨国外包方式，都与东道国的制度质量密切相关。Grossman 和 Helpman（2008）认为，由于中间产品往往需要进行专用性关系投资，而在法律法规不健全的国家，投资契约会由于得不到很好的履行而导致专业性关系投资不足，从而影响到中间产品的生产效率。所以一国制度质量的高低对于企业外包组织方式的选择有着重大影响。Nunn（2009）通过建模指出，如果把产品分成简单产品和复杂产品两大类，那么从产品的契约密度分析，签约制度完善的国家在复杂产品生产上具有比较优势，而签约制度不完善的国家在简单产品生产上具有比较优势。契约密度可用一单位最终产品形成过程中涉及的市场契约数量来衡量。由于复杂产品涉及的中间产品一般比简单产品要多得多，因而前者的契约密度也远高于后者。在这种情况下，如果一国虽有必要的技术水平但缺乏良好的制度环境，那么，在生产复杂产品时，就会为保证所有契约都得到执行而支付高额的交易成本，以致使得最终品在国际市场中缺乏竞争力。因此最终产品生产者不倾向于在制度质量不高的国家进行复杂产品的外包生产。Levchenko（2007）也认为，反映在契约履行质量差异中的国家间制度差异对于贸易收益有很大影响。他指出在契约密集部门，由于劳动者能够从事后与资本所有者的纳什谈判中获得租金，因此存在着所谓的"好工作"。如果北方国家的契约履行环境比南方国家要好，那么这类"好工作"会随着贸易开放转向北方国家。所以南方国家的贸易收益会减少，甚至可能绝对恶化。Levchenko 利用美国 1998 年分产业、分国家的进口贸易数据，发现较高的制度质量有利于一国外包的发生，进而有利于该国契约密集型产业出口的增加。

2.4.3　企业异质性、不完全契约和组织方式的选择

在前面的模型中，国内外包、国内一体化、国外外包和国外一体化四种组织方式不能共存于一个行业。但如果将企业间生产率的差异和契约投入品密度差异结合起来进行考察，就可以发现在一般均衡状态中，这四种组织方式可以在一个行业内同时存在。Antràs 和 Helpman（2007）把 Melitz（2006）企业异质性假设和 Antras（2006）契约投入品密度思想纳入同一个模型中，分析了企业生产率差异和契约投入品密度差异对国际贸易、FDI 和企业组织内生选择的影响。该模型假定存在北方（发达国家）与南方（发展中国家）。最终产品的生产需要两种定制投入品：总部服务和零部件，前者由最终产品生产商生产，后者则可选择在国内或国外，企业内部或外部由投入品供应商生产。在这个框架中，贸易、投资和企业组织方式是相互依赖的。该模型中最终产品生产商有四种选择：国内外包、国内一体化、国外外包和国外一体化。模型显示，在低总部服务密度部门，也就是零部件密集的部门存在着外包均衡，其中高生产率的最终产品生产商通过国外外包从南方国家获得零配件，而低生产率的最终产品生产商通过国内外包从本国获得零配件；而在高总部服务密度部门，最终产品生产商对零部件的获取存在国内外包、国内一体化、国外外包和国外一体化四种均衡选择：生产率最高者采用国外一体化，生产率次之者采用国外外包，生产率再次之者采用国内一体化，生产率最低者则采用通过国内外包。另外，模型还显示，如果行业的总部服务密度越高，那么就越不依赖于进口投入；生产率分布离散度高的行业则更依赖于进口投入，而生产率分布离散度高的行业中，高总部服务密度部门的一体化的形式更加普遍，低总部服务密度部门则倾向于外包；在总部服务密集的行业里既存在一体化也存在外包，但更高的生产率分布离散度会导致更多的一体化和更少的外包。该模型还显示南北国家相对工资或北方国家贸易保护力度的下降，会增强南方国家的竞争优势，进而使得北方国家从南方国家进口中间投入品的企业比重增加，并且在总部密集型部门，外包企业比重提高，结果市场契约交易相对于公司内贸易的比重上升。Antras 和 Helpman（2009）在 Antras 和 Helpman（2007）模型的基础上进一步放松假定，考察了不同程度的契约摩擦条件下，生产率的差异对企业一体化与外包方式选择的影响。Antras 和 Costinot（2010）则将中介贸易

公司纳入产品内分工与贸易模型中，考察了中介贸易公司在产品内贸易过程中的作用，对跨国公司贸易方式选择的影响，以及它与其他经济主体之间的利益分配关系等。

目前国内对产品内分工与组织方式的研究才刚刚展开，尚未形成系统性的有一定深度的研究成果。相关文献主要有：田文（2007）从资产专用性对交易成本的影响着手，分析了生产部件跨境外包时，部件生产者与最终产品生产者在专用性资产供需上的差距对形成交易成本的作用，并具体分析了影响跨境外包搜寻成本与签约成本的各种因素，从而将资产专用性、交易成本、市场厚度与市场集中度等因素作为影响跨境外包及以此为基础的贸易流向的动力机制。胡国恒（2009）建立了一个基于产品内分工的中心—外围模型，考察跨国生产网络控制结构与空间组织的决定机制。他指出产品内国际分工导致企业总部活动与生产制造业务的分离，形成了不同类型的跨国生产网络。在不完全契约下，生产网络的控制方式（直接投资或国际外包）取决于跨国公司与本地企业的相对技术能力。李卓、刘杨、陈永清（2008）以当前中国企业的国际化经营环境为背景，尝试建立了一个针对发展中国家跨国公司的外包和 FDI 方式内生性选择问题的模型，考察要素禀赋优势、贸易成本、市场容量以及企业自身技术水平等因素对这一选择的影响。刘庆林、廉凯（2009）通过建立发达国家企业国际化方式的选择模型，利用改进的柯布道格拉斯函数，比较外包方式和 FDI 方式下单个企业的利润差异，并且通过建立寡头垄断下的博弈模型，分析竞争环境中企业的国际化方式选择。李婧（2010）研究分析厂商进行国际外包与中间产品多样性策略选择的决定因素，通过构建单要素垄断竞争模型，利用固定替代弹性（CES）生产函数，将中间产品种类数、外包比率与最终产品产量内生化，求解出最适中间产品种类数与外包比率，并以美国制造业数据进行实证分析。研究结果表明，外包比率与中间产品的多样性之间的确存在某种程度上的替代性：当搜寻成本上升使得外包策略相对不利时，厂商可以利用研发新的中间产品以降低生产的平均成本；当中间产品的研发成本提高时，厂商会增加外包比率，以降低生产成本；生产中间产品的设备投资成本提高，对于中间产品多样性的影响虽与理论预相符，但不显著，而其对外包比率确有显著的正向效果；资本密集度越高的产业外包比率越低。余画洋、丘东晓（2010）考察了跨国公司的国际转包选择和发展中国家的集群式经济增长之间的关系。他们扩展了 Antras 和 Helpman（2006）的南北贸易模型，在总部服务密集度较高和较低的情况下，分别探讨了产业的多重均衡。文章证明，跨国公司在南方投资或外包从而形成产业集群时，那些相对工资较高的产业，其集群规模也较大，因为集聚效应抵消了较高工资对生产成本的负面影响。在总部密集度较低的产业内，北方可能出现空洞化；在总部密集度较高的产业内，北方的产业规模仍将大于南方，而且跨国公司不会在南方外包。这说明南方的高技术产业需要采取自力更生的政策来进行培育。

2.5　产品内分工与贸易的经济效应研究

在主流国际贸易理论中，国际分工与贸易的经济效应主要表现在两个方面：贸易得益与收入分配。前者分析国际分工与贸易参加国总福利（General Welfare）的相对变化，后者考察参与国国内不同部门、不同要素收入（Factor Returns）之间的相对变化。而产品内分工与贸易的相关文献也集中研究了其对参加国总福利和国内要素收入分配的影响。在贸易得益方面，与传统的产业间分工与产业间分工相比，在产品内分工下国际分工的对象由产品层面扩展深入到工序层面，使参与国的比较优势得到更充分的发挥，贸易得益的范围更为扩大，国民福利水平因此有了进一步提高。而在收入分配方面，产品内分工与贸易模型分析了一国内部资本与劳动之间、技术劳动力与非技术劳动力之间报酬的相对变动趋势，其结论比标准贸易理论更丰富，也更有不确定性。此外，有关产品内分工与贸易效应的相关文献还分析了产品内分工与贸易生产率增长和中美贸易顺差的影响。

2.5.1　产品内分工与贸易对国家总福利的影响

许多研究都表明，在产品内分工与贸易下，自由贸易一般能够使贸易各国的福利得到增进。Arndt（1997，1998，2004）在 H‐O 模型的框架内分析了产品内贸易对国家福利的影响到。他假定，在发达国家中，某种特定产品生产过程包括资本密集和劳动密集两个阶段，这两个阶段各自生产一种部件，且在空间上相互独立地进行。发达国家可以将产品的劳动密集的生产阶段外包给劳动力禀赋丰裕的发展中国家，而自己专业化于产品生产的资本密集阶段。由于这种生产方式充分发挥了两国的比较优势，因而降低了发达国家的生产成本，提高了最终产品的竞争力。同时，由于产品内分工与贸易促进了劳动力稀缺国家与劳动力丰裕国家产品内部的专业化分工，两国的产量与贸易量都将因此而增加，国民总体福利水平也得到了提高。Jones 和 Kierzkowski（2002a，2004b）也指出，与产业间分工与产业内分工相比，产品内分工更充分地发挥了各参与国的比较优势，拓展了分工的方式、深度和潜力，开辟了生产率和产业国际竞争力提升的新源泉，从而扩大了分工与贸易得益的范围，使原先就从最终产品分工与贸易中获利的国家总体国民福利水平进一步提升。但是 Deardorff（2005）认为在某些特定条件下，如产品内贸易中商品国际比价的变化，可能会恶化贸易参与国的贸易条件，从而损害这些国家的总体福利。即使在非完全自己贸易的情况下，由于产品内分工专业化带来的效率增进和贸易壁垒造成的贸易扭曲之间的相互作用，也会导致贸易得益的变化。Arndt（1998，2003）指出，在完全自由贸易的情况下，产品内分工将毫无疑问地会增加一国整体的福利，这类似于技术进步的作用。Arndt（2006）进一步证明，在一个自由贸易的区域内，产品内分工能够减少贸易转移，甚至可以通过创造产品生产阶段层次的比较优势而逆转贸易转移，实现贸易创造，从而提高该区域的整体福利水平。

2.5.2　产品内分工与贸易对就业和收入分配的影响

20 世纪 80 年代以来，欧美国等发达国家的非熟练劳动力与熟练劳动力的收入差距显著拉大，前者的收入无论是用实际值还是相对值来衡量均出现下降。这一现象引起了西方国家学术界与政策制定者的普遍重视。国际贸易学者认为全球范围内迅速发展的产品内分工与贸易是导致这种收入差距扩大的重要原因。此方向的研究可以分为理论与实证两个方面：

（1）理论研究。多数学者认为通过非熟练劳动力密集型生产阶段由发达国家（熟练劳动力相对丰裕的国家）转移到发展中国家（非熟练劳动力相对丰裕的国家），产品内分工与贸易将会增加发达国家内部对熟练劳动力的相对需求，因而其收入也必然相对提高。例如，Feenstra 和 Hanson（1998，1999）认为，为了降低生产成本，发达国家将非熟练劳动力密集型工序转移到发展中国家，会使国内非熟练劳动力需求相对下降，熟练劳动力需求相对上升，进而引起熟练劳动力收入相对提高。Feenstra（2006）指出标准国际贸易理论中要素价格均等化定理关于劳动力同质且可以在部门间自由流动的假定不符合产品内分工与贸易的现实。他认为，在产品内纵向分工体系中，不同生产环节所投入的劳动力往往是异质的。例如，一般情况下产品的研发设计环节使用的是具有资产专用性的高技术劳动力，而加工组装环节使用的则是不具有资产专用性的低技术劳动力。这两类劳动力往往很难在不同生产环节间自己流动。因而，Feenstra 放宽 H－O 模型中只有劳动与资本两种生产要素的假设，而是假定生产过程中投入三种要素：高技术劳动力 H、低技术劳动力 L 与资本 K；生产三种产品：低技术劳动密集的中间产品 X_1、高技术劳动力密集的中间产品 X_2、最终产品 X。相应的产品生产过程分为三个阶段：生产 X_1 的阶段、生产 X_2 的阶段和将 X_1 和 X_2 组装生产最终产品 X 的阶段。其中 X_1 既可以在本国生产，也可以外包到其他国家生产。对于高技术劳动力相对密集的发达国家，可以将低技术劳动密集的中间产品 X_1 转移到低技术劳动力相对丰裕的发展中国家生产，然后再进口到本国与 X_2 结合起来以生产 X。由于国外劳动力较为廉价，发达国家进口 X_1 且专业化生产 X_2，其产出与福利都能得到增加。Feenstra 又进一步分析了进口中间产品价格下降对发达国家高技术劳动力与低技术劳动力工资的影响。通过推导，他得到竞争均衡下低技术劳动力相对高技术劳动力的报酬变化：

$$\hat{w} - \hat{q} = (\hat{p}_{1l} - \hat{p}_{2l})/(\hat{\theta}_1 - \hat{\theta}_2) < 0 \qquad (2.16)$$

式中，w 表示低技术劳动力 L 的报酬率，q 表示高技术力 H 的报酬率，r 表示资本 K 的报酬率，P 表示最终产品价格为，θ 表示各要素在总成本中的份额。该式表明，当发达国家将 X_1 外包出去后，由于进口中间产品价格下降，使得其国内低技术劳动力的报酬率相对于高技术劳动力报酬率下降。同时，由于发达国家的低技术劳动力密集生产阶段在发展中国家却可能是高技术劳动力密集的生产阶段，因此生产环节的转移会导致发展中国家国内对高技术劳动力的需求相对增加，进而提高其高技术劳动力的相对报酬率。所以产品内分工与贸易的结果无论是在发达国家还是在发展中国家，高技术劳动力相对于低技术劳动力的报酬率都将得到提高，他们的收入差距将会拉大。但是 Arndt（1997，1999）、Jones 和 Kierzkowski（2004a，2004b）、Kohler（2006）等的研究也表明，产品内分工与贸易的收入分配效应具有不确定性，其结果可能取决于分工与贸易参与国的要素禀赋、产业性质、生产方式及其特定生产阶段的要素密集度等多种因素。例如，Arndt（1997）指出工资与就业的变动，取决于参与产品内分工与贸易的国家与行业的性质。具体而言，资本丰裕的 A 国将出口部门（生产资本密集型产品 X 的部门）的劳动密集型阶段转移到劳动丰裕的 B 国，A 国的工资水平会下降；但如果发生产品内分工的不是 A 国的出口部门，而是其进口竞争部门（生产劳动密集型产品 Y 的部门），A 国的工资水平则会上升。如果此处的资本不仅包括物质资本，而且也包括人力资本，那么上述关于劳动与资本之间收入分配的分析，也可以推广到非熟练劳动与熟练劳动之间。

国内学者田文（2008）运用产业组织经济学关于市场纵向关系的理论中分析了产品内贸易利益的分配，田文（2009）在新古典贸易理论的分析框架下，对 Jones 的要素跨国流动对偶均衡贸易模型进行改进，以发展中国家从事产品内分工的加工生产与贸易为研究对象，分别研究了要素不能跨国流动、特定资本跨国流动，资本为非特定要素且可跨国流动条件下，工资租金比率的变动情况。张纪（2009）对产品内国际分工中的收益分配问题进行了较为深入地理论探讨，得出结论——各分工环节的市场结构决定了其所获收益，并通过对笔记本电脑产品内分工体系的分析进一步证明了理论分析结果。

（2）实证研究。与理论研究在结果上的不确定性相比，经验研究则大多支持产品内分工与贸易确实对非熟练劳动与熟练劳动之间收入差距扩大有着重要影响。根据 Feenstra 与 Hanson（2006）的研究，可以将这方面的研究按实证方法的不同大致可以分三类：第一类，实证方法从短期成本函数出发，就产出、技术进步、产品内分工等的变化对高技术劳动力相对收入的变化进行计量回归，其基本结论是产品内分工对高技术劳动力收入的相对提高影响显著。采用这种方法的文献主要有 Feenstra 和 Hanson（1998）、Anderton 和 Brenton（1997）、Head 和 Ries（2002）、Gorg 等（2009）分别对美国、英国、日本和爱尔兰的研究；第二类，实证方法是在总 GDP 函数的基础上，就长期内要素禀赋与产品价格的变化对高技术劳动力、低技术劳动力相对收入的变化进行回归，其基本结论是产品内分工扩大了高技术劳动力与低技术劳动力收入差距。采用这种方法的文献主要有 Harrigan（2002）、Egger（2004）、Geishecker（2005）分别对美国、奥地利和德国的研究；第三类，实证方法从产品价格等于单位成本的假定入手，采用两阶段回归方法，首先考察长期内经济一体化、产品内分工、技术进步等的变化对商品价格的变化的影响程度，然后就分解后的商品价格变化对对高技术劳动力相对收入的变化进行回归。其基本结论是产品内分工对高技术劳动力收入的相对提高有重要作用。采用这种方法的文献主要有 Feenstra 与 Hanson（1999）、Haskel 与 Slaughter（2004）分别对美国和英国的研究。此外，Chongvilaivan（2010）在将产品内分工中上下游生产环节的外包细分为物质投入外包和服务外包的基础上，研究了产品内分工对美国技术型劳动力的相对需求与相对收入的影响。而国内学者盛斌、马涛（2010）以中间产品贸易来度量外包的程度，运用动态面板数据模型考察了产品内分工对中国工业劳动力需求的影响。艳丽、席艳乐（2010）利用 1997～2008 年中国 23 个制造业部门的面板数据，就产业相互依赖下，产品内分工对相对就业的影响进行了研究。结果表明，产业间的相互依赖性使得当涉及产品内分工的影响时，这种跨产业间的乘数效应必须考虑在内。

2.5.3　产品内分工与贸易对生产率的影响

从理论上说，产品内分工拓展了分工的深度和潜力，开辟了生产率增长的新源泉。因此，西方学者也对产品内分工与贸易的生产率效应进行了研究。此方向的研究主要是经验研究，因研究对象的不同可分为行业与企业两个层面：

（1）行业层面的生产率效应。Egger 等人（2004）从 CES 函数出发，利用欧盟 12 国 1992～1997 年 22 个制造业的数据，研究了产品内分工对低技术劳动力的生产率水平的影响。他们发现，在短期内产品内分工密度（outsourcing intensity）每提高 1% 将会导致低技术劳动力生产率下降 0.18%。而在长期内产品内分工密度每提高 1% 则会导致低技术劳动力生产率增长 0.53%。其原因可以在于劳动力市场的短期刚性。例如，在就业水平一定的条件下，生产活动向海外的转移将会导致劳动生产率的下降。与 Egger 等人（2004）不同，Amitt 和 Wei（2007）从柯布—道格拉斯生产函数出发，利用美国 1992～2004 年 96 个制造业的数据，考察了产品内分工对总劳动生产率增长的影响。他们将产品内分工区分为实物产品内分工（Material Outsourcing）与服务产品内分工两类，发现实物产品内分工与服务产品内分工生产率增长均有正面影响，但服务产品内分工比实物产品内分工的影响更为显著。服务产品内分工密度每提高1%会导致劳动力生产率增长0.43%到0.57%。其原因可能在于，与实物产品内分工相比，服务产品内分工发展历史相对较短，因而尚处于规模收益递增阶段，各产业从服务产品内分工中取得的收益趋于上升。Amitt 和 Wei（2009）进一步证实了实物产品内分工确实对生产率增长有一个小的正面影响。Gorg、Hanley 和 Strobl（2009），Falk 和 Wolfmayr（2010）分别对经合组织国家与爱尔兰的研究，也得到相同的结论。大多数有关产品内分工对制造业生产率影响的研究都集中在美国与欧盟这样的大国或大经济体，然而与这些大国相比，产品内分工对小国生产率的影响可能会因小国贸易开放度更高而更为显著。考虑到这一点，Egger 等（2004b）利用奥地利1990～1998年18个制造业的数据，研究了产品内分工对全要素生产率 TFP 增长的影响。他们的计量结果显示，产品内分工对奥地利制造业 TFP 的增长有着显著的正面影响，而且与低技术密集型行业相比，这种影响在高技术密集型行业更为明显。然而，Hijzen 等（2008）在对日本制造业的研究中发现产品内分工对低技术密集型行业和高技术密集型行业全要素生产率 TFP 的影响没有差异，因而认为行业的技术密集度并不是产品内分工生产率效应的决定因素。此外，Daveri 和 Jona-Lasinio（2010）利用意大利1995～2005年21个制造产业的数据，研究了产品内分工与贸易对全要素生产率 TFP 增长的影响，发现在不同的产品内分工与贸易程度衡量方法下，产品内分工与贸易的生产率效应有所不同。

以上研究都是集中于发达国家，而国内学者胡昭玲（2009）则基于发展中国家的视角，就产品内国际分工对中国工业各行业的生产率的影响做了理论探索和实证检验，指出产品内分工对中国工业生产率的提高有着积极影响。徐毅、张二震（2010）采用面板计量模型的技术考察了外包对中国工业全员劳动生产率的影响，发现外包对企业劳动生产率产生了积极影响，但由于规模效应对替代效应的外包并没有对就业产生负面影响。孟祺、隋杨（2011）考察了产品内分工与全要素生产率指数的关系，发现产品内分工的技术溢出效应在中国并不明显，而且跨国公司的生产和出口网络在很大程度上制约着中国的技术技术与产业升级。刘海云、唐玲（2010）考察了物质投入外包与服务外包对全员劳动生产率的影响，发现外包对在中国工业行业的全员劳动生产率有积极的影响，而且服务外包比物质投入外包对生产率的促进作用更加明显。汪丽、贺书锋（2011）考察了中国14个制造业行业的服务国际外包和实物国际外包，也得到了与刘海云、唐玲（2010）相同的结论。

（2）企业层面的生产率效应。Girmaand 和 Gorg（2006）利用英国1982～

1992 年化学、电子、机械三个行业企业层面的数据，研究了产品内分工对劳动生产率和全要素生产率的影响。结果表明，产品内分工对化学与机械行业的劳动生产率和全要素生产率的增长均与显著的正面影响，而且对化学行业的影响要三倍于机械行业。此外，他们还发现产品内分工的生产率效应在外资企业更为明显。Gorg 和 Hanley（2008）利用爱尔兰 1990～1995 年电子行业 652 家企业的数据，考察了产品内分工对企业全要素生产率的影响。结果显示，产品内分工对全要素生产率有显著的积极影响。但是，在将产品内分工分为实物产品内分工与服务产品内分工的情况下，实物产品内分工与生产率有显著的正相关关系，而服务产品内分工则与生产率有不显著的正相关关系。另外，他们还发现产品内分工对出口密集度高的行业的生产率影响不显著。Gorg，Hanley 和 Strobl（2009）使用爱尔兰 1990～1998 年整个制造业的企业层面的数据，在更大范围内考察了产品内分工对企业劳动生产率的影响。与 Gorg 和 Hanley（2008）一样，他们服务产品内分工没有明显的生产率效应，而实物产品内分工则有对生产率有显著的积极影响，实物产品内分工每增加 1% 都会使劳动生产率提高 1.2%。同时，他们还发现，实物产品内分工对外资出口型企业和内资出口型企业的生产率都有相同的显著积极影响。而对于非出口型企业，无论其所有权是外资还是内资，实物产品内分工的生产率效应都是不显著的。因此，只有面向国际市场的企业才能从实物产品内分工中受益。Gorg，Hanley 和 Strobl（2009）、Falk 和 Wolfmayr（2010）发现与实物产品内分工相比，服务产品内分工更能推动企业组织结构的变化，从而更易提高企业生产率。Gorg，Hanley 和 Strobl（2009）指出，无论是实物产品内分工还是服务产品内分工，均对跨国公司或出口企业生产率的提升有积极影响。其原因在于这些企业不仅具有参与全球产品内专业化分工的优势，而且还拥有竞争性中间产品的获取渠道和更低的沉没成本，因此能够从产品内分工与贸易中获取更大的收益。然而，Hijzen 等（2008）、Criscuolo 和 Leaver（2010）却认为产品内分工与贸易对跨国公司或出口企业生产率的提升作用并不一定大于国内公司或非出口企业。Hijzen 等（2008）指出跨国公司或者出口企业从国外获取的低成本优势只存在于某一阶段，因而是一种静态比较优势。它会随着产品内分工与贸易的不断深入而逐渐削弱。而且，出口企业还面临着较为激烈的国际市场竞争，因而从产品内分工中获取的收益反而不如主攻国内市场的非出口企业。Criscuolo 和 Leaver（2010）的实证研究也表明，产品内分工与贸易强度每增加 1%，全要素生产率会随之提升 0.037%，而且这种生产率提升效应在国内企业身上表现得更为显著。Falk 和 Wolfmayr（2010）研究了经合组织国家对发展程度不同的国家进行产品内分工与贸易的生产率效应，发现对低收入国家的服务外包显著提升了其国内全要素生产率 TFP。其原因可能在于，低收入国家的劳动力等要素价格较低，因而对这些国家的外包更有利于生产成本的节省和生产效率的提高。

　　归纳起来，无论是行业层面还是企业层面的经验研究，大多数都证明了产品内分工对生产率增长有着积极影响，而且这种影响也因产品内分工的对象（实物产品内分工还是服务产品内分工），行业的要素密集特征以及企业的所有权性质等不同而存在差异。

2.6　对产品内分工与贸易研究的评价

　　国际分工和国际贸易密切相关。从根本上说，国际分工方式决定了国际贸易的方式，国际贸易的发展反过来又可促进国际分工的深化。迄今为止，国际分工理论的演变历经了产业间分工理论、产业内分工理论与产品内分工理论三个发展阶段。与之相应，国际贸易理论则从传统贸易理论发展到新贸易理论，进而发展到产品内贸易理论。目前，产品内分工与贸易理论已成为当代主流国际贸易理论的重要发展方向。这一理论新范式产生的实践背景，是社会生产力的迅速发展促使产品生产过程所包含的不同生产环节，在空间上分散到不同国家完成，形成各国在生产环节层面的专业化分工格局。这种分工局面导致了相应的贸易方式、贸易利益和企业生产组织形式的变化。为此，产品内分工与贸易理论仍然致力于解释国际贸易的基本问题，即国际分工如何导致全球贸易方式与贸易利益的变化，以及这种变化对参与各国国民福利的影响。产品内分工与贸易理论继承和发展了传统贸易理论的比较优势原理和新贸易理论的规模经济原理，以说明产品内分工下贸易方式与贸易利益的转变。同时，产品内分工与贸易理论还在新贸易模型的基础上，纳入现代企业理论中的交易费用、组织成本、委托代理以及激励机制等变量，开辟了全球生产组织理论，即产品内分工与贸易组织方式这一全新的研究领域，以诠释产品内分工与贸易下企业生产组织形式的变化，从而大大加强了国际贸易理论的微观基础。所以，产品内分工与贸易理论的形成符合国际贸易理论内在的历史发展逻辑。它是脱胎于传统贸易理论和新贸易理论，又在结合相关学科最新理论成果的基础上，根据新的国际经济实践发展出来的国际贸易理论新体系。

　　但是，从总体上看，目前产品内分工与贸易理论的研究尚处于起步阶段，其理论体系还需进一步深化完善，其科学性也有待进一步经验实证。正如 Feenstra 和 Hanson（2006）指出的"现有对产品内分工与贸易的研究文献才刚刚揭开了这种新分工形态对产业结构和发达国家以及发展中国家要素需求影响的表面，这个领域还存在大量的空间等待去挖掘和研究"。本书认为，为进一步完善产品内分工与贸易理论体系，以增强该理论对国际经济现实的解释能力，以下几个方面将是其进一步研究的方向：第一，进一步丰富产品内分工与贸易组织方式的理论与实证研究。产品内分工与贸易理论在新贸易理论基础上，引入现代企业理论中交易成本、委托代理和激励机制等因素，促成了全球生产组织理论，即产品内分工与贸易组织方式理论的产生。这在很大程度上为国际贸易理论奠定了微观基础，增强了其对现实经济的解释能力。但是，诸如市场厚度、体制政策、产品序列、自主创新与知识产权保护等新变量也亟须引入现有理论体系，以便更加科学地解释当代国际贸易生产组织的新形式和新特质。此外，目前在产品内分工与贸易组织方式的研究中，由于缺乏必要的微观企业的相关数据，相对于理论模型分析而言，经验实证研究较为薄弱。所以，如何加强企业层面微观数据的搜集，以提供更多的经验实证支持，也成为产品内分工与贸易理论下一步需要解决的问题。第二，强化基于发展中国家视角的产品内分工与贸易理论研究。现有产品内分工与贸易理论研究主要集中于发达国家，旨在解释发达国家的生产外包对其国内的生产与贸易方式、就业与产量、要素价格与国家福利、产业升级与贸易发展战略等产生的不同于最终产品贸易的影响。这些理论并不直接适用于与发达国家国情有很大不同的发展中国家。所以，如何结合发展中国家的具体情况，分析产品内分工与贸易下发展中国家的生产与贸易方式、就业与产量、要素价格与国家福利、产业升级与贸易发展战略的变化，是产品内分工与贸易理论下一阶段的一个主要研究方向。第三，推动产品内分工与贸易理论和管理学中的全球价值链理论融合。产品内分工是一个产品的各个生产环节或中间产品，被分解到两个或两个以上不同国家或地区完成。这实际上就是产品价值链的全球铺展过程。现有国际贸易学主要从宏观的国家或产业层面对产品价值链铺展后各国贸易结构与福利状况的变化进行研究，但由于缺乏企业层面的微观视角分析而使相关研究难以深入。与此不同，管理学中的全球价值链理论则强调了企业层面的分析。它的价值链租金、价值链治理和价值链升级等理论，为国际贸易学搭建了一个从微观视角研究宏观贸易结构与贸易得益问题的分析平台。因此，如何在产品内分工与贸易理论中有机地纳入管理学的全球价值链理论，使两者相得益彰，也将成为产品内分工与贸易理论下一阶段的一个重要研究内容。

从国内看，学术界关于产品内分工与贸易的文献虽日趋增多，但多数还聚集在有关概念和意义的介绍阶段，对中国如何通过产品内分工与贸易进行发展的探讨还比较欠缺，专门的研究文献较少，研究范围也有限，尚未结合中国处于发展中国家的地位和从封闭经济向开放经济转变的特殊环境与发展阶段，从理论、战略和政策等方面形成系统的技术路线与研究脉络。目前，作为产品内分工全球铺展不可或缺的中国，在全球生产网络虽扮演着重要的角色，但从总体上看，中国参与产品内分工与贸易的产业主体仍然是制造业，而中国制造业尚处于全球产品内分工价值链的低端环节，国际竞争力不强，获利也较为微薄。因此，如何准确测度中国制造业参与产品内分工与贸易的程度，如何正确评价中国制造业参与产品内分工与贸易的决定因素，如何合理选择中国制造业参与产品内分工与贸易的组织方式，如何扩大中国制造业参与产品内与贸易的收益份额，如何利用产品内分工与贸易加快中国制造业的技术进步与产业升级，如何根据后金融危机时代的特征对中国制造业的产业升级进行系统的风险管理，如何根据国际分工和贸易的发展趋势制定新的赶超战略和对国家宏观经济管理职能进行前瞻性调整，等等，都是中国当前亟待解决的重大现实问题。而运用现有的产品内分工与贸易的概念和理论框架对中国制造业的发展进行较为系统的研究，以合理解决上述问题，无疑将有助于中国在新型国际分工格局和资源环境强约束下的工业增长，以及中国由制造大国向制造强国的根本性转变。

第3章 中国制造业参与产品
内分工与贸易程度的测度

20 世纪后半期,在科技进步和贸易与投资自由化的有力推动下,发达国家通过外包与垂直 FDI 等方式,将产品生产过程中的低端制造/加工/组装环节大规模转移到发展中国家完成,一种新型的国际分工与贸易形式——产品内分工与贸易由此得以在全球范围迅速发展,并逐渐取代传统的产业间分工与贸易和产业内分工与贸易,成为国际分工与贸易的主导形式。进入 21 世纪,产品内分工与贸易继续深入发展,由此产生的新现象与新问题层出不穷,从而为产品内分工与贸易理论的发展提供了极大空间。

20 世纪 90 年代以来,随着产品内分工与贸易在世界范围内广泛而深入的发展,中国凭借丰富的劳动资源和巨大的国内市场,逐渐成为全球生产网络中重要的加工制造基地。在产品内分工与贸易中,中国劳动要素禀赋优势得到更加充分的发挥,从而极大地推动了中国外贸发展和工业化进程。但是,产品内分工与贸易也给中国制造业带来诸多挑战,例如,对进口中间产品的高度依赖,削弱了中国制造业的自生能力而使其易受世界市场变化的冲击;产品内分工贸易产品在中国市场大量的就地销售,加大了本土企业的竞争压力而使其发展空间受到严重挤压;长期被锁定在产品内分工价值链的低端环节,导致中国制造业转型升级遭受重重制约,等等。在这一背景下,对中国制造业参与产品内分工与贸易程度进行准确的定量测度,并以此为依据制定合理的产业与贸易政策,对促进中国制造业可持续发展具有至关重要的意义。目前,西方发达国家在测度本国参与产品内分工与贸易程度时,多是采用 Hummels,Ishii 和 Yi(2002)的垂直专业化法(也称投入产出法)。国内 CCER 课题组(2006)、吴福象(2007)、刘志彪和吴福象(2007,2008),张小蒂和孙景蔚(2009)、黄先海和韦畅(2010)等也使用该方法估算了中国经济参与产品内分工与贸易的程度。但是,Hummels,Ishii 和 Yi(2002)提出的这一测度方法与相应的指标体系,主要考察的是发达国家参与产品内分工与贸易的水平。而发展中国家与发达国家在产品内分工与贸易中的表现具有根本不同的特征,直接简单套用这一方法和指标体系,并不一定能够合理反映中国这样的发展中转型大国参与产品内分工与贸易的真实情况。因此,如何根据中国的具体国情设计一套产品内分工与贸易程度的测度方法与指标体系，以准确全面地反映中国制造业参与产品内分工与贸易的实际状况，进而依此制定合理的产业与贸易政策，已成为当前中国产业与贸易理论研究与实践发展的迫切需要。

本章首先介绍和比较了国际上主要的三种产品内分工与贸易的测度方法，然后从中国参与产品内分工与贸易的现状出发，融合国际上常用的投入产出法和进口中间投入占总投入比重法的思想，构建了四个产品内分工与贸易程度的测度指标：进口投入产品内分工指数、出口贸易产品内分工指数、国内销售产品内分工指数、国内完全附加值产品内分工指数，最后基于这一指标体系，利用 OECD 提供的中国非进口竞争型投入产出表和从 UNcomtrade 数据库中重新集结得到的中国制造业进出口数据，对中国制造业参与产品内分工与贸易的水平作了较为全面而准确的实证研究。

3.1　产品内分工与贸易的常用测度方法

20 世纪 90 年代以来，国际生产中产品内分工与贸易趋势日益加强，因而设计一套能够合理反映产品内分工与贸易程度的测量方法和评判标准，以对产品内分工与贸易进行深入的量化分析，已成为当前国际产业和贸易研究的迫切需要。产品内分工是同一产品价值链上各个生产环节的纵向分工。随着科学技术的不断进步，这种环节间的纵向分工日益迂回曲折，中间产品种类日渐繁多，而且在现实经济中，许多产品既可成为中间产品也可作为最终产品，很难截然区分开来。这就给衡量产品内分工与贸易的程度带来了很大的困难。因此，国际上至今尚未形成一套完善的、为学界一致认可的测度指标体系与方法。目前，不同的学者，基于所掌握的数据资料和研究目的的差异，主要采用了以下三种方法来测度产品内分工与贸易的程度。

（1）零部件贸易法。这种方法主要以各国海关部门统计的中间产品进口数据为依据来测度产品内分工与贸易程度。联合国统计处将 3 位数的《国际贸易标准分类》（SITC，第 3 版）的基本项目编号重新组合排列编制成联合国《广义经济类别分类》（Broad Economic Categories，BEC），通过 BEC 分类，可以把按《国际贸易标准分类》（SITC，第 3 版）编制的贸易数据转换为《国民经济核算体系》（SNA）框架下按最终用途划分的三个基本货物门类：资本品、中间产品和消费品。其中，中间产品包括半成品和零部件。各国海关统计按此分类，通过将半成品和零部件的进口数据直接加总得到本国中间产品的总进口量。一般来说，中间产品的总进口量越大，一国参与产品内分工的程度越高。为了便于更全面和更深入地分析一国参与产品内分工与贸易的情况，许多学者还在中间产品总进口量的基础上，构建了一些其他衡量指标。例如，进口中间投入占总投入比重（Feenstra & Hanson，1999、2000；Amiti & Wei，2006），进口中间投入占总进口比重（Yeats，2003；Chen et al.，2007），进口中间投入占总产出比重（Geishecker & Görg，2007），等等。在上述指标中，又以进口中间投入占总投入比重法最为常用。

（2）加工贸易比例法。这种方法主要以各国对外加工贸易数据为依据来衡量产品内分工与贸易程度。在许多国家的海关统计中，按照贸易方式的不同，将对外贸易分为一般贸易与加工贸易。加工贸易有广义与狭义之分。广义的加工贸易是指国外企业以投资的方式将部分生产能力转移到东道国，或利用东道国原有的生产能力加工装配产品，然后运到东道国境外销售；狭义的加工贸易是指国家对来料或进料加工采取海关保税监管的贸易（隆国强，2004）。比较加工贸易与产品内贸易的定义，可以发现加工贸易实质上就是基于产品内分工基础上的产品内贸易。因此，一国加工贸易的进出口额或加工贸易占总贸易额的比重，也可以近似地反映该国参与产品内分工与贸易程度的高低。例如，Baldone（1999）就是以加工贸易的进出口额占总贸易额的比重来反映英国参与产品内分工与贸易的水平。而邱斌（2009）则采用中国加工贸易的自然对数和加工贸易出口占总出口的比重来衡量中国参与产品内分工与贸易的程度。

（3）投入产出法。这种方法主要以各国的投入产出表数据为依据来测量产品内分工与贸易程度。它又称为"垂直专业化"（VS）法，由 Hummels 等人（2002）提出。该方法在一国投入产出表的基础上，通过计算出口产品中使用的进口中间产品份额来衡量产品内分工与贸易的程度。VS 可分为 VS 值与 VS 比率（VSS），前者是绝对指标，衡量出口产品中进口中间产品的含量；后者是相对指标，衡量 VS 值占总出口值的比率。在实际测算中，常用 VS 比率（VSS）。VSS 一般利用一国的投入产出表进行计算，其计算公式是：

$$VSS = VS_k / X_k = uA^M \left[I - A^D \right]^{-1} X / X_k$$

式中，VS 代表一国的产品内分工与贸易份额，即生产出口产品的那部分进口中间产品的价值。X 代表一国的总出口额。u 是由 1 组成的 $(1 \times n)$ 维向量，A^M 是 $(n \times n)$ 维的进口中间品系数矩阵，I 是单位矩阵，A^D 是 $(n \times n)$ 维的国内直接消耗系数矩阵，X 是 $(n \times 1)$ 维的各行业的出口向量，n 是行业部门数目，X_k 是各行业部门出口之和，$\left[I - A^D \right]^{-1}$ 是里昂惕夫逆矩阵，它体现了由于行业间的关联效应而产生的进口中间产品作为初始投入，在国内各行业间直接或间接循环利用的效果。VSS 处于 0 ~ 1 之间，若进口中间产品没有用来生产出口产品，则该值等于0；若进口中间产品全部用来于生产出口产品，则该值等于 1。VSS 越大表示产品内分工与贸易程度越高。

比较零部件贸易法、加工贸易比例法和投入产出法三种方法，可以发现：第一，零部件贸易法，计算最为直接，但对中间产品与最终产品的分类过于武断。而在现实经济中，很多没有归入零部件的产品其实也属于中间产品，因此该方法容易造成对产品内贸易额的严重低估，不能准确反映一国参与产品内分工与贸易的实际情况。第二，加工贸易比例法，数据易于获取，但不足在于：①许多国家在对外贸易统计中没有将加工贸易单独列出来。②缺乏产业层次的加工贸易数据，因此只能从国家层面粗略考察一国参与产品内分工与贸易的程度。第三，投入产出法，则通过利用投入产业表，能够将现实经济中的中间产品都包括在内，有效地避免了零部件贸易法对产品内贸易额的低估问题。但其所统计的进口中间产品仅涉及出口产品生产的部分，因而包括的范围小于零部件贸易法，也不能准确反映一国参与产品内分工与贸易的真实状况。

3.2　中国参与产品内分工与贸易程度的测度方法与指标体系

目前，在上述三种主要测度方法中，以零部件贸易法中的进口中间投入占总投入比重法和投入产出法最为常用。Amiti 和 Wei（2006）、Bardhan 和 Kroll（2005）、Feenstra 和 Hanson（1998）和欧洲经济顾问组（2007）都利用进口中间投入占总投入比重法计算了英国、美国、德国、荷兰、意大利与芬兰等国制造业与服务业的外包密度。而 Hummels，Ishii 和 Yi（2003）则运用投入产出法，测算了 10 个 OECD 国家和 4 个新兴市场经济国家的产品内分工与贸易的水平。国内 CCER 课题组（2006）、吴福象（2007）、刘志彪和吴福象（2007，2008），张小蒂和孙景蔚（2008）、黄先海和韦畅（2009）等也使用该方法估算了中国经济参与产品内分工与贸易的程度。比较进口中间投入占总投入比重法与投入产出法，可以发现，前者将所有中间产品的进口都视为产品内贸易。而这些进口中间产品既可用于生产出口产品也可用于生产内销产品，因此覆盖范围较广，但其缺陷在于仅从进口方面来测度产品内分工与贸易的程度，而未考虑到出口产品中进口中间产品的含量；后者虽从出口方面测度了产品内分工与贸易的程度，但其统计的进口中间产品范围较为狭窄，仅计算了出口产品所使用的进口中间产品，而未包括内销产品中进口中间产品的含量。显然，在测算中国参与产品内分工与贸易的程度时，直接简单套用这两种方法与指标体系存在一定局限。原因主要在于：在全球一体化经济中，中国参与产品内分工与贸易的基本特征与发达国家有着根本不同。欧美等发达国家凭借其先进的技术与充裕的资本，集中于资本与技术密集型的高附加值环节，主要承担研发设计、核心零部件生产、市场营销等业务活动；而中国作为发展中大国则依托丰富的劳动力资源，集中于低技术—劳动密集型的低附加值环节，主要从事生产/制造/加工/装配等业务活动。在这样的产品内国际分工体系中，中国主要是从发达国家进口资本与技术密集型的中间产品，经本地加工成成品或半成品后复出口。这种处于价值链上低端环节的"两头在外"的产品内分工与贸易导致中间产品在中国大进大出，而这与发达国家居于价值链上高端环节的产品内分工与贸易带来的中间产品的进出口，在性质上有着根本的不同。在进口方面，中国承担的加工装配环节所需进口的中间产品数量巨大。而且，为抢占中国国内广阔的市场，尤其是金融危机导致国际需求明显萎缩的背景下，跨国公司在中国加工组装后的产品就地销售的趋势日益显现。显然，这将会加大国内相关产业与企业的竞争压力，挤压其生产和发展的空间；在出口方面，中国承接的加工装配环节与发达国家的研发和营销环节相比，附加值较小，国内增值率较低。而这又会从多方面阻碍中国制造业的转型升级与国际竞争力的提升。基于此，对中国参与产品内分工与贸易水平的测算，不仅要考察中国进口中间产品占总投入的比重和出口商品中进口中间产品的含量，而且还要考察承接国际外包业务的企业在国内市场销售的产品内分工产品的份额，以及利用进口中间产品生产的出口商品中中国国内完全附加值增值的比重。

为此，我们认为需要基于发展中国家的视角对产品内分工与贸易的内涵有一个更深入的理解。根据 Hummels 等（2002）的研究，产品内分工必须同时具备以下条件：一是产品的生产必须至少经历两个生产阶段；二是在产品的跨国生产中，至少有两个国家为产品价值的形成提供生产服务；三是至少有一个国家在其从事的生产阶段投入了从国外进口的中间产品，并且生产出的最终产品或者中间产品必须有一部分出口国外市场。按照这一定义，只有进入出口产品的进口投入品才能计入产品内贸易。而按照 Feenstra 等（1999）的看法，产品内分工只要具备前两个条件即可。因此，一国进口的中间产品，无论是用来生产出口产品，还是生产内销产品都要计入产品内贸易。比较 Hummels 和 Feenstra 的定义，可以发现对产品内贸易的界定范围前者较为狭窄，后者则更为宽泛。本书认为，要准确反映中国这样的发展中大国参与产品内分工与贸易的真实特征，对产品内贸易的界定范围则应介于 Hummels 和 Feenstra 的范围之间。即只要一国在全球产品内分工体系中，专业化于某一生产阶段，并使用进口投入品进行生产，且产出品至少有一部分出口其他国家，则进口的中间产品都应计入产品内贸易。由此出发，衡量中国制造业参与产品内分工与贸易的程度，应以中间产品贸易为对象，围绕中国进口中间产品占总投入的比重、出口产品中进口投入品含量、国内销售产品中进口投入品含量和利用进口中间产品生产的出口产品中国内完全附加值增值四个方面展开。所以本书从中国参与产品内分工与贸易的现状出发，融合投入产出法和进口中间投入占总投入比重法的思想，构建了四个产品内分工与贸易程度的测度指标，即进口投入产品内分工指数、出口贸易产品内分工指数、国内销售产品内分工指数、国内完全附加值指数，以较为全面反映中国参与产品内分工与贸易的水平和程度。

（1）进口投入产品内分工指数（IPD）。

某一行业 i 的进口投入产品内分工指数可定义如下：$IPD_i = \dfrac{进口中间产品}{总投入}$。该指数从总投入中进口中间产品的比重方面来反映一国产业参与产品内分工的程度和水平。这里的中间产品既包括用于生产出口产品的部分，也包括用于生产内销产品的部分。假设经济中有 n 个行业，本书用 M_i 表示 i 行业进口的中间产品，I_i 表示 i 行业的总投入。则根据上述表达式，可得进口投入产品内分工指数：

$$IPD_i = \frac{M_i}{I_i} \tag{3.1}$$

对于一国而言，IPD 是所有行业 i 的加总，$IPD = \sum_i IPD_i$。由此，可进一步得到一国的进口投入产品内分工指数：

$$IPD = \frac{\sum_i M_i}{\sum_i I_i} \tag{3.2}$$

（2）出口贸易产品内分工指数（EPD）。

某一行业 i 的出口贸易产品内分工指数可定义如下：

$$EPD_i = \frac{EPDV_i}{出口} = \frac{（进口中间产品/总产出）\times 出口}{出口}$$

$$= \frac{（出口/总产出）\times 进口中间产品}{出口}$$

式中，$EPDV_i$ 定义为出口产品中进口中间品的数量。该指数从出口产品中进口中间品的比重方面来反映一国产业参与产品内分工的程度和水平。假设经济中有 n 个行业，本书用 M_i 表示 i 行业进口的中间产品，O_i 表示 i 行业的总产出，x_i 表示 i 行业的出口。则根据上述表达式，可得：

$$EPD_i = \frac{EPDV_i}{x_i} = \frac{(M_i/O_i) \times x_i}{x_i} = \frac{(M_i/x_i) \times O_i}{x_i} \tag{3.3}$$

对于一国而言，EPD 是所有行业 i 的加总，$EPD = \sum_i EPD_i$。由此，可进一步得到整个行业的出口贸易产品内分工指数：

$$\frac{EPD}{x} = \frac{\sum_i EPDV_i}{\sum_i x_i}$$

这里 x 定义为一国的总出口。一国整个行业的出口贸易产品内分工指数也可表示为：

$$\frac{EPD}{x} = \frac{\sum_i EPDV_i}{\sum_i x_i} = \frac{\sum_i \left[(EPDV_i/x_i) \times x_i \right]}{\sum_i x_i} = \sum_i \left(\frac{EPDV_i}{x_i} \frac{x_i}{x} \right)$$

根据 Hummels（2002）的方法，可以推导出计算 $\frac{EPD}{x}$ 的一般表达式：

$$\frac{EPD}{x} = uA^M \frac{\left[I - A^D \right]^{-1} x_i}{x} \tag{3.4}$$

式中，x 代表一国的总出口额。u 是由 1 组成的（$1 \times n$）维向量，A^M 是（$n \times n$）的进口中间产品系数矩阵，I 是单位矩阵，A^D 是（$n \times n$）维的国内直接消耗系数矩阵，n 是行业数目。$\left[I - A^D \right]^{-1}$ 是里昂惕夫逆矩阵，它体现了进口中间产品作为初始投入在国内各个行业间的循环利用效应。进口中间产品除了一部分直接用于出口产品的生产外，还有一部分会由于行业间的关联效应而间接用于出口产品的生产。具体而言，就是尽管直接利用进口中间产品的行业 1 的产品不会出口，但行业 1 的产品可能成为行业 2 的中间产品，行业 2 的产品又可能成为行业 3 的中间产品……最后成为最终出口产品。这样由于行业间存在前后向的关联，进口中间产品成为最终出口产品之前在国内被多次循环使用。

（3）国内销售产品内分工指数（NPD）。

某一行业 i 的国内销售产品内分工指数可定义如下：

$$NPD_i = \frac{NPDV_i}{国内销售} = \frac{（进口中间产品/总产出）\times 国内销售}{国内销售}$$

$$= \frac{（国内销售/总产出）\times 进口中间产品}{国内销售}$$

式中，$NPDV_i$ 定义为国内销售产品中进口中间品的数量。该指数从行业国内销售产品中进口中间产品的含量方面来反映一国参与产品内分工的程了度和水平。假设经济中有 n 个行业，本书用 M_i 表示 i 行业进口的中间产品，O_i 表示 i 行业的总产出，S_i 表示 i 行业的国内销售。则根据上述表达式，可得：

$$NPD_i = \frac{NPDV_i}{s_i} = \frac{(M_i/O_i) \times s_i}{s_i} = \frac{(M_i/s_i) \times O_i}{s_i} \tag{3.5}$$

对于一国而言，NPD 是所有行业 i 的加总，$NPD = \sum_i NPD_i$。由此，可进一步得到整个行业的国内销售产品内分工指数：

$$\frac{EPD}{s} = \frac{\sum_i NPDV_i}{\sum_i s_i} \qquad (3.6)$$

这里 s 定义为一国的国内总销售。一国的国内销售产品内分工指数也可表示为：

$$\frac{NPD}{s} = \frac{\sum_i NPDV_i}{\sum_i s_i} = \frac{\sum_i \left[(EPDV_i/s_i) \times s_i \right]}{\sum_i s_i} = \sum_i \left(\frac{EPDV_i}{s_i} \frac{s_i}{s} \right)$$

根据 Hummels（2001）的方法，可以推导出计算 $\dfrac{NPD}{x}$ 的一般表达式：

$$\frac{NPD}{s} = u A^M \frac{\left[I - A^D \right]^{-1} s_i}{s} \qquad (3.7)$$

（4）国内完全附加值产品内分工指数（APD）。

某一行业 i 的产品内分工国内完全附加值增殖指数可定义如下：$APD_i = \dfrac{\text{国内完全附加值}}{\text{总产出}}$。该指数从进口中间产品经过国内产业循环后的新增附加值方面来反映一国制造业参与产品内分工的程度和水平。假设经济中有 n 个制造业行业，本书用 $APDV_i$ 表示 i 行业的国内完全附加值，O_i 表示 i 行业的总产出。则根据上述表达式，可得进口投入产品内分工指数：

$$APD_i = \frac{APDV_i}{O_i} \qquad (3.8)$$

对于一国而言，EPD 是所有制造业行业 i 的加总，$APD = \sum_i APD_i$。由此，可进一步得到整个制造业的进口投入产品内分工指数：

$$APD = \frac{\sum_i APDV_i}{\sum_i O_i} \qquad (3.9)$$

在经济学中，附加值是指企业通过生产过程所新增加的价值，也就是企业销售额减去原材料成本后的余额。而贸易附加值则是指一国生产某种产品所增加的新价值，如加工贸易附加值就等于加工贸易出口与进口之差。产品内分工与贸易的发展，使一个产品的生产过程分解成不同阶段或环节，在空间上分离到两个及两个以上的国家完成。这就使整个产品的最终完成可能需要投入的各种中间产品会反复的进口、加工、再出口。因此，在出口的最终产品中可能包含大量的进口原材料和中间产品，而且这些进口中间产品还可能由于行业间的关联效应而在国内多次循环使用。而目前国内常用的基于传统贸易理论的贸易利益指标，如加工贸易增值系数或贸易条件等，均未考虑到这种进口中间产品经过国内行业间循环后包含在出口产品中的价值，因此也就不能准确地反映中国在产品内分工与贸易中的实际收益。国内完全附加值产品内分工指数中的国内完全附加值，是指本国某行业出口产品中使用到的进口中间产品在经过国内行业间循环后实现的价值增加。因此这里的附加值与传统贸易理论使用的加工贸易增加值不同，不仅扣除了出口产品中所包含的进口中间产品的价值，而且还考虑到了这些进口中间产品在国内行业间的循环使用效应。所以它更能准确地反映中国参与产品内分工与贸易的真实得益。在 Hummels 等（1999）的基础上通过简单推导，可以得到进口中间产品经历国内行业间循环使用后的国内完全附加值的计算公式：

$$APDV_i = EPDV_i - EPDV_i^N = uA^M \left[(A^D)^1 x + (A^D)^2 x + \cdots + (A^D)^k x \right]$$

式中，EPD 考虑了进口中间产品在国内行业间循环使用的产品内分工出口价值，EPD^N 则是没有考虑进口中间产品在国内行业间循环使用的产品内分工出口价值，两者的差额就等于进口中间产品在历经国内行业间循环使用后新增加的价值，即国内完全附加值。

3.3　中国制造业参与产品内分工与贸易程度的实证分析

本部分通过运用上一部分构建的测度方法和指标体系，来较为全面地测算中国制造业参与产品内分工与贸易的程度和水平。

3.3.1　样本选择与数据来源

本书利用 OECD 提供的中国 1997～2005 年的投入产出表来测算中国制造业参与产品内分工的程度和水平。OECD 投入产出表根据国际标准产业分类（ISIC）第 3 版编制，包含有 25 个或 24 个产品部门（含 22 个制造业子行业）。我们有 OECD 投入产出数据库里的中国 1995 年、1997 年、2002 年和 2005 年四年的投入产出表。由于 1995 年投入产出表部分行业数据缺失，所以只能选择 1997 年、2002 年和 2005 年作为分析年份。本书将联合国统计处的 UNcomtrade 数据库提供的按国际贸易的分类标准（SITC，第三版）统计的中国按 3 位数的商品进口和出口数据，集结为国际标准产业分类（ISIC）第 3 版的相关行业（详见附录表一、表三、表四），然后再按照 OECD 产业技术层次的方法将各行业集结为低技术产业、中低技术产业、中高技术产业和高技术产业四个层次（分类规则详见附录表二）。并将进出口的美元值按国际货币基金组织的《国际金融统计》中的年均汇率调整为相应年份的人民币值。

OECD 投入产出数据库提供了三类投入产出表：总使用表、进口使用表和国内使用表[①]，把中间投入、中间使用和最终使用分为国内和进口两部分，称为非进口竞争型投入产出表。从国内使用表可以获得各行业国内中间投入矩阵 A^D，进而可以计算出各行业单位产出的国内中间投入矩阵；从进口使用表可以获得各行业进口中间投入矩阵，进而可计算出各行业单位产出的进口中间投入系数矩阵 A^M。

3.3.2   实证结果分析

（1）进口投入产品内分工指数（IPD）分析。

如表 3.1 所示，中国制造业进口投入产品内分工指数从 1997 年的 0.089 上升到 2005 年的 0.135，年均增长 8.67%。

表 3.1   进口投入产品内分工指数表

	制造业行业	1997 年	2002 年	2005 年	增速（%）	均值
1	食品、饮料和烟草	0.030	0.041	0.040	5.73	0.037
2	纺织、纺织品、皮革及鞋类制品	0.085	0.099	0.102	3.79	0.095
3	木材及制品	0.087	0.091	0.112	5.31	0.097
4	纸浆、纸张、纸制品、印刷和出版	0.077	0.213	0.102	5.67	0.131
5	家具制品及其他制造业	0.085	0.131	0.134	9.48	0.117
	低技术产业	**0.064**	**0.091**	**0.087**	**6.30**	**0.081**

---

①   OECD 投入产出数据库编辑的投入产出表把中间投入、中间使用和最终使用分为国内和进口两部分，称为非进口竞争型投入产出表。而国内学者，如 CCER 课题组（2006）、吴福象（2007）、刘志彪和吴福象（2007, 2008），张小蒂和孙景蔚（2008）、黄先海和韦畅（2009）等利用投入产出法计算中国产品内分工与贸易程度时，使用的投入产出表则是中国国家统计局编辑的投入产出表。中国国家统计局的投入产出表属于没有将各行业的中间投入、中间使用和最终使用分为国内和进口两部分的进口竞争型投入产出表。但在计算产品内分工与贸易程度的测度指数时，需要提供各行业的进口中间投入数据。为此，以上研究作了两个严格的假定：一是各行业使用的其他行业提供的中间投入中，进口中间投入的比例在各行业间是相同的；二是某行业的中间投入中进口与国内生产的比例与最终产品中的进口与国内生产的比例相等，从而将各行业的中间投入分解为国内和进口两部分，以计算出各行业的进口中间投入系数矩阵。但是这样严格的假定，会使计算结果出现较大的误差。而 OECD 提供的投入产出数据表中，则直接提供了各行业进口中间投入数据，从而在一定程度上避免了中国国家统计局投入产出数据表的缺陷。此外，OECD 编辑的投入产出表，以国际标准产业分类（ISIC）第 3 版为基准，包含了 22 个制造业子行业，而中国国家统计局编制的投入产出表只有 15 个制造业子行业，因此前者比后者能够更加细致地反映中国制造业的情况。

续表

	制造业行业	1997 年	2002 年	2005 年	增速（%）	均值
6	焦炭、炼油产品及核燃料	0.179	0.228	0.206	2.83	0.205
7	橡胶和塑料制品	0.143	0.137	0.173	3.96	0.151
8	其他非金属矿物制品	0.051	0.054	0.081	9.72	0.062
9	黑色金属	0.072	0.089	0.076	1.05	0.079
10	有色金属	0.069	0.124	0.102	8.22	0.098
11	金属制品	0.081	0.080	0.096	3.49	0.086
12	船舶制造和修理	0.118	0.107	0.161	6.48	0.129
	中低技术产业	**0.090**	**0.124**	**0.121**	**6.20**	**0.112**
13	其他机械设备	0.108	0.110	0.126	3.24	0.115
14	化学制品（不含制药）	0.100	0.100	0.148	8.23	0.116
15	电气机械和设备	0.167	0.142	0.176	1.09	0.162
16	汽车、挂车及半挂车	0.067	0.091	0.092	6.41	0.083
17	铁路机车及其他交通设备	0.075	0.063	0.144	13.87	0.094
	中高技术产业	**0.112**	**0.112**	**0.139**	**4.48**	**0.121**
18	制药	0.045	0.050	0.088	14.11	0.061
19	办公、会计和计算机设备	0.308	0.388	0.380	4.31	0.359
20	广播、电视和通信设备	0.244	0.290	0.331	6.28	0.289
21	医疗、精密和光学仪器	0.186	0.151	0.247	5.80	0.195
22	航空航天器制造①	—	—	—	—	—
	高技术产业	**0.194**	**0.259**	**0.305**	**9.48**	**0.253**
	制造业总计	**0.089**	**0.122**	**0.135**	**8.67**	**0.116**

资料来源：根据 OECD 编制的中国 1997 年、2002 年和 2005 年的投入产出数据表和附录表三、表四计算而得。

在细分行业层面，从各行业 1997～2005 年的均值看，产品内分工程度最高的是办公、会计和计算机设备，其进口投入产品内分工指数均值达到 0.359，其次是广播、电视和通信设备（0.289），医疗、精密和光学仪器（0.195），电气机械和设备（0.162）。产品内分工程度最低的是食品、饮料和烟草，其进口投入产品内分工指数均值仅为 0.037；从发展速度看，1997～2005 年发展速度最快的行业前三位分别是制药（14.11%）、铁路机车及其他交通设备（13.87%）和其他非金属矿物制品（9.72%），发展速度最慢的是黑色金属（1.05%）。

---

① 在 OECD 编制的中国投入产出表中，因为航空航天器制造业数据缺失，所以本表及其后各表均未计算该行业的各类产品内分工指数。

　　在行业类别层面，本书将 22 个细分行业按照研发密集度分为低技术产业、中低技术产业、中高技术产业和高技术产业四大类别。如表 3.1 所示，1997 ~ 2005 年产品内分工程度最高的是高技术产业，其进口投入产品内分工指数均值达到 0.253，其次为中高技术产业业，均值为 0.121，再次为中低技术产业，均值为 0.112，最低为低技术产业，均值为 0.081。

　　（2）出口贸易产品内分工指数（EPD）分析。

　　如表 3.2 所示，中国制造业出口贸易产品内分工指数从 1997 年的 0.161 上升到 2005 年的 0.231，年均增长 7.46%。

表 3.2　　　　　　　　　　出口贸易产品内分工指数表

	制造业行业	1997 年	2002 年	2005 年	增速（%）	均值
1	食品、饮料和烟草	0.069	0.080	0.087	4.54	0.079
2	纺织、纺织品、皮革及鞋类制品	0.132	0.166	0.179	6.32	0.159
3	木材及制品	0.122	0.088	0.173	7.19	0.128
4	纸浆、纸张、纸制品、印刷和出版	0.123	0.239	0.154	4.56	0.172
5	家具制品及其他制造业	0.122	0.195	0.174	7.45	0.164
	低技术产业	**0.122**	**0.160**	**0.168**	**6.66**	**0.150**
6	焦炭、炼油产品及核燃料	0.208	0.230	0.240	2.95	0.226
7	橡胶和塑料制品	0.186	0.217	0.243	5.47	0.215
8	其他非金属矿物制品	0.109	0.135	0.141	5.27	0.128
9	黑色金属	0.153	0.177	0.158	0.69	0.163
10	有色金属	0.149	0.206	0.196	5.66	0.183
11	金属制品	0.154	0.173	0.182	3.48	0.170
12	船舶制造和修理	0.179	0.190	0.238	5.88	0.202
	中低技术产业	**0.162**	**0.189**	**0.202**	**4.56**	**0.184**
13	其他机械设备	0.162	0.187	0.220	6.27	0.190
14	化学制品（不含制药）	0.096	0.180	0.198	15.59	0.158
15	电气机械和设备	0.231	0.229	0.248	1.41	0.236
16	汽车、挂车及半挂车	0.151	0.076	0.184	4.01	0.137
17	铁路机车及其他交通设备	0.161	0.165	0.226	6.97	0.184
	中高技术产业	**0.176**	**0.208**	**0.226**	**5.09**	**0.204**
18	制药	0.084	0.110	0.126	8.55	0.107
19	办公、会计和计算机设备	0.350	0.427	0.454	5.35	0.410
20	广播、电视和通信设备	0.296	0.354	0.382	5.26	0.344
21	医疗、精密和光学仪器	0.200	0.204	0.260	5.32	0.221

续表

	制造业行业	1997 年	2002 年	2005 年	增速（%）	均值
22	航空航天器制造	—	—	—	—	—
	高技术产业	**0.292**	**0.358**	**0.385**	**5.67**	**0.345**
	制造业总计	**0.161**	**0.211**	**0.231**	**7.46**	**0.201**

资料来源：根据 OECD 编制的中国 1997 年、2002 年和 2005 年的投入产出数据表和附录表三、表四计算而得计算而得。

　　在细分行业层面，从各行业 1997~2005 年的均值看，产品内分工程度最高的是办公、会计和计算机设备，其出口贸易产品内分工指数均值达到 0.410，其次是广播、电视和通信设备（0.344），医疗、精密和光学仪器（0.195），电气机械和设备（0.236）。产品内分工程度最低的是食品、饮料和烟草，其出口贸易产品内分工指数均值仅为 0.221；从发展速度看，1997~2005 年发展速度最快的行业前三位分别是化学制品（不含制药）（15.59%）、制药（8.55%）和家具制品及其他制造业（7.45%），发展速度最慢的是黑色金属（0.69%）。

　　在行业类别层面，如表 3.2 所示，1997~2005 年产品内分工程度最高的是高技术产业，其出口贸易产品内分工指数均值达到 0.345，其次为中高技术产业业，均值为 0.204，再次为中低技术产业，均值为 0.184，最低为低技术产业，均值为 0.150。

　　（3）国内销售产品内分工指数分析（*NPD*）。

　　如表 3.3 所示，中国制造业国内销售产品内分工指数从 1997 年的 0.161 上升到 2005 年的 0.231，年均增长 7.46%。

表 3.3　　　　　　　　　　　国内销售产品内分工指数表

	制造业行业	1997 年	2002 年	2005 年	增速（%）	均值
1	食品、饮料和烟草	0.019	0.024	0.028	4.41	0.024
2	纺织、纺织品、皮革及鞋类制品	0.036	0.024	0.072	15.24	0.044
3	木材及制品	0.057	0.071	0.093	10.18	0.074
4	纸浆、纸张、纸制品、印刷和出版	0.051	0.064	0.151	24.11	0.089
5	家具制品及其他制造业	0.032	0.032	0.096	24.79	0.053
	低技术产业	**0.031**	**0.034**	**0.063**	**15.45**	**0.043**
6	焦炭、炼油产品及核燃料	0.136	0.168	0.171	4.76	0.158
7	橡胶和塑料制品	0.093	0.111	0.107	2.81	0.104
8	其他非金属矿物制品	0.032	0.047	0.038	3.39	0.039
9	黑色金属	0.051	0.055	0.068	5.71	0.058
10	有色金属	0.048	0.074	0.097	15.06	0.073

续表

	制造业行业	1997 年	2002 年	2005 年	增速（%）	均值
11	金属制品	0.048	0.050	0.063	5.51	0.054
12	船舶制造和修理	0.029	0.089	0.079	22.14	0.065
	中低技术产业	**0.059**	**0.082**	**0.095**	**10.00**	**0.078**
13	其他机械设备	0.065	0.101	0.084	5.43	0.084
14	化学制品（不含制药）	0.072	0.079	0.073	0.20	0.075
15	电气机械和设备	0.100	0.096	0.110	1.99	0.102
16	汽车、挂车及半挂车	0.048	0.064	0.069	7.58	0.060
17	铁路机车及其他交通设备	0.050	0.086	0.047	-1.20	0.061
	中高技术产业	**0.070**	**0.086**	**0.084**	**3.63**	**0.080**
18	制药	0.025	0.049	0.034	5.93	0.036
19	办公、会计和计算机设备	0.071	0.252	0.305	33.95	0.209
20	广播、电视和通信设备	0.138	0.171	0.227	10.52	0.179
21	医疗、精密和光学仪器	0.058	0.095	0.105	12.71	0.086
22	航空航天器制造	—	—	—	—	—
	高技术产业	**0.069**	**0.161**	**0.176**	**20.76**	**0.135**
	制造业总计	**0.052**	**0.076**	**0.088**	**10.81**	**0.072**

资料来源：根据 OECD 编制的中国 1997 年、2002 年和 2005 年的投入产出数据表和附录表三、表四计算而得计算而得。

在细分行业层面，从各行业 1997~2005 年的均值看，产品内分工程度最高的是办公、会计和计算机设备，其国内销售产品内分工指数均值达到 0.410，其次是广播、电视和通信设备（0.344），医疗、精密和光学仪器（0.195），电气机械和设备（0.236）。产品内分工程度最低的是食品、饮料和烟草，其国内销售产品内分工指数均值仅为 0.221；从发展速度看，1997~2005 年发展速度最快的行业前三位分别是化学制品（不含制药）（15.59%）、制药（8.55%）和家具制品及其他制造业（7.45%），发展速度最慢的是黑色金属（0.69%）。

在行业类别层面，如表 3.2 所示，1997~2005 年产品内分工程度最高的是高技术产业，其国内销售产品内分工指数均值达到 0.345，其次为中高技术产业业，均值为 0.204，再次为中低技术产业，均值为 0.184，最低为低技术产业，均值为 0.150。

（4）国内完全附加值产品内分工指数（APD）。

如表 3.4 所示，中国制造业完全本国附加值增值指数从 1997 年的 0.079 上升到 2005 年的 0.106，年均增长 6.15%。

表 3.4　　　　　　　　　　　　国内完全附加值产品内分工指数表

	制造业行业	1997 年	2002 年	2005 年	增速（%）	均值
1	食品、饮料和烟草	0.047	0.053	0.059	4.44	0.053
2	纺织、纺织品、皮革及鞋类制品	0.072	0.093	0.102	7.27	0.089
3	木材及制品	0.104	0.083	0.092	−2.46	0.093
4	纸浆、纸张、纸制品、印刷和出版	0.070	0.088	0.087	4.36	0.082
5	家具制品及其他制造业	0.068	0.099	0.089	5.55	0.086
	低技术产业	**0.068**	**0.090**	**0.094**	**6.58**	**0.084**
6	焦炭、炼油产品及核燃料	0.068	0.059	0.069	0.46	0.065
7	橡胶和塑料制品	0.078	0.110	0.114	7.81	0.101
8	其他非金属矿物制品	0.103	0.097	0.087	−3.29	0.096
9	黑色金属	0.096	0.109	0.102	1.18	0.102
10	有色金属	0.092	0.108	0.114	4.33	0.105
11	金属制品	0.093	0.110	0.109	3.24	0.104
12	船舶制造和修理	0.095	0.111	0.116	3.95	0.107
	中低技术产业	**0.089**	**0.104**	**0.105**	**3.37**	**0.099**
13	其他机械设备	0.090	0.102	0.109	3.93	0.100
14	化学制品（不含制药）	0.022	0.107	0.108	36.93	0.079
15	电气机械和设备	0.101	0.119	0.115	2.62	0.111
16	汽车、挂车及半挂车	0.101	0.007	0.116	2.87	0.075
17	铁路机车及其他交通设备	0.105	0.118	0.119	2.45	0.114
	中高技术产业	**0.079**	**0.110**	**0.112**	**7.22**	**0.100**
18	制药	0.055	0.076	0.072	5.60	0.068
19	办公、会计和计算机设备	0.112	0.123	0.137	4.26	0.124
20	广播、电视和通信设备	0.118	0.127	0.125	1.09	0.123
21	医疗、精密和光学仪器	0.082	0.099	0.092	2.41	0.091
22	航空航天器制造	—	—	—	—	—
	高技术产业	**0.103**	**0.121**	**0.124**	**3.75**	**0.116**
	制造业总计	**0.079**	**0.102**	**0.106**	**6.15**	**0.096**

　　资料来源：根据 OECD 编制的中国 1997 年、2002 年和 2005 年的投入产出数据表和附录表三、表四计算而得。

　　在细分行业层面，从各行业 1997～2005 年的均值看，产品内分工程度最高的是办公、会计和计算机设备，其完全本国附加值增值指数均值达到 0.124，其次是广播、电视和通信设备（0.123），铁路机车及其他交通设备（0.114），电气机械和设备（0.111）。产品内分工程度最低的是食品、饮料和烟草，其完全本国附加值增值指数均值仅为0.053；从发展速度看，1997～2005年发展速度最快的行业前三位分别是化学制品（不含制药）（36.93%）、橡胶和塑料制品（7.81%）和纺织、纺织品、皮革及鞋类制品（7.27%），发展速度最慢的是其他非金属矿物制品（-3.29%）。

在行业类别层面，如表3.2所示，1997～2005年产品内分工程度最高的是高技术产业，其国内完全附加值产品内分工指数均值达到0.116，其次为中高技术产业业，均值为0.100，再次为中低技术产业，均值为0.099，最低为低技术产业，均值为0.084。

3.3.3　四大指标的比较分析

由表3.5可见，1997～2005年四个指标都呈上升态势，反映出中国制造业总体上融入全球生产网络的程度不断深化，参与产品内分工与贸易的程度不断提升。

表3.5　　　　　　　　　　四大指数分技术大类行业比较

	IPD		EPD		NPD		APD	
	增速	均值	增速	均值	增速	均值	增速	均值
低技术产业	6.30%	0.081	6.66%	0.150	15.45%	0.043	6.58%	0.084
中低技术产业	6.20%	0.112	4.56%	0.184	10.00%	0.078	3.37%	0.099
中高技术产业	4.48%	0.121	5.09%	0.204	3.63%	0.080	7.22%	0.100
高技术产业	9.48%	0.253	5.67%	0.345	20.76%	0.135	3.75%	0.116
制造业总计	8.67%	0.116	7.46%	0.201	10.81%	0.072	6.15%	0.096

资料来源：表3.1、表3.2、表3.3和表3.4。

比较四个指标的均值，可以发现，按其由大到小依次排序，各技术层次的产业在四个指标上的序位完全一致，即呈现出高技术产业产品内分工程度最高，中高技术产业次之、中低技术产业再次之、低技术产业最低的特征。从总体上看，高技术产业、中高技术产业和中低技术产业属于资本密集型或资本与技术密集型产业，而低技术产业则属于劳动密集型产业。因此，四个指标均值排序的结果与高技术产业、中高技术产业和中低技术产业的产品复杂，且工艺技术适合分离，尤其是机械电子部门正迅速增长为中国参与产品内分工与贸易的主要行业的经验事实相符合。这一结果也反映了中国资本与技术密集型产业的成长特征，一是中国资本与技术密集型产业的迅速发展，主要得力于外商直接投资。从20世纪90年代中期以来，中国资本与技术密集型产业在外商直接投资的推动下，发展非常快速。在中国资本与技术密集型出口产品中，外资企业所占比重远大于内资企业，且还在不断提高。外资企业是产品内分工与贸易的主要组织者。与内资企业相比，外资企业更多的是从国外进口所需中间投入品，并将生产的产品销往国外市场，因而参与产品内分工与贸易的程度较深。所以，在外资活跃的产业中，产品内分工与贸易水平往往较高；二是在中国资本与技术密集型出口产品的生产中，产品技术含量的提升主要依靠大量进口关键零部件和资本品，而很少通过本国企业的自主创新或引进消化吸收再创新加以实现。因此，从长远来看，这必将会制约中国自身民族产业的发展。中国是劳动力资源丰富的国家。1997～2005年，劳动密集型产业的出口占总出口的比重均值达到37.3%，但是劳动密集型产业的出口贸易产品内分工指数是最低的，原因主要有二：第一，在劳动密集型产业中，特别是食品加工制造业出口产品的生产中，所使用的中间投入品技术含量要求不高，因此这些投入品主要在国内采购，而出口贸易产品内分工指数衡量的是出口产品中进口中间投入的含量，因此所计算出来的出口贸易产品内分工指数自然偏低；第二，近些年来，虽然中国劳动密集型产业的出口持续大幅增长，但劳动密集型产品与资本与技术密集型产品相比，其国际价格由于产品技术含量较低而呈不断走低的趋势，加之中国劳动密集型产业中的企业绝大多数是中小型民营企业，它们受自身实力弱小和观念落后等因素的影响，走的是一条偏重于数量扩张而忽视质量提升和品牌打造的粗放型增长道路，因此面对国际市场的激烈竞争，主要依靠恶性的价格竞争来扩大产品销路，从而出现出口价值的增长落后于出口数量的增长，甚至增量不增价的现象，这必然导致以总出口额为计算基础的出口贸易产品内分工指数偏低。

比较出口贸易产品内分工指数与国内销售产品内分工指数值两个指标的均值的均值，可以发现，出口贸易产品内分工指数的均值为0.201，大于国内销售产品内分工指数0.072。这一结果与下面的经验事实相符：与国内市场相比，企业在国际市场上面临更为激烈的竞争，因此在生产过程中会更多地使用资本与技术密集型的进口零部件和中间产品，以加强出口产品的国际竞争力。

比较国内销售产品内分工指数和进口投入产品内分工、出口贸易产品内分工两个指标的增长速度，可以发现，国内销售产品内分工指数增速为10.81%，超过了出口贸易产品内分工指数（7.46%）和进口投入产品内分工指数（8.67%）。这一结果表明中国企业承包的外包业务中相当一部分是产品的加工组装，为抢占中国巨大的国内市场，跨国公司在中国加工装配后的产品就地销售的趋势日益显现。这也表明了，跨国公司对中国业务外包的战略目标，将不仅仅是利用中国廉价的劳动力来降低生产成本，而且也包括了在中国构建贸易网络，抢占中国潜力巨大的国内市场。同时，随着国内产业体系的配套发展和产品技术的提高，从事外包生产的加工贸易企业与自有品牌生产的一般贸易企业的界限在逐渐淡化，一些企业既生产自有品牌的产品，也利用过剩生产能力生产加工贸易产品。而且，一些具有加工贸易性质的产品也在补缴相应税款后出口转内销。这也说明，自加入 WTO 以来，中国根据当初的承诺在逐步取消对外资企业内销的限制，加之中国广阔的市场，使得越来越多的加工贸易产品在国内市场进行销售①。

最后比较国内完全附加值产品内分工指数和其他三个指标的增长速度，可以发现，国内销售产品内分工指数增速为 6.15%，低于国内销售产品内分工（10.81%），超过了出口贸易产品内分工指数（7.46%）和进口投入产品内分工指数（8.67%）。这表明，虽然中国制造业参与产品内分工与贸易的程度在不断提高，但其从中得获得的收益却增长缓慢。特别是从均值上看，1997～2005 年中国制造业国内完全附加值产品内分工指数均值为 0.096，即使是高技术产业也只达到 0.116。这一结果说明，在加工贸易出口商品中，完全本国附加值增值只占 12%左右。显然，它与下面的经验事实相符：外资企业占了中国加工贸易出口总额的 70%，中方通过承接外包业务，从事贴牌生产，只能赚取不到 10%的加工费。而同样是反映加工贸易国内附加值增值程度，以往国内研究多采用加工贸易增值率②指标，按此计算的中国 2005 年的加工贸易增值率达到了 58.8%。显然由于指标设计的不科学和不严谨，加工贸易增值率导致了对国内增值程度不合理的过高估算，因此不能真实反映中国在产品内分工与贸易中的实际得益，从而难以清醒地认识中国在全球产品内分工与贸易体系中的不利地位。

3.4　小结

随着产品内分工与贸易的迅速发展，设计一套能够合理反映产品内分工与贸易程度的测量方法和指标体系，成为当前国际产业和贸易研究的迫切需要。目前，产品内分工与贸易程度的测量方法主要包括零部件贸易法、加工贸易比例法和投入产出法。其中，又以投入产出法和零部件贸易法中的进口中间投入占总投入比重法最为常用。但它们主要考察的是发达国家的情况，如果进行直接的简单套用，并不一定能全面地合理反映中国等发展中国家参与产品内分工与贸易的实际状况。原因主要在于：在全球一体化经济中，作为转型中的发展中大国，中国在产品内分工与贸易中的表现与发达国家有着根本不同的特征。本章由此出发，根据对产品内分工与贸易内涵的深入理解，以及中国对外贸易的发展实践，融合投入产出法和进口中间投入占总投入比重法的思想，构建了四个产品内分工与贸易程度的测度指标，即进口投入产品内分工指数、出口贸易产品内分工指数、国内销售产品内分工指数、国内完全本国附加值指数，以较为全面反映中国参与产

---

① 裴长洪. 正确认识中国加工贸易转型升级［J］. 国际贸易. 2009（8）：89.
② 加工贸易增值率＝（出口加工贸易总额－进口加工贸易总额）/进口加工贸易总额。

品内分工与贸易的真实情况。

　　通过对中国制造业的实证分析，可以发现，上述四个测度指标对中国制造业参与产品内分工与贸易的经验事实有较强的解释能力：（1）比较四个指数的均值，可以发现按其由高到低依次排序，各技术层次的产业在四个指标上的序位完全一致，即呈现出高技术产业产品内分工与贸易程度最高，中高技术产业次之、中低技术产业再次之、低技术产业最低的特征。这一结果与资本与技术密集型产业的产品复杂且工艺技术适合分离，尤其是机械电子部门正迅速增长为中国参与产品内分工与贸易的主要行业的经验事实相符合。（2）比较出口贸易产品内分工指数与国内销售产品内分工指数值两个指数的均值，可以发现前者大于后者。这一结果与下面的经验事实相符：与国内市场相比，企业在国际市场上面临更为激烈的竞争，因此会在生产中更多地使用资本与技术密集型的进口零部件，以加强出口产品的国际竞争力。（3）比较进口投入产品内分工指数，出口贸易产品内分工指数和国内销售产品内分工指数三个指标的增长速度，可以发现，前者大于后两者。这一结果与下面的经验事实相符：中国加入 WTO 以来，根据当初的承诺在逐步取消对外资企业产品内销的限制，加之中国广阔的市场，使得越来越多的产品内分工与贸易产品在国内市场就地销售。（4）中国制造业国内完全附加值产品内分工指数的计算结果与下面的经验事实相符：外资企业占了中国加工贸易出口总额的 70%，中方通过承接外包业务，从事贴牌生产，只能赚取不到 10% 左右的加工费。由此可见，自 20 世纪 90 年代后期以来，中国制造业这种贸易和技术发展方式及其所决定的产品内分工与贸易的发展水平，一方面，使中国制造业出口规模与贸易顺差规模遭到夸大，而且产品内分工与贸易程度越高，这种被夸大的程度也会越高，从而加剧了中国与其欧美等主要贸易顺差国之间的贸易摩擦；另一方面，也使中国制造业呈现出明显的"外部依附型"发展的特征，主要表现在：对国外市场的高度依赖，对外商直接投资的高度依赖，对进口关键零部件和大型机械装备的高度依赖，对发达国家大型生产制造商和品牌零售商的高度依赖等，因此极易受到世界经济和金融危机的冲击。

第4章 中国制造业参与产品内分工与贸易的动因：基于生产与交易成本的宏观层面

从本质上说，国际贸易理论是研究国际分工与贸易动因的理论。产品内分工是国际分工由产业间分工发展到产业内分工再进一步深入发展的结果，其产生与发展既得益于对比较优势与规模经济的追求与利用，也得益于科学技术的进步和交易成本的下降。可以说，比较优势与规模经济是最基本的动因，是影响产品生产成本的基本因素，而交易成本对于分工的发展，特别是分工组织方式的选择也起着重要作用[1]。

随着产品内分工与贸易在世界范围内广泛而深入的发展，国际贸易学者们开始尝试对旨在解释最终产品国际贸易宏观动因的传统主流国际贸易理论，主要是李嘉图的生产技术差异理论、赫克歇尔—俄林的生产要素禀赋差异理论和新贸易理论进行修正，以说明中间产品的生产和贸易方式。Arndt（1999，2000，2004）、Deardorff（2004）、Jones 和 Kierzkowski（2002a，2004b）、Feenstra 和 Hanson（1998，1999，2001，2006）、Ishii 和 Yi（1999）等学者分别从生产技术的差异、生产要素禀赋的差异与规模经济因素三个方面解释了产品内分工与贸易产生的动因，但他们的研究基本上是借助图形进行描述性说明，而缺少严谨的数理分析。本章主要是建立基于比较优势的数理模型，对产品内分工与贸易产生的动因进行理论分析，并从交易成本的角度归纳了比较优势与规模经济之外的其他决定因素；然后，考虑到中国以加工贸易作为参与产品内分工的主要形式，而现有文献多是以国家之间作为研究对象或从发达国家的角度来研究加工贸易，甚少

---

① 本章基于生产成本与交易成本的宏观层面，在标准贸易理论框架内，研究一国参与产品内分工与贸易的宏观动因。而下一章则基于生产成本与交易成本的微观层面，在企业理论框架内，研究企业参与产品内分工与贸易的微观动因及由此决定的生产组织方式。在标准的贸易理论框架内，传统贸易理论与新贸易理论说明了国际分工与贸易的产生的宏观动因在于各参与国在国家宏观层面上的比较优势与规模经济，能够使其生产成本降低，生产效率提高与国民财富增进。也即国际分工与贸易的产生与发展，是各国追求国家层面的生产成本节省与生产效率提高的结果。通过对旨在解释最终产品分工与贸易的传统贸易理论与新贸易理论的改造与拓展，可以将其用之诠释产品内分工与贸易的基础和动因。但无论是传统贸易理论还是新贸易理论都没有将交易成本纳入研究框架，事实上产品内分工与贸易产生与发展，在很大程度上也得益于国家之间交通运输成本减少、信息交流费用降低、包括法律制度质量在内的贸易与投资自由化发展和政府政策推动等带来的交易成本的大幅下降。

涉及中国各省市层次的研究。因此，本章根据前面部分的理论分析，结合 Hart-mut Egger 和 Peter Egger（2007）关于加工贸易影响因素的理论研究，归纳提炼出一个基于发展中国家视角的产品内分工与贸易影响因素的理论框架；最后根据这一理论框架，利用面板数据模型技术，既考虑生产成本也考虑交易成本，分别就加工贸易进口与出口，分东部、中部与西部三个地区，进行计量回归，以较为全面而深入地对中国参与产品内分工与贸易的影响因素进行实证检验。

4.1　基于比较优势的产品内分工与贸易模型

传统主流国际贸易模型都是用来解释最终产品的生产和贸易方式的。李嘉图模型（Ricardian model）和赫克歇尔—奥林模型（Heckscher – Ohlin model）模型中，各国分工生产各自具有比较优势的产品，并通过国际贸易进行产品交换。李嘉图的简单模型有两个国家和一种生产要素，比较优势取决于两国间生产技术，即劳动生产率的差异。而 H – O 的简单模型有两个国家和两种生产要素，比较优势取决于两国间要素禀赋结构和产品中的要素比例差异。一般而言，最终产品都由或多或少的中间产品组成。过去，产品内分工主要发生在一国内部，也就是说，若一国专业化生产电视机，那么模型就会假定电视机所需的全部零部件均在该国国内生产，因而传统贸易模型也就忽视了中间产品贸易的可能性，没将产品内分工与贸易纳入正面考察的视野。然而现在，随着各国间的产品内分工与贸易在世界范围内广泛而深入地发展，学者们开始尝试对传统的主流国际贸易模型，主要是李嘉图和 H – O 模型进行修正，以说明中间产品的生产和贸易方式。本部分采用要素禀赋的方法，通过建立严谨的数理模型从各国要素禀赋差异出发对产品内分工与贸易产生的宏观动因进行研究。

1. 基本假定

假设在一个两种要素、三种商品、两个国家的世界经济体中：

假定 4 – 1：世界经济由一个发展中国家（S）和一个发达国家（N）组成，这两个国家都拥有劳动（L）和资本（K）两种生产要素，但是它们的要素禀赋存在差异，S 国为劳动相对丰富的国家，而 N 国为资本相对丰富的国家。

假定 4 – 2：两国都生产 X、Y、Z 三种商品。其中 X 和 Y 为最终产品，Z 为生产 Y 的中间产品。X 和 Z 的生产需要投入劳动和资本，而 Y 的生产则需要投入劳动、资本和中间产品 Z。

假定 4 – 3：两国的生产技术水平相同，即每种商品在两个国家的生产函数都是相同的。各商品的生产函数分别为 $X = X(L, K)$，$Y = Y(L, K, Z)$，$Z = Z(L, K)$。

假定 4 - 4：两国都建立了完全竞争的商品市场和生产要素市场，没有任何单个的生产者或消费者能够影响市场，也没有政府干预，因而所有商品的价格都等于它们各自的边际成本和平均成本。

假定 4 - 5：两国的生产规模报酬固定不变。

假定 4 - 6：X、Y、Z 三种商品的要素密集度不同。中间产品 Z 是资本密集型的，最终产品 Y 是劳动密集型的，而最终产品 X 的要素密集度介于 Z 和 Y 之间。即

$$\frac{a_{kz}}{a_{lz}} > \frac{a_{kx}}{a_{lx}} > \frac{a_{ky}}{a_{ly}}$$

其中 a_{ki} 是 i 商品的资本—产出比率，a_{li} 是 i 商品的劳动—产出比率，i = Z，X，Y。这一假设符合经济现实。以产品内分工与贸易的最一般的形式——加工贸易为例，在加工贸易中，最终的加工装配过程，即 Y 商品的生产过程主要是劳动密集型的生产过程，而这一生产过程所需的中间产品 Z 多是技术或资本密集型产品，并且该过程投入的劳动力成本在最终产品的价格中占有相当的比重，否则产品内分工与贸易带来的利益可能无法弥补远程管理费用和运输成本。

假定 4 - 7：两国始终处于充分就业的状况。商品的成本只计生产成本，其他成本如运输成本都假设为 0。

假定 4 - 8：生产要素在两个国家内部完全流动，但不能在国家间流动。

2. 模型

首先考察两国之间没有发生贸易，即处于封闭经济状态的情形。由于两国在经济上具有相似性，因此下面的式子对任何一国均成立。

由假定 4 - 4 和假定 4 - 7，可得以下等式：

$$a_{lx}w + a_{kx}r = p_x \tag{4.1}$$

$$a_{ly}w + a_{kr}r + bp_z = p_y，b \text{ 为常数} \tag{4.2}$$

$$a_{lz}w + a_{kz}r = p_{xz} \tag{4.3}$$

$$a_{lx}Q_x + a_{ly}Q_y + a_{lz}Q_z = L \tag{4.4}$$

$$a_{kx}Q_x + a_{ky}Q_y + a_{kz}Q_z = K \tag{4.5}$$

式（4.1）、式（4.2）和式（4.3）反映了完全市场的均衡条件。在经济处于完全竞争的均衡状态时，由于竞争使垄断利润消失，每种商品的价格正好等于生产它的成本。这一成本就是生产中使用的要素和中间产品的成本总和。式（4.1）和式（4.3）分别表示 X 商品和中间产品 Z 的价格等于生产 1 单位商品 X 所需投入的劳动和资本成本总和。式（4.2）表示 Y 商品的价格等于生产 1 单位商品 Y 所需投入的劳动与资本成本和中间产品 Z 价值总和。式（4.4）和式

（4.5）是充分就业的条件。式（4.4）表示经济中劳动需求供求相等，式（4.5）表示经济中资本供求相等。

需要指出的是，式（4.2）中，本书假定了 Y 商品和中间产品 Z 之间存在一个固定的比例关系，即在生产 Y 的过程中，生产 1 单位的 Y 必须投入 b 单位的 Z，且 Z 和劳动与资本之间不可替代，但劳动和资本两者之间具有一定的替代性。因此，Y 的产量和 Z 的产量之间存在线性关系，即：

$$Q_z = bQ_y \tag{4.6}$$

将式（4.6）代入式（4.4）和式（4.5）可得：

$$a_{lx}Q_x + (a_{ly} + b)Q_y = L \tag{4.7}$$

$$a_{kx}Q_x + (a_{ky} + b)Q_y = K \tag{4.8}$$

写成矩阵的形式：

$$\begin{bmatrix} a_{lx} & \bar{a}_{ly} \\ a_{kx} & \bar{a}_{ky} \end{bmatrix} \begin{bmatrix} Q_x \\ Q_y \end{bmatrix} = \begin{bmatrix} L \\ K \end{bmatrix}$$

由克莱姆法则可得 X 和 Y 的均衡产出：

$$Q_x = \frac{1}{A}(L\,\bar{a}_{ky} - K\,\bar{a}_{ly}) \tag{4.9}$$

$$Q_y = \frac{1}{A}(L\,\bar{a}_{kx} - K\,\bar{a}_{lx}) \tag{4.10}$$

其中，A 为系数行列式：

$$A = \begin{bmatrix} a_{lx} & \bar{a}_{ly} \\ a_{kx} & \bar{a}_{ky} \end{bmatrix} = a_{lx}\bar{a}_{ky} - a_{kx}\bar{a}_{ly}$$

$$\bar{a}_{ly} = a_{ly} + ba_{lz}$$

$$\bar{a}_{ky} = a_{ky} + ba_{kz}$$

$\bar{a}_{ly}$ 表示单位商品 Y 中劳动总含量等于在 Y 的生产过程中直接投入的劳动含量与中间产品 Z 所包含的劳动含量总和。$\bar{a}_{ky}$ 表示单位商品 Y 中资本总含量等于在 Y 的生产过程中直接投入的资本含量与中间产品 Z 所包含的资本含量总和。

3. 模型分析

采用比较静态分析，对式（4.1）、式（4.2）、式（4.3）进行全微分可得：

$$a_{lx}dw + a_{kx}dr = dp_x - (wda_{lx} + r)$$

$$a_{ly}\mathrm{d}w + a_{ky}\mathrm{d}r + b\mathrm{d}p_z = \mathrm{d}p_y - (w\mathrm{d}a_{ly} + r)$$

$$a_{lz}\mathrm{d}w + a_{kz}\mathrm{d}r = \mathrm{d}p_x - (w\mathrm{d}a_{lz} + r\mathrm{d}a_{kz})$$

为简化分析，假设 X 商品为计价物，设令其价格 $p_x = 1$，所以 $\mathrm{d}p_x = 0$。同时，根据假定 4 - 4，可得企业利润最大化的最优生产条件 $w\mathrm{d}a_{li} + r\mathrm{d}a_{ki} = 0$，其中 i = Z，X，Y。因此以上三个微分式可化简为：

$$a_{lx}\mathrm{d}w + a_{kx}\mathrm{d}r = 0 \qquad (4.11)$$

$$a_{ly}\mathrm{d}w + a_{ky}\mathrm{d}r + b\mathrm{d}p_z = 0 \qquad (4.12)$$

$$a_{lz}\mathrm{d}w + a_{kz}\mathrm{d}r = 0 \qquad (4.13)$$

写成矩阵的形式：

$$\begin{bmatrix} a_{lx} & a_{kx} & 0 \\ a_{ly} & a_{ky} & b \\ a_{lz} & a_{kz} & -1 \end{bmatrix} = \begin{bmatrix} \mathrm{d}w \\ \mathrm{d}r \\ \mathrm{d}p_z \end{bmatrix} = \begin{bmatrix} 0 \\ \mathrm{d}p_y \\ 0 \end{bmatrix}$$

其系数行列式为：

$$D = \begin{bmatrix} a_{lx} & a_{kx} & 0 \\ a_{ly} & a_{ky} & b \\ a_{lz} & a_{kz} & -1 \end{bmatrix} = a_{kx}(a_{ly} + ba_{lz}) - a_{lx}(a_{ky} + ba_{kz})$$

由于 Y 商品中的要素含量是生产过程中直接投入的要素和中间产品 Z 中包含的要素总和，因此 Y 商品的真实要素密集度为：

$$\frac{a_{ky} + ba_{kz}}{a_{ly} + ba_{lz}} = \frac{\bar{a}_{ky}}{\bar{a}_{ly}}$$

由假定 4 - 6 可得：

$$\frac{a_{kx}}{a_{lx}} > \frac{a_{ky} + ba_{kz}}{a_{ly} + ba_{lz}} = \frac{\bar{a}_{ky}}{\bar{a}_{ly}}$$

因而系数行列式 A > 0。

由式（4.11）、式（4.12）和式（4.13），可以分别得到：

$$\frac{\mathrm{d}w}{\mathrm{d}p_y} = \frac{a_{kx}}{D} > 0 \qquad (4.14)$$

$$\frac{\mathrm{d}r}{\mathrm{d}p_y} = -\frac{a_{lx}}{D} < 0 \qquad (4.15)$$

$$\frac{\mathrm{d}p_z}{\mathrm{d}p_y} = \frac{a_{lx}a_{lz}}{D}(c_x - c_z) < 0 \tag{4.16}$$

其中 $c_j = \dfrac{a_{ki}}{a_{li}}$，表示商品 i 的要素密集度。式（4.14）、式（4.15）表明 Y 商品的价格与工资正相关，与利率负相关。式（4.16）则表明 Y 商品的价格和中间产品 Z 的价格负相关。其原因可能在于，在封闭经济条件下，中间产品价格上涨会吸引更多的要素资源向该部门转移，而中间产品生产是资本密集型的，因此资本的相对需求增加，劳动的相对需求减少，从而导致相对工资率大幅下降，所以劳动密集型的商品 Y 的相对价格有可能降低。

在对两国要素禀赋的相对丰富度进行比较时，既可以用要素的物理量计量的，也可用要素的价格来衡量。在两个国家的生产技术和消费偏好相同的假定条件下，计量要素禀赋的两种方法的关系是明确的。一个国家有一个相对大的比率，就必定有一个相对大的 $\dfrac{w}{r}$ 比率，这意味着该国资本相对丰富，反之亦然。

根据本书模型的假定，S 国相对于 N 国来说是劳动丰富的，因而有 $\left(\dfrac{K}{L}\right)_S < \left(\dfrac{K}{L}\right)_N$，即有 $\left(\dfrac{w}{r}\right)_S < \left(\dfrac{w}{r}\right)_N$。令 $\theta = \dfrac{w}{r}$，则有 $\theta_S < \theta_N$。

由式（4.14）与式（4.15）可得：

$$\frac{\mathrm{d}\theta}{\mathrm{d}p_y} = \left(r\frac{\mathrm{d}w}{\mathrm{d}p_y} - w\frac{\mathrm{d}r}{\mathrm{d}p_y}\right)\frac{1}{r^2} = \frac{1}{Dr^2} \tag{4.17}$$

再由式（4.16）与式（4.17）可得：

$$\frac{\mathrm{d}\theta}{\mathrm{d}p_z} = \frac{\mathrm{d}\theta}{\mathrm{d}p_y}\frac{\mathrm{d}p_y}{\mathrm{d}p_z} = \frac{1}{r^2}\frac{1}{a_{lx}a_{lz}(c_x - c_z)} < 0 \tag{4.18}$$

式（4.17）表明相对工资率与 Y 商品的价格正相关。式（4.18）表明相对工资率与中间产品 Z 价格负相关。由于 S 国劳动相对丰富，即 $\theta_S < \theta_N$，因此由式（4.17）可知 $(p_z)_S < (p_z)_N$，即 N 国生产的中间产品价格低于 S 国。因为 X 商品为计价物，所以中间产品 Z 和 Y 商品的价格分别是两种商品对 X 商品的相对价格。$(p_z)_S < (p_z)_N$ 表明在中间产品 Z 和 X 商品两部门中的生产中，N 国在中间产品 Z 上具有比较优势，而 S 国在 Z 上则拥有比较劣势。

中间产品 Z 和 Y 商品的相对价格与要素相对价格之间的关系为：

$$\frac{\mathrm{d}(p_z/p_y)}{\mathrm{d}\theta} = \frac{1}{p_y^2}\left[p_y\frac{\mathrm{d}p_z}{\mathrm{d}\theta} - p_z\frac{\mathrm{d}p_y}{\mathrm{d}\theta}\right]$$

将式（4.17）与式（4.18）代入上式并化简得：

$$\frac{\mathrm{d}(p_z/p_y)}{\mathrm{d}\theta} = \frac{1}{p_y{}^2}[p_y r^2 a_{lx} a_{lz} (c_x - c_z) - p_z r^2 A]$$

$$= \frac{r^2}{p_y{}^2}[p_y a_{lx} a_{lz} (c_x - c_z) - p_z a_{lx} a_{ly} (c_x - c_y) - b p_z a_{lx} a_{lz} (c_x - c_z)]$$

$$= \frac{r^2}{p_y{}^2}[a_{lx} a_{lz} (p_y - b p_z)(c_x - c_z) - p_z a_{lx} a_{ly} (c_x - c_y)]$$

将式（4.4）与式（4.5）代入上式中的 $p_y - b p_z$ 和 p_z ，并化简得

$$\frac{\mathrm{d}(p_z/p_y)}{\mathrm{d}\theta} = \frac{r^2}{p_y{}^2}[(a_{ly}w + a_{ky}r)(a_{kx}a_{lz} - a_{lx}a_{kz})(a_{lz}w + a_{kz}r)(a_{ly}a_{kx} - a_{lx}a_{ky})]$$

$$= \frac{r^2}{p_y{}^2}a_{ly}a_{lz}(c_x - c_z) < 0$$

因为 $\theta_S < \theta_N$ ，从上式可知 $\left(\dfrac{p_z}{p_y}\right)_S < \left(\dfrac{p_z}{p_y}\right)_N$ ，即 N 国在中间产品 Z 的生产上 Y 商品更有比较优势。上面已经证明 N 国在中间产品 Z 的生产上也比 X 商品更有比较优势，因此中间产品 Z 是 N 国最有比较优势的产品。同理可以证明，中间产品 Z 是 S 国最有比较劣势的产品。

由此可以得到：

命题 1：在自由贸易的情况下，N 国将会生产并出口中间产品 Z，而 S 国则会进口中间产品 Z。

根据 Hummels（2001）对产品内分工与贸易的定义，完整的产品内分工与贸易不仅包括 S 国从 N 国进口中间产品 Z，还包括 S 国将进口的中间产品进行加工后复出口。当两国可以进行自由贸易时，中间产品 Z 成为可贸易商品，从而形成统一的世界市场价格，同时，在完全竞争的市场上，企业面对既定不变的中间产品价格。据此可以将式（4.3）与式（4.4）化简为：

$$a_{lx}\mathrm{d}w + a_{kx}\mathrm{d}r = 0 \tag{4.19}$$

$$a_{ly}\mathrm{d}w + a_{ky}\mathrm{d}r = 0 \tag{4.20}$$

写成矩阵的形式：

$$\begin{bmatrix} a_{lx} & a_{ly} \\ a_{kx} & a_{ky} \end{bmatrix} \begin{bmatrix} \mathrm{d}w \\ \mathrm{d}r \end{bmatrix} = \begin{bmatrix} 0 \\ \mathrm{d}p_y \end{bmatrix}$$

由克莱姆法则可得：

$$\frac{\mathrm{d}w}{\mathrm{d}p_y} = -\frac{a_{kx}}{D'} \tag{4.21}$$

$$\frac{\mathrm{d}r}{\mathrm{d}p_y} = -\frac{a_{lx}}{D'} \qquad (4.22)$$

其中 D' 为系数行列式：

$$D = a_{lx}a_{ky} - a_{ly}a_{kx} = a_{lx}a_{ly}(c_y - c_x)$$

由式（4.21）和式（4.22）可得

$$\frac{\mathrm{d}\theta}{\mathrm{d}p_y} = -\frac{a_{lx} + a_{kx}}{r^2 D'} > 0 \qquad (4.23)$$

该式表明当 S 国和 N 国面对相同的中间产品价格时，Y 商品的价格 p_y 和要素的相对价格 $\theta(w/r)$ 正相关。由于 S 国的劳动相对丰富，即 $\theta_S < \theta_N$，因此根据式（4.23），可得 $(p_z)_S < (p_z)_N$。这表明 S 国在 Y 商品的生产上比 N 国更有比较优势，所以 S 国将进口资本密集型的中间产品 Z，在本地加工组装后，将最终产品 Y 出口到 N 国。

由此可以得到：

命题 2：S 国将进口的中间产品进行加工后复出口，即 S 国出口 Y 商品，N 国则进口 Y 商品。

综上所述，在本书模型的假设条件下，劳动力丰富的 S 国将进口资本密集型的中间产品 Z，出口劳动密集型的 Y 商品，而资本丰富的 N 国则出口中间产品 Z，进口 Y 商品，从而发生产品内分工与贸易。因此，两国要素差异直接导致了产品内分工与贸易的发生。

4.2 基于内部规模经济的产品内分工与贸易模型[①]

标准国际贸易理论按其对国际贸易成因的解释大致可以分为传统贸易理论和新贸易理论。前者在完全竞争市场结构前提下，以比较优势为基础，对产业间贸易进行了解释；后者则在不完全竞争市场结构前提下，以规模经济为基础，对产业内贸易给予了诠释。上一节在传统贸易理论的框架内，以比较优势为基础分析了产品内分工与贸易方式的宏观动因。同样，本书也可以在新贸易理论框架内，以规模经济为基础，将研究视野由产品层面扩展到工序层面，分析规模经济对产品内分工与贸易的作用。

规模经济是大规模生产所带来的经济效益。按来源不同，规模经济可分为内

---

① 经济模型可用文字语言或数学形式（包括几何图形和方程式等）来表示。在比较优势一节里，本书主要采用方程式的模型形式，而在本节中，由于条件的限制则主要采用几何图形的模型形式。

部规模经济与外部规模经济。内部规模经济是企业平均成本随着企业内部生产规模的扩大而不断下降的现象。一般情况下，在企业内部的生产规模由小到大的扩张过程中，会先后出现规模经济与规模不经济，由此导致企业的长期平均成本曲线呈现出先下降后上升的"U"形特征。

如图 4.1 所示，图形左半边的横轴表示产量，即生产规模，纵轴表示成本。图中有四条平均成本曲线。这四条成本线呈"U"型特征，表示随着产量的增加，平均成本先递减而后递增。在曲线上，下降阶段对应规模经济，上升阶段则对应规模不经济，而曲线的最低点，即最小平均成本处对应的产量水平称为最佳规模。在规模经济阶段，企业可以在产品市场容量允许的范围内，通过专业化分工不断扩大生产规模，以实现生产成本的下降和生产效率的提高。

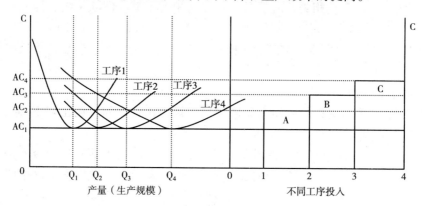

图 4.1　内部规模经济和产品内分工与贸易

资料来源：卢锋.产品内分工：一个分析框架.经济学季刊，2006（8）：3－5.

在传统的福特式生产过程中，同一产品的不同生产环节或零部件往往集中在一个企业内部完成。而不同生产环节的生产函数不可能完全相同，因此对应的最佳规模也不尽相同。在福特式这种空间集中的一体化生产方式下，整个生产系统的设计规模只能取决于关键性生产环节或零部件的最佳规模，而其他最佳规模更大的生产环节则因此不能充分实现自身的规模经济效益。进入 21 世纪以来，随着科学技术的进步，产品生产过程变得越来越迂回曲折，生产环节或所需零部件不断增加。在这一背景下，产品集成化和模块化的发展，使得原来浑然一体的生产线可以拆分为相互独立的生产环节。同时，运输手段的进步、组织管理的创新和通信技术的发展，又使得企业可以在全球范围内组织生产。因此，通过产品内分工与贸易，可以摆脱福特制生产方式的局限，将最佳规模不同的生产环节或零部件分解到不同的空间场合，由不同的企业进行，从而使得各个生产环节或零部件的最佳规模都能得以实现，进而达到生产成本下降和生产效率提高的目的。由内部规模经济带来的产品内分工可用图 4.1 加以说明。

　　假设某产品的生产过程包括四道生产工序，每道工序或其生产的零部件的不同生产函数决定了它们具有不同的最佳规模。在图 4.1 中，图形左半边的横轴表示产量，即生产规模，纵轴 C 表示成本；右半边的横轴表示不同工序投入量的相对比重，纵轴 C 表示成本。图中四条先下降后上升的 U 型曲线，分别是工序 1、工序 2、工序 3 与工序 4 的平均成本线。而 Q_1、Q_2、Q_3 与 Q_4 的产量水平分别对应工序 1、工序 2、工序 3 与工序 4 的最佳生产规模。在各曲线的下降阶段，企业增加产量，扩大生产规模，可以降低平均成本，获取规模经济效益。由于对最终产品的组装而言，各道工序生产的零部件在数量上往往存在固定的配合比例，因此在福特式空间集中的一体化生产方式下，最终产品的最佳生产规模只能取决于四道工序中的某一关键工序的最佳规模。假定这一关键工序是工序 1，那么工序 1 的最佳规模 Q_1 将决定整个生产系统的最佳规模，从而使得其他三道工序也只能在 Q_1 的数量上生产。这表明工序 2、工序 3 与工序 4 偏离了各自的最佳规模，存在规模经济利益损失。如图 4.1 所示，图形右半边不规则多边形表示生产总成本。多边形中的矩形 A、B、C 分别表示工序 2、工序 3 与工序 4 由于偏离各自的最佳生产规模，在 Q_1 的产量水平上进行生产而造成的规模经济利益损失，其中 $A = (AC_2 - AC_1) \times Q_1$，$B = (AC_3 - AC_1) \times Q_1$，$B = (AC_4 - AC_1) \times Q_1$，三者面积之和就是因为各道工序无法都在最佳规模的产量水平上进行生产而导致的机会成本最大值。现在假定企业可以在该产品的生产过程中可以实行产品内分工，即可以将各生产工序或零部件分解到不同的空间，由不同的企业完成。这样，分散在不同空间的各企业就可以都可以按照各道生产工序最佳生产规模进行生产，即工序 2、工序 3 与工序 4 的生产规模分别是 Q_2、Q_3 与 Q_4，从而四道工序均能充分实现规模济效益。换而言之，与产品内分工之前相比，产品内分工后企业生产总成本节省了图形右半部分不规则多边形中 A、B、C 三块矩形的面积。这三块矩形面积就构成了产品内分工下潜在的规模经济成本节省利益来源。

4.3　基于外部规模经济的产品内分工与贸易模型

　　规模经济有内部规模经济和外部规模经济之分。前一部分从内部规模经济角度揭示了产品内分工与贸易发生的宏观动因，指出通过产品内分工与贸易，可以使企业将最佳规模不同的各道生产工序分解到不同地理空间的不同企业进行，从而使得每道工序都能充分获得规模经济利益，实现生产成本的节省和生产效率的提高。而外部规模经济也同样是产品内分工与贸易发生的宏观动因。马歇尔和克鲁格曼指出，在其他条件相同的情况下，行业规模较大的区域拥有高于行业规模较小的区域的生产效率，行业规模的扩大会导致该区域企业的生产呈现规模收益递增特征，从而造成该行业及其辅助部门的企业高密度地集聚于在同一或几个地点，形成所谓的外部规模经济。在外部规模经济中，整个行业规模的扩大，可以使行业内的单个企业长期平均成本下降，从而提高资源配置效率。

在产品内分工下，产品生产过程的各个生产环节被分解到全球各地最有比较优势的生产场所。以计算机的生产为例，美国生产技术和资本密集型的核心部件CPU，日本和韩国生产资本密集型的内存，中国台湾和马来西亚生产硬盘，中国生产键盘等劳动密集型的配件并进行整机组装。这种产品内分工，使得各个中间产品或零部件的生产大规模集聚于一国或一国的某个地区进行生产，从而产生外部规模经济现象。在产品内分工下，中间产品或零部件生产规模的扩大及其地理空间上的集中，使得企业可以充分获得外部规模经济利益，实现生产成本的下降和资源配置效率的提高。这种行业生产规模的扩大和行业的地理集中带来的外部规模经济利益具体源于以下三个方面：

第一，中间产品生产的地理集中能够拥有专业化供应商队伍。中间产品的生产本身也可以继续细分为不同的生产环节。随着技术的进步和经济的发展，中间产品生产过程的各个生产环节对自身所需生产设备和中间投入品的专门化水平要求日益提高，因而需要由专门的企业来生产和提供这些设备和中间投入品。但是，单个厂商由于需求有限无法维持其所需的众多供应商的生存，而大量企业集聚在一处，可以为专业化供应商的生存提供足够大的市场需求规模；同时，专业化供应商的集中，也会使得一些关键设备与服务不仅变得相对便宜而且还容易获取，因此可使单个企业集中精力于最擅长的事情而将其他业务外包给其他企业来做。特别是在产品内分工价值链上，上一个生产环节的企业就是下一个生产环节企业的专业化供应商，每个节点企业只从事自己最有优势的业务活动。换而言之，原先需要通过地理集中才能获取的外部规模经济效益在产品内分工价值链本身的运作中就能够取得。因此，产品内分工本身也强化了外部规模经济效应。

第二，中间产品生产的地理集中能够形成稳定的劳动力市场。行业在地理空间上的集中，可以促进劳动力市场的共享，从而有利于劳动力和企业双方。克鲁格曼（1991）通过一个数理模型论证了两者之间的关系。他指出，在行业的地理集聚区，劳动力的预期工资率为：$W_e = \beta - \dfrac{rL}{n}$，在劳动力总量 L 不变的条件下，劳动力的预期工资率 W_e 与企业数量 n 成正比。而企业预期利润率为：$\pi_e = \alpha + \dfrac{1}{r}\left(\dfrac{L}{n}\right) + \dfrac{1}{2}\dfrac{n-1}{n}\sigma^2$，在企业数量 n 不变的条件下，企业的预期利润 π_e 与劳动力总量 L 成正比。由此可以看出，在其他条件不变时，行业的空间集聚可以提高劳动力的预期工资率，而劳动力的空间集聚又可以提高企业的预期利润率。这一结论也同样适用于中间产品的生产。因此，在产品内分工与贸易下，中间产品生产的地理集中所形成稳定的劳动力市场对劳动力的供需双方都是有利的。

第三，中间产品生产的地理集中能够促进知识溢出。在中间产品生产的地理集聚区，由于工作在不同企业的专业技术人才也大规模集中在一起，从而使他们能够就各种显性或隐性的技术与管理信息进行及时顺畅的交流，进而使各种新设计或新想法能够得到不断的完善和迅速的传播。也就是说，中间产品生产的地理集中所导致的人才集中有利于各种技术和管理知识的溢出和推广，节约成本的技术和管理方法会得到迅速普及。

综上所述，中间产品生产规模的扩大及其所带来的行业地理集中，可以促进专业化的供应商队伍和稳定的劳动力市场的形成，以及技术和管理知识的溢出与普及，从而导致行业中单个企业的生产成本下降。而且，具有外部规模经济的零部件或中间产品参与国际贸易，还会促使中间产品及最终产品生产规模的扩大与生产效率的提高。因此，与内部规模经济一样，外部规模经济也成为产品内分工与贸易的宏观动因之一。由外部规模经济所导致的产品内分工，可用图 4.2 作进一步说明。

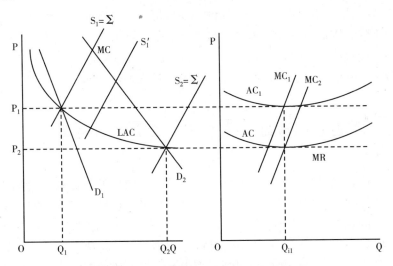

图 4.2　外部规模经济和产品内分工与贸易

如图 4.2 所示，横轴表示产量 Q，纵轴表示价格。图中 LAC 是生产中间产品或零部件的行业长期平均成本线。它是一条向右下方倾斜的曲线，表示：在外部规模经济的作用下，随着行业规模的不断扩大，行业的长期平均成本趋于下降。在左图中，开始时由中间产品或零部件的本国市场需求曲线 D_1 和本国市场供给曲线 S_1 的交点 E_1 决定的中间产品市场均衡价格为 P_1，行业均衡产量为 $Q_1 = \sum_{i=1}^{n} Q_{i1}$。随着行业规模的不断扩大，行业内企业数量会逐步增加，从而使得 S_1 曲线左移到 S_1' 曲线的位置。而且，在外部规模经济的作用下，S_1 曲线会由

S'_1 曲线的位置继续左移到 S_2 曲线位置。此时如果中间产品或零部件参与国际产品内贸易，那么该中间产品或零部件的需求量将会增加，即 D_1 曲线右移到 D_2 曲线位置。

D_2 曲线和 S_2 曲线的交点 E_2 决定的新的中间产品市场均衡价格为 P_2，行业均衡产量为 $Q_2 = \sum_{i=1}^{n} Q_{i1}$。比较 E_1 点与 E_2 点，可以发现在外部规模经济的作用下，整个中间产品的价格由 P_1 下降到 P_2，而产量则从 Q_1 扩大到 Q_2。市场的均衡产量的增加量 Q_1Q_2 是由新加入的企业提供的，但行业内每个企业的均衡产量仍为 Q_{i1}。此时，如右图所示，生产该中间产品或零部件的单个企业的边际成本由 MC_1 下降到 MC_2，平均成本由 AC_1 下降到 AC_2，但产量在长期中仍稳定在 Q_{i1} 的水平上。在短期中，企业会由于成本下降先于价格下降而获得经济利润，但长期内由于企业能够自由进出该行业，因而经济利润为零。在外部规模经济的作用下，中间产品生产的边际成本和平均成本均会下降，从而提升了该中间产品或零部件的竞争优势。此外，中间产品或零部件存在外部规模经济时，其价格会由于成本的减少而下降，因而以其为投入品的最终产品的边际成本与平均成本也会随之降低，进而促使最终产品价格下跌和产量增加。而且由于平均成本下降的幅度往往会超过价格下降的幅度而为最终产品生产企业带来经济利润。

4.4　其他宏观动因——基于交易成本的视角

前面从比较优势与规模经济的角度揭示了产品内分工与贸易的宏观动因，指出建立在比较优势与规模经济基础上的产品内分工与贸易能有效地增进参与分工与贸易各方的福利水平。但是，上述研究只考察了生产成本，而未涉及交易成本。在现实经济中，国际贸易作为一种市场交易形式，必然会发生大量的交易成本。从广义上看，交易成本包含了除生产成本等以外的几乎所有与交易活动有关的费用，如信息费用、谈判费用、签约费用和履约费用等。在产品内分工与贸易下，产品生产过程的各个生产环节分解到不同国家完成，由此形成的全球生产与交易网络必然会产生一系列交易成本，包括运输费用、信息传递成本、进出口关税、契约签订与履行成本等。与生产成本一样，交易成本对产品内分工与贸易也会产生巨大影响。在产品内分工与贸易中，如果交易成本过大，以至于产品内分工与贸易的总成本超过了总收益，那么这种分工与贸易形式也就难以产生与发展。自 20 世纪 80 年代以来，产品内分工与贸易之所以能在全球范围内蓬勃发展，在很大程度上，取决于以下使产品内分工与贸易中交易成本大幅减少的四个因素：

（1）交通运输成本的下降。

Jones（2002）认为运输成本是很重要的一种服务成本。因为在中间产品需跨越多个国界的情况下，运输成本在总成本中所占比重很大，微小的运输成本变化也会对产品内分工和贸易产生很大的扩张效应。Hanson，Mataloni 和 Slaughter（2004）利用企业层面的数据，考察了美国跨国公司的母公司与其子公司之间的产品内分工与贸易，发现：在产品内分工与贸易中，中间产品或零部件在国家间进行转移时都会产生关税和运输费用，而且这种关税与运输费用与转移次数成正比，特别是在中间产品或零部件需要跨越多个国界时，运输费用在总成本中所占比重将会很大。因此，只有运费费用与关税等交易成本有很大幅度的下降时，企业才会将各个生产环节或零部件分解到不同国家或地区进行。而且，由于产品内分工涉及的中间产品或零部件需要多次跨境贸易，跨境交易成本的下降对于产品内分工成本降低能够产生一种乘数放大的效应，从而有力地促进了产品内分工与贸易的发展。Yi（2006）的研究就表明，假定运输费用与关税等交易成本占货物总成本的一定比例 t，则当中间产品跨越国境时，交易成本每降低 1 个百分点，总成本就会降低 nt/（1＋t）个百分点，要 n 倍于传统产品间国际分工下的一次跨越国境所降低的成本。第二次世界大战后，科技革命有力地推动了运输技术的进步和运输手段的发展，从而使运输费用大幅下降。这具体表现在以下三个方面：第一，国际海洋运输技术的不断进步，导致煤炭、铁矿等大宗货物的运输成本大大降低和运输时间明显缩短。第二，国际航空运输也随着科学技术的进步而迅速发展，而且其运输费用下降的幅度比海洋运输更大。为保证生产运行的稳定和适应终端市场快速的需求变化，衔接不同工序间国际分工所发生的中间产品或零部件贸易对交易时间要求较高。而航空运输时间短、交货快的优势，为产品内分工与贸易提供了新的运输途径，从而有力地促进了这一新型分工与贸易形式的发展。第三，集装箱技术和卫星定位技术等与货物运输密切相关的技术的发展，以及专业物流公司的产生，不仅给贸易双方带来更为方便快捷的服务，而且也使运输成本大幅度下降。Hummels（1999）的研究就表明，第二次世界大战后，国际贸易中的运输成本随着科学技术的不断进步呈现出明显的下降趋势。

（2）信息交流费用的降低。

信息技术的进步，特别是信息革命，为产品内分工与贸易的发展提供了重要的物质基础。Harris（2004）认为通讯服务是一种半公共产品（Quasi-pubic Good），因而通讯成本不同于运输成本。一旦通讯网络建立起来，每个企业都会按平均成本来使用。整个网络系统的总成本取决于市场数量和零部件数量。随着零部件生产企业增加，平均成本会降低，企业将会获得更多利润。所以，在国际贸易中，全球网通讯络系统的出现，导致了零部件生产规模收益递增，而递增的规模收益所带来的高利润又会吸引更多的零部件生产企业进入市场，从而使通讯

成本进一步降低，进而推动产品内分工与贸易滚雪球似地扩张。Gaimcross 和
France（1999）指出在信息革命的推动下，邮件、电话、电报等传统通讯手段发
展到互联网、移动电话等新通讯手段，出现了空间距离对通讯费用的影响逐渐消
失的"距离死亡"现象。电子数据交换在国际贸易中的引入，实现了所谓"无
纸化交易"，从而大大提高了国际贸易活动的效率。特别是传真、电子邮件、可
视会议等当代通讯技术的产生和发展，使得人类通讯信息不仅变得更为方便与快
捷，而且信息交流费用也大幅下降。这一交易成本的降低也使得企业对分布全球
的产品内分工生产网络进行管理协调成为可能，从而大大促进了产品内分工与贸
易的发展。

（3）贸易与投资自由化的发展。

产品内分工与贸易过程中发生的交易成本，在很大程度上是由各国设置的贸
易与投资壁垒带来的。过去几十年中，随着贸易与投资自由化改革的不断推进，
全球贸易和投资环境总体上日益改善，阻碍自由贸易和资本流动的壁垒逐渐消
除，而且和投资与贸易自由化相关的法律制度质量不断提高，从而在制度变迁和
政策调整两个方面大大降低了产品内分工与贸易的交易成本，在客观上为产品内
分工与贸易的扩大创造了重要条件。Hummels 等（1999，2004）就指出贸易自由
化带来的贸易壁垒的削减也是产品内分工与贸易发展的原因之一。由于在产品内
分工与贸易中，中间产品往往会多次跨越国界，因而贸易壁垒的削减对产品内分
工与贸易发展的促进作用有乘数放大的效应。Cheng 等（2004）也认为产品内分
工与跨国直接投资密切相关。跨国公司通过业务外包与公司内垂直一体化两种方
式在全球范围内组建产品内分工生产网络，从而成为产品内分工与贸易的主要组
织者。因而，全球国际直接投资的自由化，以及发展中国家对跨国公司政策的日
渐开放，为产品内分工提供了良好的体制环境，从而大大降低了产品内分工与贸
易中因相关贸易与投资的法律制度质量不高而造成的过高交易成本，进而推动以
跨国公司为主导的产品内分工与贸易迅猛发展。理论与实证研究也显示，在贸易
与投资自由化过程中，与其相关的法律制度质量的高低正日益成为吸引国际外
包，特别是高技术复杂产品的外包的重要的因素。Nunn（2009）指出，由于复
杂产品涉及的中间产品一般比简单产品要多得多，因而前者的契约密度也远高于
后者。在这种情况下，如果一国虽有必要的技术水平但缺乏良好的制度环境，那
么，在生产复杂产品时，就会为保证所有契约都得到执行而支付高额的交易成
本，以至使得最终品在国际市场中缺乏竞争力。因此最终产品生产者不倾向于在
制度质量不高的国家进行复杂产品的外包生产。Nunn（2009）通过建模进一步
指出，如果把产品分成简单产品和复杂产品两大类，那么从产品的契约密度分
析，签约制度完善的国家在复杂产品生产上具有比较优势，而签约制度不完善的
国家在简单产品生产上具有比较优势。契约密度可用一单位最终产品形成过程中

涉及的市场契约数量来衡量。由于复杂产品涉及的中间产品一般比简单产品要多得多，因而前者的契约密度也远高于后者。在这种情况下，如果一国虽有必要的技术水平但缺乏良好的制度环境，那么，在生产复杂产品时，就会为保证所有契约都得到执行而支付高额的交易成本，以致使得最终产品在国际市场中缺乏竞争力。因此最终产品生产者不倾向于在制度质量不高的国家进行复杂产品的外包生产。

第二次世界大战后，关贸总协定（GATT）和世贸组织（WTO）的相继成立，标志着全球贸易体系的建立和发展。通过这两个组织的努力，各成员方达成了一系列的多边协定，推动了世界范围内的贸易和投资自由化。在 1950 ~ 1980 年之间世界范围内的关税水平大幅下降，尤其是发达国家的关税率基本降低为 1 位数的水平，从而推动了国际贸易的大幅增长。此后，关税削减仍在继续，重点转向发展中国家。20 世纪 80 年代以来，在发达国家的积极倡导下，一些投资措施已被纳入 WTO 多边管制的范畴，以规则为基础的投资自由化在全球有了明显的发展。特别是 90 年代以来，国际直接投资发展的总体趋势是减少对外国直接投资的限制，加强对外国直接投资的保护，从而使投资自由化成为继贸易自由化后兴起的又一次全球经济自由化浪潮，国际直接投资由此无论是在规模还是质量都有了空前的发展。

（4）政府鼓励产品内分工与贸易政策的推动。

近几十年来，随着产品内分工在全球范围内的迅速发展，作为其联接纽带的产品内贸易（加工贸易）也获得了迅猛增长。发达国家通过业务外包与贴牌生产等方式将产品价值链中的低技术—劳动密集型环节转移到发展中国家完成，利用发展中国家廉价的劳动力降低生产成本，提高产品竞争力。发展中国家则利用自身的劳动力优势，承接中间产品或零部件的制造、产品的加工组装等生产活动，融入国际分工体系。因此，无论发达国家还是发展中国家，都对其经济发展战略与政策进行了重大的调整，推出了一系列促进加工贸易发展的政策。这些政策有效地降低了产品内分工与贸易中发生的交易成本，使得过去由于政策制约造成过高交易成本而不能发生的产品内分工与贸易活动得以产生与发展。

第一，发达国家鼓励产品内分工与贸易政策。20 世纪 70 年代以来，科学技术的进步以及贸易与投资环境的改善，使得发达国家能够通过业务外包与贴牌生产等方式，将其不具有比较优势的低技术—劳动密集型的生产环节或零部件转移到劳动力低廉的发展中国家进行，以降低产品的生产成本，进而提高产品的市场竞争力。正如 Ardnt（1999）指出的，对于发达国家而言，通过外包策略促使企业将其缺乏竞争力的加工制造环节释放出去，可以提升企业最终产品的国际竞争力。通过外包实现的产品内凝聚化（the Intra-product Specialization Concentration）可以推动专业化分工生产达到更高水平，而且还能获取以前无法通过贸易得到的利益，从而推动相关产业更好发展。在这一背景下，美国、欧盟、日本等发达国家相继制定和实施了一系列的政策措施，以推动本国外向型加工贸易的发展和产业国际竞争力的提升。例如，美国1964年开始实行"生产分享方案"，通过采取特殊免税政策来鼓励企业将其部分生产环节，如产品的组装环节转移到其他国家进行。欧盟与日本也推行了类似政策，规定某些非本国货物在进境时暂时不征收关税和其他国内捐税，或在其加工后的产品出口时退还原已征税款。

　　第二，发展中国家鼓励产品内分工与贸易政策。由于发展中国家的资源禀赋一般都具有资本技术短缺而劳动力丰富的特征，因此许多东亚和拉美地区的发展中国家都先后实施了外向型的出口导向发展战略，充分利用本国非熟练劳动力资源丰富、工资低廉的优势，采取引进技术、创建出口加工区、为出口企业提供税收优惠和低息贷款等多种措施，鼓励企业积极承接发达国家转移过来的中间产品和零部件的加工组装，从而有力地促进了产品内分工与贸易的发展。

4.5　中国制造业参与产品内分工与贸易宏观动因的实证分析

　　在前面理论分析的基础上，本部分从中国的实际出发，就中国制造业参与产品内分工与贸易的主要宏观动因或影响因素进行实证研究。需要指出的是，在全球经济一体化深入发展的背景下，发达国家为了降低生产成本、提高产品的国际竞争力而将生产过程中的低技术—劳动密集型生产环节转移到发展中国家完成，这为中国制造业广泛而深入地参与全球产品内分工国际体系提供了外在推动力。本书正是在这一外部大环境下实证考察中国自身的因素对中国制造业参与产品内分工与贸易程度的影响。正如第3章指出的，产品内分工与贸易程度的测度方法主要有零部件贸易法、加工贸易比例法与投入产出法。为了便于利用面板数据模型技术，并考虑到中国制造业主要是通过加工贸易的形式参与全球产品内分工，而制造业在中国的加工贸易中份额占到90%以上，以及无法获取省际层面各制造业子行业的加工贸易数据及其他相关数据。所以，本书分别用加工贸易出口占总出口的比重和加工贸易进口占总进口的比重来度量中国制造业参与产品内分工的程度，以中国省际加工贸易面板数据来定量分析中国制造业参与产品内分工与贸易的宏观动因或影响因素。

　　Hartmut Egger和Peter Egger（2007）研究了欧盟12国的双边加工贸易的宏观动因。他将加工贸易的宏观动因归纳为四组变量，分别是建立在H-O理论基础上的相对要素禀赋差异变量、建立在新贸易理论上的市场规模变量、建立在政治经济模型基础上的实际汇率、相对价格与税收等其他成本因素变量、基础设施变量。通过实证分析，Hartmut Egger 和 Peter Egger 发现比较优势是欧盟 12 国双边加工贸易的主要宏观动因。相对而言，有关中国参与产品内国际分工动因的实证研究还比较少。刘志彪和吴福象（2007）、吴福象（2007）利用产业层面的数据考察了中国及长三角地区参与产品内分工与贸易的动因，发现参与产品内分工与贸易的程度与产业的资本化程度及外向度正相关，而与交易费用负相关。王爱虎和钟雨晨（2008）利用中国 9 省市的国际外包数据考察了中国参与产品内分工与贸易的决定因素，发现中国参与产品内分工与贸易的程度与国内经济环境、工业发展水平和对外经济政策等密切相关。喻春娇和张洁莹（2012）考察了中国的贸易便利化、外部需求变动、区域市场规模、在华跨国公司的中间产品进口、中国与东亚地区不同经济体的区位优势差异等因素，对中国参与东亚跨国生产网络的影响，发现除了区域市场规模之外，其他因素都对中国参与东亚跨国生产网络有着积极的影响。

　　与以上研究不同的是，本书在前面理论分析的基础上，结合 Hartmut Egger 和 Peter Egger（2007）关于加工贸易宏观动因的理论框架，采用中国 2000～2008 年 29 个省份的数据，利用面板数据模型技术，既考虑生产成本也考虑交易成本，分别就加工贸易进口与出口①，分东部、中部与西部三个地区，进行计量回归，以较为全面而深入地对中国参与产品内分工与贸易的宏观动因进行实证检验。

4.5.1　中国加工贸易的现状及其区位分布②

　　改革开放以来，中国加工贸易发展迅速。1996 年，中国加工贸易的发展实现了决定性突破，在总出口中的比重由上年的 49% 上升到 55%，从而使加工贸易取代一般贸易成为中国最主要的贸易方式。进入 21 世纪，中国加工贸易继续保持迅猛发展的势头。如表 4.1 所示，2002 年中国加工贸易总额为 2302.12 美元，2010 年达到 10532.25 亿美元，增长了近 5 倍，年均增长 20.93%。

表 4.1　　　　　　　中国各省市加工贸易总额（2002～2010 年）　　　　单位：亿美元

	2002 年	2003 年	2004 年	2005 年	2006 年	2007 年	2008 年	2009 年	2010 年	增长率
全国	2302.12	2412.71	3020.96	4048.33	5499.44	6906.10	8320.65	9862.59	10532.25	20.93%
东部	2253.35	2363.84	2954.22	3966.86	5383.17	6759.63	8126.57	9612.39	10233.39	20.82%
北京	49.87	51.08	56.53	70.14	98.94	129.44	159.00	199.05	197.89	18.80%

---

　　① Amighini（2006）指出，在产品内分工这一新型国际分工形式下，产品的出口与进口之间的相互依存性大大增强，因此在进行相关研究时，要同时兼顾出口与进口两方面的考察，才能更加准确地反映实际情况。

　　② 本书选择了天津、河北、山西、辽宁、黑龙江、江苏、浙江、福建、江西、山东、湖南、广东、广西、重庆、云南、陕西、宁夏、新疆共 29 个省市，其中东部 12 个，中部 9 个，西部 8 个省市作为样本来进行考察。东、中、西三部分地区的划分，采用中国国家统计局的划分标准。

续表

	2002 年	2003 年	2004 年	2005 年	2006 年	2007 年	2008 年	2009 年	2010 年	增长率
天津	95.43	104.04	130.80	147.57	222.47	271.79	331.67	350.45	336.05	17.04%
河北	9.56	8.81	10.97	15.39	19.04	23.86	26.69	37.15	50.67	23.18%
辽宁	102.12	102.38	115.29	133.18	161.66	196.22	230.51	271.03	294.73	14.17%
上海	238.00	249.87	289.21	450.43	674.68	825.33	992.90	1189.12	1312.24	23.79%
江苏	223.32	250.47	379.57	665.06	1056.39	1492.43	1830.96	2188.96	2312.33	33.93%
浙江	62.54	71.23	79.44	116.97	181.74	246.08	330.78	412.36	469.91	28.67%
福建	103.60	107.16	130.87	163.51	219.85	246.22	269.44	296.39	333.60	15.74%
山东	134.40	144.70	163.73	203.37	281.18	364.21	431.93	552.31	670.09	22.24%
广东	1229.42	1269.47	1591.83	1994.64	2458.14	2954.03	3507.30	4092.29	4232.11	16.71%
广西	3.51	3.16	4.47	5.02	7.04	7.64	8.64	9.75	12.35	17.01%
海南	1.57	1.45	1.50	1.58	2.03	2.38	6.76	13.53	11.44	28.20%
中部	36.06	34.49	38.83	47.00	74.92	101.68	129.46	172.24	199.66	23.85%
山西	1.13	0.88	0.97	1.53	4.64	8.63	12.22	35.89	31.00	51.29%
内蒙古	1.72	2.00	1.73	2.33	3.32	7.70	3.82	3.07	6.23	17.44%
吉林	3.85	4.51	4.64	4.69	6.46	8.05	9.31	10.01	9.42	11.83%
黑龙江	3.31	2.91	3.38	2.96	3.60	4.51	4.95	7.20	8.30	12.17%
安徽	7.11	6.73	6.09	7.16	11.47	16.60	26.94	31.70	34.72	21.92%
江西	2.50	1.81	2.49	2.73	6.23	7.64	16.87	23.40	38.40	40.68%
河南	5.48	5.98	9.23	12.77	21.94	28.55	28.36	25.11	25.88	21.42%
湖北	7.87	6.98	7.72	9.29	11.14	13.83	21.28	27.38	33.58	19.89%
湖南	3.08	2.70	2.59	3.55	6.12	6.18	5.70	8.49	12.11	18.65%
西部	12.71	14.38	27.91	34.46	41.36	44.79	64.62	77.95	99.20	29.29%
四川	3.88	3.64	14.67	17.18	15.03	13.27	26.41	42.53	70.29	43.62%
贵州	1.24	1.20	2.12	3.74	7.04	6.52	4.14	3.60	2.84	10.97%
云南	1.77	2.19	2.16	2.26	3.88	7.02	11.11	11.26	4.69	12.94%
陕西	3.22	2.75	2.89	3.93	5.85	7.61	11.59	15.27	16.19	22.35%
甘肃	0.66	1.59	2.63	3.51	4.43	5.94	7.61	3.10	3.17	21.78%
青海	0.35	0.61	0.46	1.14	2.68	1.94	1.37	0.00	0.02	-30.75%
宁夏	0.73	0.93	1.28	0.94	0.47	0.50	0.56	0.49	0.35	-8.72%
新疆	0.86	1.47	1.71	1.76	1.98	1.99	1.84	1.72	1.64	0.08

注：四川省的加工贸易数据包括重庆市，而西藏的加工贸易数据为0。

资料来源：各省市统计年鉴（2003～2011 年）。

　　虽然中国各省市几乎都有加工贸易发生，但是加工贸易在地区分布上极度倾斜。中国加工贸易几乎都是在东部沿海省份和直辖市进行的，如广东、江苏、上海、福建和山东，而广大的中西部地区仅占有微小的份额。表 4.1 和表 4.2 中列出了 2002 ~ 2010 年中国各省市的加工贸易总额以及各省市在当年加工贸易出口中所占的比重。东部 12 个沿海省市几乎集中了中国全部的加工贸易（其中海南与广西虽然加工贸易不发达，但是在地理位置上属于东部沿海地区）。广东一直是中国加工贸易的大省，在 2002 年，其加工贸易总额为 1229.42 亿美元，到 2010 年则达到 4232.11 亿美元，增长了近 2.5 倍。由于广东具有与香港毗邻的独特地理优势，以及在改革开放过程中作为试点的先发优势和在这一过程中享有的政策优惠等方面的原因，广东的加工贸易总额一直占全国加工贸易总额的一半左右，2002 年的比重达到 53.40%，虽然近几年中其所占份额逐年小幅下滑，但在中国的加工贸易中依然占有绝对地位，2010 年广东加工贸易在全国的比重仍然达到了 40.18%。上海加工贸易所占份额基本上保持稳定，2010 年占全国的比重达到 12.46%，仅比 2002 年增加 2.12 个百分点。江苏的加工贸易在这期间则取得了显著的发展。2002 年江苏的加工贸易总额占全国的比重为 9.70%，而到了 2010 年增加到了 21.95%，增长了两倍多。东部沿海 12 省市的加工贸易几乎包含了中国全国的加工贸易，2002 ~ 2010 年，东部 12 省市加工贸易总额一直占全国的 97% 以上，而中西部 17 省市加起来份额不到 3%。以 2010 年中西部各省中比重最高的四川省（包括重庆市）来说，其加工贸易总额占全国的份额也仅仅是 0.67%，很多的省份（自治区）所占的比重尚不足 0.1%。但不论是东部，还是中部、西部加工贸易都在迅猛增长。2002 ~ 2010 年，东部年均增长 20.82%，中部 23.85%，西部 29.29%。相对于东部，中西部加工贸易增长速度更快，使其占全国加工贸易总额的比重呈上升趋势，而东部占比则逐步下降，从 2002 年的 97.88% 下降到 2007 年的 97.16%。

表 4.2　　　　　中国各省市加工贸易占全国加工贸易比重（2002 ~ 2010 年）　　　　单位:%

	2002 年	2003 年	2004 年	2005 年	2006 年	2007 年	2008 年	2009 年	2010 年
全国	100.00	100.00	100.00	100.00	100.00	100.00	100.00	100.00	100.00
东部	97.88	97.97	97.79	97.99	97.89	97.88	97.67	97.46	97.16
北京	2.17	2.12	1.87	1.73	1.80	1.87	1.91	2.02	1.88
天津	4.15	4.31	4.33	3.65	4.05	3.94	3.99	3.55	3.19
河北	0.42	0.37	0.36	0.38	0.35	0.35	0.32	0.38	0.48
辽宁	4.44	4.24	3.82	3.29	2.94	2.84	2.77	2.75	2.80
上海	10.34	10.36	9.57	11.13	12.27	11.95	11.93	12.06	12.46
江苏	9.70	10.38	12.56	16.43	19.21	21.61	22.01	22.19	21.95

续表

	2002 年	2003 年	2004 年	2005 年	2006 年	2007 年	2008 年	2009 年	2010 年
浙江	2.72	2.95	2.63	2.89	3.30	3.56	3.98	4.18	4.46
福建	4.50	4.44	4.33	4.04	4.00	3.57	3.24	3.01	3.17
山东	5.84	6.00	5.42	5.02	5.11	5.27	5.19	5.60	6.36
广东	53.40	52.62	52.69	49.27	44.70	42.77	42.15	41.49	40.18
广西	0.15	0.13	0.15	0.12	0.13	0.11	0.10	0.10	0.12
海南	0.07	0.06	0.05	0.04	0.04	0.03	0.08	0.14	0.11
中部	1.57	1.43	1.29	1.16	1.36	1.47	1.56	1.75	1.90
山西	0.05	0.04	0.03	0.04	0.08	0.12	0.15	0.36	0.29
内蒙古	0.07	0.08	0.06	0.06	0.06	0.11	0.05	0.03	0.06
吉林	0.17	0.19	0.15	0.12	0.12	0.12	0.11	0.10	0.09
黑龙江	0.14	0.12	0.11	0.07	0.07	0.07	0.06	0.07	0.08
安徽	0.31	0.28	0.20	0.18	0.21	0.24	0.32	0.32	0.33
江西	0.11	0.07	0.08	0.07	0.11	0.11	0.20	0.24	0.36
河南	0.24	0.25	0.31	0.32	0.40	0.41	0.34	0.25	0.25
湖北	0.34	0.29	0.26	0.23	0.20	0.20	0.26	0.28	0.32
湖南	0.13	0.11	0.09	0.09	0.11	0.09	0.07	0.09	0.12
西部	0.55	0.60	0.92	0.85	0.75	0.65	0.78	0.79	0.94
四川	0.17	0.15	0.49	0.42	0.27	0.19	0.32	0.43	0.67
贵州	0.05	0.05	0.07	0.09	0.13	0.09	0.05	0.04	0.03
云南	0.08	0.09	0.07	0.06	0.07	0.10	0.13	0.11	0.04
陕西	0.14	0.11	0.10	0.10	0.11	0.11	0.14	0.15	0.15
甘肃	0.03	0.07	0.09	0.09	0.08	0.09	0.09	0.03	0.03
青海	0.02	0.03	0.02	0.03	0.05	0.03	0.02	0.00	0.00
宁夏	0.03	0.04	0.04	0.02	0.01	0.01	0.01	0.00	0.00
新疆	0.04	0.06	0.06	0.04	0.04	0.03	0.02	0.02	0.02

资料来源：根据表 4.1 计算而得。

中国加工贸易之所以在地区分布上集中于东部地区，原因主要在于与中西部相比，东部具有如下优势：第一，区位优势。根据国际贸易的重力模型，两国间的贸易流量与其经济规模成正比，而与市场距离成反比。东南沿海地区拥有许多港口，而且和主要的贸易伙伴在地理上相对接近，从而运输成本较低，便于国际分工与贸易的开展。而中西部地区则地处内陆，与国际市场相距较远，地理上不具备区位优势和东部地区相比开展国际贸易时需要增加一部分运输成本，因此不利于国际分工与贸易的开展。第二，基础设施优势。大量的实证研究表明，在外直接投资区位选择中，基础设施条件是极为重要的宏观动因。在一定程度上，由于东部地区地处平原，而中西部多在山区，因此中西部在交通、能源与通信等方面的基础设施建设的难度要远大于东部地区。所以中西部地区的基础设施条件与东部相比存在不小的差距。第三，劳动力优势。东部地区虽面积狭小但人口稠密，劳动力非常丰富，具备开展加工贸易的必要劳动力条件；而中西部地区虽地域广袤却人烟稀少，开展加工贸易的必要劳动力条件有所欠缺。第四，对外开放的先行优势。在中国的改革开放过程中，所选择的改革开放试点地区几乎全部集中在福建、广东等东南沿海地区，所以该地区在经济转轨与起步阶段比中西部地区具有先行优势，在吸引投资，开展贸易、企业改革等方面都较中西部地区享有更多的政策优惠。第五，制度质量优势。在推动贸易与投资自由化的过程中，由于历史与人文等因素的影响，东部地区的政策制度质量较高，其在经济契约的维护、政府对经济干预等方面的法制环境要明显优于中西部地区。

但同时也应看到，加工贸易在中西部也逐渐发展了起来。2002～2010 年，中西部加工贸易增长速度要快于东部，其占全国加工贸易总额的比重呈上升趋势，原因主要是：一方面，对外开放政策在逐渐由东部沿海地区向内陆中西部地区推进。借助于西部大开发，国家为中西部地区提供了种种优惠政策，以促进其产业和经济的快速发展。另一方面，中西部地区也具有发展加工贸易独特优势。进入 21 世纪，特别是 2009 年全球金融危机爆发以来，东部沿海地区的劳动力与资源环境成本压力不断加大，迫使部分企业逐渐将低技术—劳动密集型的生产环节或中间产品向中西部地区转移。中西部地区正是借助于本地充裕的自然资源和大量的廉价劳动力优势承接了东部地区的产业转移而推动了自身加工贸易的快速发展。

4.5.2　中国制造业参与产品内分工与贸易宏观动因的计量分析

本部分设定计量回归模型，应用中国 8 个年度①跨省市的面板数据，对中国制造业参与产品内分工与贸易的主要宏观动因进行实证检验。

1. 模型设定

在本章前面理论分析的基础上，结合 Hartmut Egger 和 Peter Egger（2007）关于加工贸易宏观动因的理论框架，可以将影响中国制造业参与产品内分工与贸易的主要因素归纳在图 4.3 中。根据图 4.3，设定计量回归模型如下：

---

① 由于各因素对中国制造业参与产品内分工与贸易的影响有一定的滞后效应，因此，本书中加工贸易数据为 2002～2010 年 9 个年度的数据，而自变量数据为 2001～2009 年 9 个年度的数据。

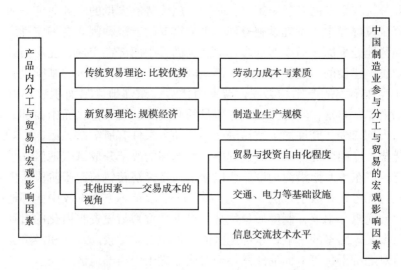

图 4.3 中国制造业参与产品内分工与贸易的主要宏观影响因素

$$\ln YO_{it} = \alpha_0 + \alpha_1 \ln RLFC1_{it} + \alpha_2 \ln RLFC2_{it} + \alpha_3 \ln SCA_{it} + \alpha_4 \ln OPEN_{it} + \alpha_5 \ln ROADM_{it}$$
$$\alpha_6 \ln ELECTRM_{it} + \alpha_7 \ln ITC_{it} + \alpha_8 D1_{it} + \alpha_9 D2_{it} + \varepsilon_{it} \qquad (4.24)$$

$$\ln YI_{it} = \beta_0 + \beta_1 \ln RLFC1_{it} + \beta_2 \ln RLFC2_{it} + \beta_3 \ln SCA_{it} + \beta_4 \ln OPEN_{it} + \beta_5 \ln ROADM_{it}$$
$$\beta_6 \ln ELECTRM_{it} + \beta_7 \ln ITC_{it} + \beta_8 D1_{it} + \beta_9 D2_{it} \qquad (4.25)$$

其中，下标 i 表示省区市，t 表示年份。

变量说明：

（1）YO 与 YI 分别从出口与进口两个方面表示表示产品内分工与贸易的程度。它们为模型的被解释变量。正如第 3 章指出的，产品内分工与贸易程度的测度方法主要零部件贸易法、加工贸易比例法与投入产出法。为便于利用面板数据模型的技术，并考虑到中国制造业主要是通过加工贸易的形式参与产品内分工，其在加工贸易中份额占到 90% 以上，以及难以获取省际层面各制造业子行业的加工贸易数据及其他相关数据。所以，本书分别用加工贸易出口占总出口的比重和加工贸易进口占总进口的比重来度量中国制造业参与产品内分工的程度[①]。

（2）RLFC$_1$ 与 RLFC$_2$ 分别表示各省区市制造业的工资率和各省市普通高等学校在校学生数与人口数的比率。RLFC1 是衡量劳动力成本的指标，而 RLFC$_2$ 是反映劳动力素质的指标。一般而言，α_1 反映了劳动力成本对加工贸易出口的影响，

---

① 国内研究在利用加工贸易数据来测算产品内分工程度时，大多仅采用加工贸易出口额或加工贸易出口占总出口的比重，如邱斌（2009）与胡昭玲（2010）等。但正如 Amighini（2006）所指出的，在产品内分工环境下，出口与进口是相互依存的，因此，只有要兼顾进口和出口因素，才能更加准确地反映一国"真实的"参与产品内分工与贸易的情况。

其预期符号为负，表明劳动力成本越低，产品的国际竞争力就越强，加工贸易出口也就越多。α_2 反映了劳动力素质对加工贸易出口的影响，其预期符号为正，表明劳动力素质越高，承接的国际外包业务量就越大，加工贸易出口也就越多。β_1、β_2 的符号分别与 α_1、α_2 的符号相同。

（3）SCA 表示各省区市工业产值占地区生产总值的比重。SCA 是衡量规模经济的指标。由于中国各省区市制造业产值一般在工业总产值占比达到 90% 左右，所以本书用这一指标来大致反映其制造业的生产规模。制造业是规模经济非常明显的行业。α_3 反映了制造业规模对加工贸易出口的影响，其预期符号为正，表明制造业规模越大，规模经济效应越强，加工贸易出口也就越多。β_3 的符合与 α_3 的符号相同。

（4）OPEN 表示各省区市进出口贸易总额与地区生产总值的比重。OPEN 是反映贸易与投资自由化程度的指标。α_4 反映了贸易与投资的自由程度，其预期符号为正，表明经济的开放度越大，贸易与投资的自由程度就越高，与之相关的法律制度质量越好，其交易成本就越小，加工贸易出口也就越大。β_4 的符号与 α_4 的符号相同。

（5）ROADM、ELECTRM 和 ITC 分别表示公路里程数、发电量和市内电话户数。它们均从交易成本的角度反映了产品内分工与贸易的影响。其中，ROADM 与 ELECTRM 是衡量基础设施水平的指标，ITC 是衡量信息交流技术水平的指标。α_5 与 α_6 反映了基础设施对加工贸易出口的影响，其预期符号为正，表明基础设施越完善，加工贸易出口也就越多。α_7 反映了信息交易技术水平对加工贸易出口的影响，其预期符号为正，表明信息交流越便捷，交易成本就越小，加工贸易出口也就越多。β_5、β_6、β_7 的符号分别与 α_5、α_6、α_7 的符号相同。

（6）D1、D2 分别表示东部、中部和西部地区。D1、D2 是虚拟变量。α_8 和 α_9 分别为虚拟变量 D1、D2 的待估计系数，α_8 预期符号为正，因为东部沿海地区加工贸易出口水平要高于一般水平；α_9 预期符号为负，因为中部地区加工贸易出口水平要低于一般水平。β_8、β_9 的符号分别与 α_8、α_9 的符号相同。

2. 样本选择与数据来源

为了增加样本容量，本书选取 2002～2010 年，东部 12 省区市（北京、天津、河北、辽宁、上海、江苏、浙江、福建、山东、广东、广西、海南），中部 9 省区（山西、内蒙古、吉林、黑龙江、安徽、江西、河南、湖北、湖南），西部 8 省区（四川、贵州、云南、陕西、甘肃、青海、宁夏、新疆），共 29 个省市作为样本来进行考察。样本容量为 261。

各省市加工贸易进出口额和贸易进出口总额来自于各省市相关年份的统计年鉴和国研网《对外经济贸易数据库》（http：//www.bjinfobank.com/）。其余数据均可从相应各年份的中国统计年鉴和《中经网统计数据库》中获取。为了变量之间的协调，本书选用《中国统计年鉴》（2009）中的人民币对美元年平均汇价，将加工贸易进出口额的美元值调整为人民币值。此外，为剔除价格变动的影响，本书涉及的价值量绝对值均用相关物价指数调整为 2002 年不变价格。

3. 实证检验和结果分析

表4.3 中 I 栏是对包含虚拟变量 D1 与 D2 的公式回归的结果。从结果看，所设定的总体回归方程与方程中所包含的解释变量均具有统计显著性，且各解释变量系数估计值的符号均与理论分析的期望符号基本一致。制造业工资率 $RLFC_1$ 与普通高等学校在校学生比例 $RLFC_2$ 的解释能力很强，说明要素禀赋的比较优势是加工贸易进出口发展的动因。工业产值占地区生产总值的比重 SCA 的 t 值也较大，对加工贸易进出口额的解释能力也较强，表明规模经济是加工贸易进出口发展的重要动因。进出口贸易总额占地区生产总值的比重 OPEN 解释能力也很强，表明贸易与投资自由化的发展对加工贸易的进出口也有显著影响。发电量 ELEC-TRM 解释能力较强，但公路里程数 ROADM 对加工贸易的影响不大显著，而市内电话户数 ITC 虽然解释能力也较显著，但其符号为负，与预期相反。虚拟变量 D1 有一定的显著性，但虚拟变量 D2 缺乏显著性，说明无必要将样本分为东部、中部与西部三部分，所以剔除 D2，仅保留 D1，也就是将样本分为东部地区与非东部地区两部分再进行回归。

表4.3 中 II 栏是对只包含虚拟变量 D1 的公式回归的结果。从结果看，与 I 栏相似，各解释变量都具有统计意义上的显著性，且其系数估计值的符号与前面的理论预期符号基本一致。回归模型 II 与 I 结果相似，变量 $RLFC_1$、$RLFC_2$、SCA、OPEN、LECTRM 的解释能力仍然较强，而且虚拟变量 D1 也有一定的显著性，表明非东部地区的加工贸易发展水平与东部地区的加工贸易发展水平存在一定的差距。

表4.3　　　　　　　　　　　分东中西部面板回归结果

	I		II	
	α	β	α	β
lnC	6.462910 (2.25)**	4.166521 (2.03)**	6.422191 (2.26)**	4.137217 (2.04)**
lnRLFC1	-2.227837 (-4.85)***	-1.850284 (-5.64)***	-2.233874 (-4.90)***	-1.85456 (-5.69)***

续表

	I		II	
	α	β	α	β
lnRLFC2	0. 5227034 (3. 37)***	0. 44264 (4. 00)***	0. 522096 (3. 38)***	0. 442204 (4. 01)***
lnSCA	1. 055905 (44. 26)**	0. 727401 (43. 32)**	1. 055905 (45. 51)**	0. 727401 (44. 54)**
lnOPEN	0. 507401 (−2. 13)**	−0. 324686 (−1. 91)*	0. 50437 (−2. 13)**	0. 322505 (−1. 91)*
lnROADM	0. 138 (0. 79)	0. 074794 (0. 69)	0. 121145 (0. 80)	0. 076901 (0. 71)
lnELECTRM	0. 5431 (−2. 59)**	0. 333868 (−2. 23)**	0. 555479 (−2. 83)***	0. 342767 (−2. 44)**
lnITC	−0. 5466 (2. 25)**	−0. 184202 (2. 03)**	−0. 512563 (2. 26)**	−0. 134147 (2. 04)**
D1	3. 34 (1. 61)	2. 490043 (1. 68)*	3. 502307 (1. 90)*	2. 60685 (1. 98)*
D2	−2. 76 (−0. 17)	−1. 98628 (−0. 18)	—	—
Adjusted	0. 9799	0. 9787	0. 9801	0. 9789
n	261	261	261	261
F	653. 02	616. 15	753. 62	711. 05
D − W	1. 26	1. 24	1. 26	1. 25

注：使用的计量软件为 EViews5.1。括号内数值为 t 检验值，*、**、*** 分别表示 10%、5%、1% 的显著水平。

下面根据 II 栏分别对各个影响因素进行详细分析：

第一，比较优势。由 II 栏的两个回归结果可以看出，制造业工资率 RLFC1 对加工贸易出口与进口影响系数的估计值分别为 −2.233874 与 −1.85456。这与理论分析的结果相一致，说明要素禀赋的比较优势是中国加工贸易发展的最重要的动因。事实上，中国作为世界上人口最多的国家，拥有丰富而廉价的劳动力资源。根据国际劳工组织网站统计，2006 年，与发达国家相比，中国的制造业雇员工资水平大约是英国的 1/27、德国的 1/24，加拿大的 1/23，日本的 1/22，美国的 1/21；与新兴工业化国家相比，中国雇员工资水平大约是韩国的 1/3，新加坡的 1/12；与其他发展中国家相比，中国雇员工资水平大约是马来西亚的 1/4，巴西的 1/3，墨西哥的 1/3。低廉的劳动力成本优势使中国在改革开放后成为发达国家与新兴工业化国家劳动密集型生产环节的首选转移地。普通高等学校在校学生比例 RLFC2 对加工贸易出口与进口影响系数的估计值分别为 0.522096 与

0.442204。这也与事实相符。随着义务教育的推广和普及，以及近十多年来中国高等教育的大发展，中国劳动力的素质不断提高，不仅促进了全社会生产效率的提升，而且也为中国制造业在全球生产网络中扩大参与范围，提升加工贸易进出口产品结构奠定了良好的基础。

第二，规模经济。从回归结果可以看出，工业产值占地区生产总值的比重SCA 对加工贸易出口与进口影响系数的估计值分别为 1.055905 与 0.727401。这表明规模经济因素是较显著的解释变量，对加工贸易进出口额的解释能力较强。制造业是规模经济非常明显的行业，制造业规模的扩大，会进一步强化生产中的规模经济效应，从而提高生产效率，促进加工贸易的发展。这正是新贸易理论所揭示的规律。事实上，作为国民经济发展的主要支柱，改革开放后，特别是进入新世纪以来，中国制造业的规模与质量都有了很大的提高。据统计，1985～1991年中国制造业总量平均增速为 8.01%，1992～1998 年平均增速有所放缓，但仍达到 5.39%，1999～2009 年平均增速高达 21.44%。近年来，中国制造业总产值已超越日本，在美国之后位居世界第二，已成为全球制造大国，初具世界制造业中心的雏形。而随着生产规模的不断扩大，中国制造业技术水平逐渐提高，内部的产业结构也不断升级。从改革开放到 20 世纪 90 年代初，中国加工贸易主要集中在服装、纺织等传统劳动密集型产业。进入 90 年代，中国加工贸易产业结构向以机电产品为主的制造业转移。2002 年之后，则主要表现为资本与技术密集型产业的加工贸易快速增长。改革开放以来，中国制造业突飞猛进地发展，为中国参与产品内分工与贸易创造了良好的条件。

第三，贸易与投资自由化。从回归结果可以看出，进出口贸易总额占地区生产总值的比重 OPEN 对加工贸易出口与进口影响系数的估计值分别为 0.50437 与0.322505。这表明贸易与投资自由化因素也是较显著的解释变量，对加工贸易进出口额的解释能力也较强。事实上，自 20 世纪 70 年代末以来，中国不断加大对外开放的力度，制定和实施了各种贸易与投资优惠政策，不断提高和贸易与投资相关的法律制度的质量，以深入推进贸易与投资自由化，从而在制度变迁和政策调整两个方面大大降低了产品内分工与贸易的交易成本，客观上为中国参与产品内分工与贸易创造了重要条件。

第四，基础设施。从回归结果可以看出，发电量 ELECTRM 对加工贸易出口与进口影响系数的估计值分别为 0.555479 与 0.342767。公路里程数 ROADM 对加工贸易出口与进口影响系数的估计值分别为 0.121145 与 0.076901。这说明发电量 ELECTRM 解释能力较强，但公路里程数 ROADM 的回归系数不太显著。而大量的实证研究都表明，在对外直接投资区位选择中，基础设施条件是极为重要的动因。事实上，在 20 世纪 80 年代与 90 年代两次国际产业大转移中，中国，特别是其东部沿海地区，正是凭借优于周边其他发展中国家的交通、电力与通信等基础设施优势，而先后承接了日本、东亚"四小龙"和欧美等发达国家的产业转移。因此，完善的基础设施为中国参与产品内分工与贸易提供了很好的条件。

第五，信息交流技术。从回归结果可以看出，市内电话户数 ITC 对加工贸易出口与进口影响系数的估计值分别为 - 0.512563 与 - 0.134147。市内电话户数 ITC 解释能力虽也较显著，但其符号为负，与预期相反。事实上，改革开放以来，特别是进入 21 世纪后，在信息革命的推动下，中国的通讯手段无论是传统的邮件、电话、电报，还是现代的互联网、移动电话、传真、电子邮件、可视会议都有了很大的发展，大大降低了信息交流费用，从而有力地促进了加工贸易的发展。但是回归结果却显示，代表信息交流技术因素指标的市内电话户数 ITC 与该地区制造业参与产品内国际分工与贸易的程度之间呈负相关关系。对此本书认为，这一结果并不表明信息交流技术的进步对产品内分工与贸易的影响是负向的，原因可能如下：信息交流技术的进步包括诸多方面，没有一个指标可以综合反映其基本状况。本书选择的市内电话户数仅仅反映了信息交流技术的一个方面，类似的指标其实还包括各地区的互联网入网量、移动电话使用量、电子邮件或传真业务量等。但由于数据可得性的限制，本书无法用单一指标来综合反映信息交流技术进步的总体情况。基于此，被解释变量与反映信息交流技术进步某一侧面的变量呈负相关关系也是完全有可能的。

第六，虚拟变量 D1。从回归结果可以看出，虚拟变量 D1 对加工贸易出口与进口影响系数的估计值分别为 3.502307 与 2.60685。这表明东部地区的加工贸易进出口发展水平远高于中西部地区。事实上，与中西部地区相比，东部沿海地区具有与国际市场较近的优势、人口稠密的劳动力优势、交通与电力较为完备的基础设施优势、制度质量优势，以及对外开放的优先次序带来的政策优势等，从而其产品内分工与贸易发展水平要远高于中西部地区。但这种加工贸易在东中西部发展不均衡的格局，使中西部被东部长期压制在外向化发展的"隔离"地带，难以有效地发挥其劳动力与自然资源低廉的比较优势，形成"断层危机"，最终制约着中国制造业整体的转型升级。

综上所述，本部分的计量检验结果与前面的理论分析，以及中国的经验事实基本一致。

在全球经济一体化程度不断加深的背景下，产品内分工与贸易作为一种新型的国际分工与贸易方式迅速发展，在产品生产环节的层次上实现了全球资源的重新配置，提高了全球资源的配置效率。在产品内分工与贸易中，发达国家通过垂直 FDI 与外包等方式将产品生产过程中的低技术—劳动密集型生产环节转移到发展中国家完成，以利用发展中国家廉价的劳动力降低生产成本，提高产品竞争力。发展中国家则利用自身的劳动力优势，承接中间产品和零部件的制造、产品的加工组装等生产活动，融入国际分工体系，由此使其产品内分工与贸易有了快速发展。本书在理论分析的基础上，结合 Hartmut Egger 和 Peter Egger（2007）关于加工贸易动因的理论框架，采用中国 2002～2010 年 29 个省市的数据，利用面板数据模型技术，既考虑生产成本也考虑交易成本，分别就加工贸易进口与出口，分东部、中部与西部三个地区，进行了实证分析，结果表明：第一，丰富而廉价的劳动力资源的比较优势是中国制造业参与产品内分工与贸易的重要基础，而劳动力素质对中国制造业参与产品内分工与贸易的影响也不容忽视；第二，制造业发展的规模和质量对中国制造业参与产品内分工与贸易的程度有着直接的显著影响；第三，贸易与投资自由化程度、基础设施的完善情况以及信息交流技术的进步水平也从交易成本节省的角度对中国制造业参与产品内分工与贸易产生重要影响；第四，由于东部具有独特的区位、劳动力资源、基础设施、制度质量和政策优惠等优势，所以其制造业参与产品内分工与贸易的程度要远高于中西部地区。

4.6 小结

在拓展标准贸易理论的基础上，基于比较优势的产品内分工与贸易模型分析表明，要素禀赋差异是导致产品内分工与贸易发生的宏观动因之一。以加工贸易为主要形式的产品内分工，正是建立在发达国家将其不再具有比较优势的低端生产环节转移到发展中国家完成，而自身则集中于具有竞争优势的高端环节基础之上。这种基于要素禀赋差异的产品内分工与贸易，使发达国家与发展中国家的生产都能深入到产品的工序层次，从而更充分地发挥各自的比较优势，获得比产业间贸易与产业内贸易更大的生产效率与国民福利。需要指出的是，本书基于比较优势的产品内分工与贸易模型，虽能说明要素禀赋差异可以导致产品内分工与贸易的发生，并决定具体的贸易方式，但在本质上还只是静态模型，尚不能反映经济发展的动态特征，如何引入技术差距、"干中学"效应、规模经济等因素构建动态比较优势的产品内分工与贸易模型，以反映产品内分工与贸易发展的动态性，是未来有待进一步研究的问题。基于内部规模经济和外部规模经济的产品内分工与贸易模型分析表明，规模经济也是导致产品内分工与贸易发生的宏观动因之一。内部规模经济的产品内分工与贸易模型说明通过产品内分工与贸易，可使企业将最佳规模不同的各道生产工序分解到不同地理空间的不同企业进行，从而使每道工序都能充分获取规模经济利益，实现生产成本的节省和生产效率的提高；而外部规模经济模型则说明，整个中间产品或零部件行业规模的扩大，可使行业内的单个企业长期平均成本下降，从而提高资源配置效率。

　　从比较优势与规模经济的角度对产品内分工与贸易动因的分析只考察了生产成本，而未涉及交易成本。在产品内分工与贸易下，产品生产过程的各个生产环节分解到不同国家完成，由此形成的全球生产与贸易网络必然会产生一系列交易成本，包括运输费用、信息传递成本、进出口关税等等。与生产成本一样，交易成本对产品内分工与贸易也会产生巨大影响。自 20 世纪 80 年代以来，产品内分工与贸易之所以在全球范围内蓬勃发展，在很大程度上，是由于交通运输成本减少、信息交流费用降低、包括法律制度质量在内的贸易与投资自由化发展和政府政策推动等带来的交易成本大幅下降所致。

　　在理论分析的基础上，本书结合 Hartmut Egger 和 Peter Egger（2007）关于加工贸易动因的理论框架，采用中国 2002～2010 年 29 个省市的数据，利用面板数据模型技术，既考虑生产成本也考虑交易成本，分别就加工贸易进口与出口，分东部、中部与西部三个地区，进行计量回归，以较为全面而深入地对中国参与产品内分工与贸易的动因进行实证检验。实证分析的结果基本验证了前面的理论阐释，也与中国的经验事实基本吻合。其结果表明：第一，丰富而廉价的劳动力资源比较优势是中国制造业参与产品内分工与贸易的重要基础，而劳动力素质对中国制造业参与产品内分工与贸易的影响也不容忽视；第二，制造业发展的规模和质量对中国制造业参与产品内分工与贸易的程度有着直接的显著影响；第三，包括法律制度质量在内的贸易与投资自由化发展、基础设施的完善情况以及信息交流技术的进步水平也从交易成本节省的角度对中国制造业参与产品内分工与贸易产生重要影响；第四，由于东部具有独特的区位、劳动力资源、基础设施、制度质量和政策优惠等优势，所以其制造业参与产品内分工与贸易的程度要远高于中西部地区。但这种加工贸易在东中西部发展不均衡的格局，使中西部被东部长期压制在外向化发展的"隔离"地带，难以有效地发挥其劳动力与自然资源低廉的比较优势，形成"断层危机"，最终制约着中国制造业整体的转型升级。

第5章 中国制造业参与产品内分工与贸易的动因：基于生产与交易成本的微观层面

产品内分工与贸易动因的研究框架大体可以分为两类：一类是在国际贸易理论框架下展开研究。随着产品内分工与贸易在世界范围内广泛而深入的发展，Arndt，Deardorff，Jones 和 Kierzkowski 等修正了基于比较优势的传统贸易理论与基于规模经济的新贸易理论，从国家的宏观层面诠释了产品内分工与贸易的产生与发展。在该框架下，学者们通过对标准贸易理论的拓展，探讨了产品生产过程中生产环节上的比较优势与规模经济对产品内分工与贸易的影响，指出产品内分工与贸易，更充分地发挥了各参与国的比较优势与规模经济，提升了各国资源配置效率，降低了各国生产与交易成本，增进了各国国民福利水平；另一类则是在企业理论框架下进行研究。与产业间分工与贸易，产业内分工与贸易相比，产品内分工与贸易不仅使比较优势与规模经济深入到产品内部的各个生产环节中，开辟了一国生产效率提升与国民福利增进的新途径，而且也使产品内分工与贸易的主要载体——跨国公司的生产组织形式发生了重大变革。对此，标准贸易理论由于缺乏微观基础而无法给出合理解释。标准国际贸易理论在某种程度上对微观主体的研究较为忽视。李嘉图模型、赫克歇尔—俄林模型未纳入企业，而新贸易模型虽涉及企业，但对企业作了对称性的简化处理，对其研究依然单薄。此外，在传统国际贸易理论中，完全竞争是市场的主要形式，交易成本为零且信息完全。在新国际贸易理论中，虽采用了不完全竞争市场的框架，引入了规模经济、异质性等概念，但也未将交易成本与信息不完全引入其研究框架。目前，顺应当代国际贸易以跨国公司的全球化生产与经营为主要扩展路径的经济现实，在 Helpman、Grossman、Antras、Melitz 和 Yeaple 等学者的引领下，国际贸易理论开始对微观主体行为给予重大关注，开辟了全球生产组织理论这一全新的研究领域。该理论从企业这一微观主体的行为出发研究国际贸易模式，在标准贸易理论中融入现代企业理论、跨国公司理论与信息经济学，分析了国际贸易理论涉及的微观基础，着重考察企业参与产品内分工与贸易的微观动因，以及由此决定的企业对外包与垂直 FDI 等生产组织方式的选择。尽管企业参与产品内分工与贸易，能够使其比较优势、规模经济以及范围经济在产品生产过程的工序层面得到更充分的发挥，降低了企业微观层面的生产成本，但是跨国交易也会产生企业微观层面的额外交易成本，包括不完全契约下的"敲竹竿"成本、关税、运输费用、寻找外包伙伴的搜寻成本、汇率风险成本等。因此，企业需要将节省的生产成本与新产生的交易成本进行比较，才能决定是否参与产品内分工与贸易，以及采取何种生产组织方式参与产品内分工与贸易。上一章基于生产成本与交易成本的宏观层面，在标准贸易理论框架内，研究一国参与产品内分工与贸易的宏观动因。本章则基于生产成本与交易成本的微观层面，在企业理论框架内，研究企业参与产品内分工与贸易的微观动因及由此决定的生产组织方式，侧重于从企业这一微观主体出发，考察企业如何通过对节省的生产成本与新产生的交易成本的比较，来决定是否参与产品内分工与贸易，以及采取何种生产组织方式参与产品内分工与贸易。

近几十年来，随着国际分工由产业间分工、产业内分工深入发展到由跨国公司主导的产品内分工，中间投入品贸易发展非常迅速。这种中间投入品贸易，既可以通过一体化组织方式（FDI）采取企业内贸易的形式，也可以通过非一体化组织方式（契约外包）采取市场交易的形式。为了解释这一新现象，学者们对贸易理论进行了发展，催生了国际贸易理论的全新研究领域——全球生产组织理论。新理论为国际贸易与投资研究提供了一个新的中心，即企业参与产品内分工与贸易组织方式的选择。Helpman 和 Antras（2009）指出，企业组织方式的变化已经成为理解世界经济变化的关键。通过聚焦于企业的微观特征，新理论提出了一些新问题：企业为什么会参与产品内分工与贸易？它们是采用外包还是一体化形式来组织生产？在什么情况下，它们会选择跨国外包而非国内外包，或者选择垂直 FDI 而非国内一体化？为了合理诠释这些问题，西方学者将现代制度经济学，尤其是现代企业理论中的交易成本、不完全契约、产权等思想与新贸易理论的一般均衡贸易模型结合起来，通过构建国际贸易理论的微观基础，对标准贸易理论无法说明的企业参与产品内分工与贸易的微观动因及其对生产组织方式的选择作出了有力的合理解释。目前这一方向的研究代表着西方国际贸易理论研究的最新动向①。已有研究集中于影响企业对国内一体化、外包与垂直 FDI 等组织方式进行选择的因素。这方面的代表文献主要是 Grossman 和 Helpman 发表的系列论文：Grossman 和 Helpman（2004）借鉴了 McLaren（2002）"市场厚度"的概念，在封闭经济和垄断竞争市场结构条件下，研究了企业纵向一体化和外包组织方式的一般均衡选择。Grossman 和 Helpman（2005）在开放经济和垄断竞争市场结构条件下，研究了产业均衡中的国际外包和垂直 FDI 之间的关系。Grossman 和 Helpman（2005）在要素禀赋差异假设下，建立了国际外包和国内外包竞争的垄

---

① 唐铁球，汪斌. 国际贸易与投资理论的新发展——基于企业异质性和不完全契约的视角 [J]. 社会科学战线，2008（4）：64 – 70.

断竞争模型，说明了国内外包与国际外包的关系。

但是，Grossman 和 Helpman 的研究未将国内一体化、国际外包和垂直 FDI 纳入统一的分析模型，而且其研究主要考察的是相对工资、产业规模、合作伙伴专业化生产优势、契约环境等因素对企业参与产品内分工与贸易的影响，而其他一些因素，如企业生产的范围经济、汇率变动风险等对企业参与产品内分工与贸易也有影响，但未被纳入其模型中。此外，现有研究主要是基于发达国家的视角，分析跨国公司对产品内分工与贸易组织方式选择。为此，本书从发展中国家特别是中国的视角，对全球生产组织现有的理论体系进行初步的尝试性拓展，以指导中国制造企业参与产品内分工与贸易的实践：一是以中国等发展中国家为母国，在 Chakrabarti 跨国公司 FDI 区位决定因素模型基础上，结合国际贸易和跨国公司国际化战略文献有关产品内分工组织方式的决定因素，尝试性构建国内一体化、外包与垂直 FDI 的统一模型，并进行静态均衡分析与比较静态分析，以揭示影响企业参与产品内分工与贸易，进而决定其对国内一体化、外包与垂直 FDI 等生产组织方式选择的重要因素；二是以中国等发展中国家为东道国，在 Antras、Grossman 与 Helpman 模型和 Reis 模型基础上，尝试性构建垂直 FDI 与外包对发展中国家经济福利的影响模型，并对模型的均衡特征、造成垂直 FDI 与外包福利影响不同的条件，以及两种方式下发展中国家人力资本投资的福利影响进行考察，以揭示影响发展中国家参与产品内分工与贸易，并对发达国家跨国公司发起的垂直 FDI 与外包进行主动选择的重要因素。

5.1　中国制造业参与产品内分工与贸易的微观动因及其组织方式：中国作为母国的视角

目前，在产品内分工与贸易中，中国制造业一方面通过加工贸易承接来自发达国家的部分劳动密集型的中间产品和零部件的加工组装；另一方面，也通过境外加工贸易将部分生产环节转移到成本更低的其他发展中国家完成。从中国现有的发展水平看，除了继续发挥比较优势，巩固低技术—劳动密集型生产环节的国际竞争优势之外，更应通过产业转移，推动劳动与资源密集型环节向技术与知识密集型环节的攀升。第二次世界大战后，日本与东亚"四小龙"的经济腾飞，都经历了一个由外资引进到向外投资，产业结构不断优化升级的过程。以日本为例，20 世纪 70 年代日元的两次升值都先后促使日本大规模将低技术—劳动密集型产业/生产环节和部分资本密集型产业/向外转移，而在其国内则重点发展技术与知识密集型产业/生产环节，从而有力地促进了日本产业结构的优化升级，为其后长达 20 多年的经济持续高速增长奠定了良好基础。而中国在近三十年加工贸易的发展过程中，已经积累起一定的技术与资本优势。目前，中国在国际分工阶梯中处于中下游，相对于处于国际分工更低阶梯的其他发展中国家而言，一些低技术—劳动密集型产业/生产环节，以及部分技术相对成熟的资本密集型产业/生产环节已经具备明显的比较优势，加之近年来人民币持续升值也在一定程度上减少了中国企业对外直接投资的成本。因此，中国制造业可以遵循产业梯度推进的一般规律，向相对落后的其他发展中国家转移成熟技术、过剩设备，利用当地更为低廉的劳动力资源和自然资源，积极进行产品加工组装①的境外加工贸易。进入21世纪以来，通过产业/生产环节的梯度转移，中国的境外加工贸易有了很大的发展。截至2010年年底，中国8500家境内投资者设立了12000多家境外企业，分布在全球172个国家和地区，制造业对外直接投资累计净总额96.6亿美元。仅2008年一年，由国内企业在境外开办的加工贸易项目就达到206个，中方投资额4.2亿美元。当前，中国制造业境外加工贸易项目主要集中在纺织、轻工、家用电器等产业；投资地重点分布在亚洲、非洲和苏联东部一些政局稳定，投资环境良好的国家和地区；投资方式以成熟技术、零部件和机器设备输出为主；投资主体多为实力强、信誉好的国内生产企业，包括海尔、康佳、海信、小天鹅、中兴通讯、金城摩托、鹿王等知名企业②。与发达国家向中国转移劳动密集型产业/生产环节一样，中国的境外加工贸易时也主要采用了两种方式：一是垂直FDI方式，到境外投资办厂进行产品的加工组装；二是外包方式，委托国外企业进行产品的加工组装③。

　　本节要研究的问题是，影响企业参与产品内分工与贸易进而决定其对分工组织方式选择的重要因素有哪些？为什么在产业转移过程中，一些企业选择通过国内一体化在国内生产中间产品？而另一些企业则选择垂直FDI或外包从生产成本更低的外部企业获得所需的中间产品？下面通过构建理论模型来考察国内一体化、外包与垂直FDI三种分工组织方式的决策问题。无论是在竞争性市场还是垄断性市场上，企业的生产行为都可描述为对成本最小化的追求。随着全球范围内产品内分工与贸易的迅速发展，成本最小化的原则也向企业提出了这样一个新问题：在生产过程中，企业所需要的中间产品，是自行生产，还是从外部获得？对这个问题的回答涉及产品内分工与贸易具体组织方式的选择。本书从企业获取中间产品的成本最小化目标出发，以Chakrabarti（2005）构建的发展中国家跨国公司FDI区位决定因素模型④为基础，结合国际贸易文献和跨国公司国际化战略文

---

① 张天龙. 中国开展境外加工贸易的投资动力分析 [J]. 国际经贸探索. 2006 (6)：43.
② 李巍. 中国"入世"后境外加工贸易面临的状况及其对策 [J]. 国际贸易问题. 2009 (6)：56.
③ 在引入产业组织与契约理论的分析框架下，与其他大多数有关产品内分工的研究文献不同，外包不再作为产品内分工的代用词，而是成为产品内分工的一种形式，区别于企业内部的垂直一体化生产。
④ Chakrabarti（2005）将发展中国家跨国公司FDI的区位决定因素进行了模型化，这些因素包括关税、运输成本、汇率、固定成本和政治稳定程度等。本书与Chakrabarti模型不同之处在于，后者只考察了FDI的区位决定因素，而本书在一个统一模型中同时考察了国内一体化、外包与垂直FDI的区位决定因素。

献中有关产品内分工组织方式的决定因素，构建了国内一体化、外包与垂直 FDI 的统一模型①。在这个模型中，本书主要是对垂直 FDI 的绝对优势、国内一体化的规模经济和外包的技术扩散难易程度及竞争状况进行比较。在垂直 FDI 方式下，企业享有绝对优势，即可以通过建立分公司来利用东道国低廉的生产要素以实现更大的利润，但也要承担较高的管理成本、东道国家政治不稳定带来的资产损失等风险，以及母国企业将半成品或成品进口到本国时需要支付的运输成本和关税支出等；在国内一体化方式下，企业可以享有范围经济优势，但要承受组织规模扩大带来的管理成本增加；在外包方式下，母国企业可以从国外的外包伙伴那里获得价格较低的中间产品，但要承担搜寻外包伙伴、不完全竞争和"敲竹竿"带来的额外成本。

本节后面的结构如下：第一部分，构建模型。在模型中，以母国企业仅将本国市场作为目标国市场为假定前提，把国内一体化、垂直 FDI 和外包三种分工组织方式的决定因素纳入到统一的理论分析框架；第二部分，考察模型下三种分工组织方式的"刃锋"式均衡关系。决定因素的任何微小变化都会导致母国企业仅仅选择一种方式来实现成本最小化；第三部分，对模型进行比较静态分析。通过比较静态分析来考察每种决定因素对企业分工组织方式选择的影响；最后一部分给出结论。

5.1.1　模 型

考虑世界经济由处于国际分工高阶梯的发展中国家（如中国）和处于国际分工低阶梯的发展中国家（如越南）组成。为方便起见，本书分别用北方国家和南方国家表示。北方国家拥有相对先进的生产技术，南方国家则拥有低廉的劳动力等生产要素。并假定北方企业的目标国市场仅仅是母国市场（北方市场）②。在获取中间产品时，北方企业为实现平均成本最小化，可以采取三种产品内分工组织方式：国内一体化、外包和垂直 FDI。在国内一体化下，中间产品由北方企业通过纵向国内一体化在本国企业内部进行生产；在外包下，中间产品由北方企业通过契约外包方式委托南方国家的上游企业生产，再由北方企业向这些外包伙伴购买中间产品；在垂直 FDI 下，中间产品由北方企业在南方国家建立的子企业

---

① Grossman 和 Helpman（2004、2005、2007）分别研究了国内一体化与外包、国内外包与国际外包、国际外包与垂直 FDI 之间的选择问题。本书与 Grossman 和 Helpman 模型不同之处在于两个方面：一是后者没有同时分析国内一体化、国际外包和垂直 FDI 的均衡选择，而本书模型则将三者统一到一个理论框架中；二是后者的研究从 Dixit-stiglitz（DS）垄断竞争市场下的效用函数出发，而本书的研究则是从平均成本函数出发。

② 该假定在很大程度上符合现实。例如，中国的境外加工贸易，相当一部分是中国企业将其部分中间产品和零部件，产品的加工组装等生产活动转移到相对落后的其他发展中国家完成，并将加工后的半成品或成品，重新进口，进行后续的深加工或者直接在本国销售。而发达国家发到的境外加工贸易更是如此。

生产，再由北方企业母企业向子企业购买中间产品。

本书通过一个平均成本函数来构建国内一体化、外包和垂直 FDI 决定因素的基本模型。这个平均成本函数包含了一系列影响中间产品获取的成本变量。这些成本变量随分工组织方式的变化而变化。为简化分析，本书假定生产规模报酬不变，并对国内一体化的边际成本作标准化处理。同时，为便于比较，本书以国内一体化边际成本为基础，来推导其他方式的相对边际成本。北方企业的目标是实现成本最小化，而成本最小化又涉及对外包，垂直 FDI 和国内一体化方式的选择。在一定的中间产品产生的效用水平不低于 τ 的约束条件下，企业获取中间产品的成本最小化问题为

$$\min(C,Q) = C_c(Q)Q(1-\alpha)(1+\beta)(1-\chi)/q\varepsilon\left[1-(1-\delta)(t+\lambda)-\delta k\right]$$
$$(5.1)$$

$$\text{s.t.}\quad U(C,Q) \geqslant \tau$$

式（5.1）中，$C_c(Q)$ 表示国内一体化下的中间产品获取成本，其他变量则表示企业采取国内一体化之外的其他方式时所面临的成本变量。这些成本变量可以视为国内一体化边际成本 MC_c 上的成本加价，由此可得外包与垂直 FDI 方式相对于 MC_c 的边际成本，而且这些边际成本还可以用最小平均成本 $AC_{\min}$ 来表示。式（5.1）中的各个成本变量的具体含义如下：

q 表示"敲竹竿"成本[①]和资产损失的风险。具体而言，在外包方式下，q 表示不完全契约下，生产中间产品的上游企业，采取延迟交货或重新议价等机会

---

① Abiru（1988）指出，企业在获取中间产品时，如果选一体化的方式，那么由于这些中间产品的生产仍然发生在本企业内部，所以能够以边际成本获得。而企业如果选择外包的方式，它们将不得不在边际成本的基础上支付额外的成本加价（mark - up），从而导致生产成本的增加和产品价格的提高。因此，外包增加了下游企业的生产成本，进而使得社会福利因更高的价格和更低的产出而受到损失。然而，McLaren（2000）通过对上下游企业数量的考察，发现外包的福利影响还取决于上游企业与下游企业的数量。如果上游企业很多，那么这些上游企业间将会由于彼此间的激烈竞争，而难以向下游企业索取额外的成本加价。此外，由于承接外包业务的上游企业专业化生产中间产品，其生产成本将会由于规模经济效应而低于一体化企业自行生产中间产品的成本。在这种情况下，外包方式将会优于一体化方式。反之，如果上游企业由于数量有限而具有一定的垄断势力，那么这些企业会拥有强于下游企业的谈判力量，因而将向下游企业索取较高的成本加价。这一结论与 Abiru（1988）的结论一致。因此，企业是否选择一体化组织方式，首先取决于市场厚度，即上下游企业的数量。一方面，如果下游企业很多，那么它们会由于谈判力量相对弱于上游企业，而不得不向其支付较高的成本加价。对于上游企业来说，这种成本加价实质上就是一种"敲竹竿"成本。在这样的情况下，只要一体化下的专业化生产带来的成本下降幅度超过组织规模扩大带来的管理成本增加幅度，那么下游企业将会优先选择一体化的分工组织方式。另一方面，如果上游企业足够多，那么由于上游企业间存在激烈的价格竞争，下游企业将会优先选择外包分工组织方式。Grossman 和 Helpman（2004）也支持上述观点，而且他们进一步指出与市场厚度相关的成本除了"敲竹竿"成本外，还有匹配成本。上游企业与下游企业越多，上游企业与下游企业间以较低的成本和较快的速度形成最佳匹配的可能性就越大。也即市场越厚，找到最佳匹配的成本就越小。因此，市场较厚时，由于"敲竹竿"成本和匹配成本较低，下游企业会优先选择外包方式，以避免一体化带来的管理成本及其他形式的沉没成本。Grossman 和 Helpman（2004）还认为在不完全契约下，当下游企业需要高度专用性中间产品时，如果上游企业不具有生产这些高度专用性中间产品所要求的技术，那么下游企业选择外包的概率将会下降。

主义行为给跨国下游企业带来的成本。在模型中，无论"敲竹竿"是推迟交货还是重新议价，都可视为国内一体化边际成本 MC_c 上的成本加价；在垂直 FDI 方式下，q 表示北方企业在南方国家资产损失的风险。这种风险也可视作一个边际成本加价。当北方企业在南方国家建立分公司时，这些国家政治不稳定的风险和未预期到的政治家行为变化都会对北方企业造成威胁，因此北方企业需要通过在国内一体化上的成本加价将这些外部性内部化，以弥补这类风险带来的额外成本。例如，北方企业判断南方国家爆发战争的概率是 10%，而一旦战争爆发，北方企业子企业的资产将遭受损失。那么 q 值是 0.9。因此，国内一体化边际成本将包括一个额外的 10% 的成本加价，以弥补在南方国家投资面临的额外风险成本。

ε 表示北方国家与南方国家之间的汇率水平（用南方国家或北方国家的货币来衡量）。ε 反映了北方企业在分工组织方式选定后面临的汇率变化风险，也可视为国内一体化边际成本上的成本加价。如果北方企业与其在南方国家的外包伙伴签订了价格固定的中间产品订货契约，那么在本国货币相对于南方国家货币贬值的情况下，北方企业由于受到契约限制而需要支付更多的本国货币来购买汇率未变化前的等量中间产品。所以，北方企业在决定分工组织方式选择时必须要考虑到此类汇率风险。在模型中用 ε 作为弥补汇率变化的额外风险的成本加价来表示这类外生风险。

δ 是 Kronecker delta 函数。它是一个虚拟变量，国内一体化方式下取值 1，外包和垂直 FDI 方式下取值 0。

t 表示冰山型进口关税。在外包或垂直 FDI 方式下，北方企业必须对进口中间产品支付一个相对于国内一体化的额外关税。在模型中，关税是总进口的百分比，可将其视作国内一体化成本上的成本加价。

k 表示北方国家与南方国家间的冰山型外部运输成本。与关税一样，k 也被视作一个成本加价。

$\lambda \in (0, 1)$ 表示北方国家的国内运输成本。当企业获取的中间产品来自于国内上游企业时，往往需要支付一定的国内一体化下不需要承担的国内运输成本。λ 也可视作国内一体化边际成本上的成本加价。

为了考察范围经济和国家间要素价格差异带来的绝对优势对分工组织方式选择的影响，假定 $MC_a = MC_c(1 - \alpha)(1 + \beta)(1 - \chi)$。$MC_a$ 是可调整的边际成本，等于国内一体化边际成本 MC_c 与其他方式下企业相对于国内一体化的额外成本或收益的百分比变量的乘积。式中，α 表示垂直 FDI 下南方国家低廉的劳动力及其他廉价生产要素所带来的绝对优势利益。它是一种冰山型的边际溢价，取值范围在 $-\infty$ 到 1 之间。具体而言，如果企业选择垂直 FDI 来获取要素价格差异上的绝对优势，那么 α 在 0 到 1 之间，表示低廉的生产要素带来的成本下降的比例。如果企业采用外包或国内一体化，则会因为企业不具有这样的绝对优势而使 α 为 0。当然，如果北方企业的目的是进入东道国的巨大市场和避免较高的进口关税，那么在东道国要素价格比母国更高的情况下企业也可能会选择垂直 FDI 方式，此时 α 小于 0。但由于前面已经假定北方企业的目标国市场仅仅是母国市场，所以可以排除 α 小于 0 的特殊情况。如果北方企业在东道国建立分公司只是为了获取廉价的生产要素，那么 α 可以视作国内一体化边际成本上的一个折扣（discount）百分比。例如，北方企业通过垂直 FDI 从东道国获取的中间产品比本国便宜 20%，那么 $\alpha = 0.2$，此时垂直 FDI 下可调整的边际成本 MC_a 是国内一体化边际成本 MC_c 的 80%。

β 是反映范围经济的参数。国内一体化方式也会促使北方企业的生产成本下降。从直觉上看，在垂直 FDI 方式下，企业需要支付与分公司建立相关的一些费用，如新的办公设施费用和地租费用等等；而在国内一体化方式下，企业可以通过将所有生产要素集中在同一个地方而节省上述费用。此外，范围经济还可以体现为企业雇员数量的减少。在国内一体化方式下，企业可以将生产集中于同一个地方，利用相同的雇员来完成不同的工作任务。而在垂直 FDI 方式下，由于企业的生产在国内外分散进行，因此难以获取这种范围经济。所以，β 的取值范围在 0 到 1 之间。在国内一体化方式下，由于 MC_c 是国内一体化边际成本，所以 β 取 0；而在垂直 FDI 方式下，β 一般取 0 到 1 之间的正值，表明垂直 FDI 方式相对于国内一体化方式的范围经济损失所带来的额外成本。

χ 是反映外包相对于国内一体化的边际成本变化的影响参数。χ 在国内一体化与垂直 FDI 下取 0，外包下取非 0 值。在外包方式下，上游企业由于专业化生产中间产品所带来的规模经济效应使得生产成本下降，因而能够以较低的价格将中间产品提供给下游北方企业。在这种情况下，χ 可以视作国内一体化边际成本上的一个折扣（discount）百分比，此时 $\chi > 0$。但是，如果市场厚度较小，即上游企业较少，而使其拥有一定的垄断势力，因而向下游北方企业索取较高的成本加价时，其中间产品的生产成本可能会超过国内一体化下的生产成本。在这种情况下 $\chi < 0$。而上游市场的竞争程度主要取决于中间产品的生产复杂性。中间产品生产越复杂，生产技术就越难扩散，上游企业也就越少，从而市场的竞争程度就会越低。

由式（5.1），可得北方企业选择国内一体化、外包与垂直 FDI 三种方式时面临的平均成本函数：

$$AC = C_c(Q) \frac{(1-\alpha)(1+\beta)(1-\chi)}{q\varepsilon[1-(1-\delta)(t+\lambda)-\delta k]} \tag{5.2}$$

由（5.2），可得企业平均成本最小化需要满足的一阶条件：

$$\frac{dAC}{dQ} = 0$$

$$AC_{min} = \frac{dC_c}{dQ} \frac{(1-\alpha)(1+\beta)(1-\chi)}{q\varepsilon[1-(1-\delta)(t+\lambda)-\delta k]}$$

$$AC_{min} = MC_c \frac{(1-\alpha)(1+\beta)(1-\chi)}{q\varepsilon[1-(1-\delta)(t+\lambda)-\delta k]} \qquad (5.2')$$

5.1.2 静态均衡分析

在国内一体化的情况下，分子中的所有参数值都为 0。这样本书可得国内一体化下最小平均成本：

$$AC_{min} = MC_c \qquad (5.3)$$

通过消去所有不会影响国内一体化边际成本的因素，可得北方企业选择国内一体化方式的充分必要条件是：

$$AC_{min} = MC_c$$

而北方企业选择外包或垂直 FDI 的充分必要条件是：

$$AC_{min} = \frac{dC_c}{dQ} \frac{(1-\alpha)(1+\beta)(1-\chi)}{q\varepsilon[1-(1-\delta)(t+\lambda)-\delta k]}$$

其中，

$$0 \leqslant \frac{(1-\alpha)(1+\beta)(1-\chi)}{q\varepsilon[1-(1-\delta)(t+\lambda)-\delta k]} \leqslant \infty$$

上式表明无论是外包还是垂直 FDI 方式的最小平均成本可能会大于或小于国内一体化方式的最小平均成本。

在外包方式下，α 和 β 值为 0，但 χ 会取一个非 0 值，以反映北方企业通过外包获取的相对于国内一体化的额外收益。外包下的最小平均成本为：

$$AC_{min} = \frac{MC_c(1-\chi)}{q\varepsilon[1-(1-\delta)(t+\lambda)-\delta k]} \qquad (5.4)$$

如果企业选择垂直 FDI 方式，那么 χ 为 0，而 α 和 β 会取一些非 0 值，以反映垂直 FDI 对北方企业产生的两种影响：范围经济的损失和廉价要素带来的绝对优势。垂直 FDI 下的最小平均成本为：

$$AC_{min} = \frac{MC_c(1-\chi)}{q\varepsilon[1-(1-\delta)(t+\lambda)-\delta k]} \qquad (5.5)$$

联立式（5.3）和式（5.4）可得：

$$\chi = 1 - q\varepsilon[1 - (1 - \delta)(t + \lambda) - \delta k] \tag{5.6}$$

这表示外包和国内一体化之间的均衡关系。因为 $q\varepsilon[1 - (1 - \delta)(t + \lambda) - \delta k] \leqslant 1$，因此均衡关系只有在 $\chi \leqslant 1$ 时才能成立。在直觉上，北方企业要选择外包方式，必须保证企业能以比国内一体化生产更低的价格获取外包伙伴生产的中间产品，否则北方企业的收益将不足以弥补外包带来的额外运输成本和风险成本。也就是说，外包与国内一体化的均衡关系仅仅在外包给北方企业带来的成本下降正好等于外包产生的额外的运输成本和风险成本时才能成立。

联立式（5.3）和式（5.5）可得：

$$(1 - \alpha)(1 + \beta) = q\varepsilon[1 - (1 - \delta)(t + \lambda) - \delta k] \tag{5.7}$$

这表示国内一体化和垂直 FDI 之间的均衡关系。α 衡量的是垂直 FDI 下企业获得的规模经济，β 测度的是垂直 FDI 下企业损失的范围经济。因此，两者之积必须等于垂直 FDI 方式给北方企业带来相对于国内一体化的额外成本，这样才能保证国内一体化和垂直 FDI 之间的均衡关系成立。由于企业选择垂直 FDI 的分工组织方式是为了获取东道国廉价的生产要素，因此，α 的取值范围限定在 $0 < \alpha < 1$。正如前面指出的，由于本书假定北方企业的目标国市场仅仅是母国市场，所以可以排除 α 取负值的情况。而且 $\alpha > 1$ 也不可能，因为这意味着企业将免费取得生产要素。β 的取值也有一个限制范围。正如前面指出的，β 不会取负值，因为范围经济总会使企业成本下降。此外，如果 $\beta = 1$，这意味着当北方企业选择垂直 FDI 方式时，范围经济的损失会使其不得不支付两倍于国内一体化下的价格购买中间产品。但是经验研究表明，范围经济虽然会减少企业的生产成本，但很少会大于 1。所以，本书也可以将的取值范围限定在 $0 < \beta < 1$。从式（5.7）中可以看出，随着国内一体化范围经济的增强，即 β 提高，α 也会提高。也就是说，国内一体化和垂直 FDI 之间的均衡关系只有当北方企业能够从南方国家获取更廉价的生产要素时才能成立。

联立式（5.6）和式（5.7）可得：

$$(1 + \chi) = (1 - \alpha)(1 + \beta) = q\varepsilon[1 - (1 - \delta)(t + \lambda) - \delta k] \tag{5.8}$$

这表示外包、国内一体化和垂直 FDI 三种分工组织方式之间的均衡关系。只有当 $(1 + \chi)$、$(1 - \alpha)(1 + \beta)$ 和 $q\varepsilon[1 - (1 - \delta)(t + \lambda) - \delta k]$ 之间相等时，三种分工组织方式的均衡关系才能成立。也就是说，从外包中获得的收益 $(1 + \chi)$ 必须等于从垂直 FDI 中获得的收益 $(1 - \alpha)(1 + \beta)$，且必须等于相对于国内一体化的额外成本 $q\varepsilon[1 - (1 - \sigma)(t + \lambda) - \delta k]$，外包、国内一体化和垂直 FDI 三种分工组织方式之间的均衡关系才能成立。假定外部运输成本、关税、"敲竹竿"和汇率风险不变，根据（5.6），在外包和国内一体化之间的均衡关系只有在 χ 为常数且等于外包带来的相对于国内一体化的额外成本的条件下才会成立。如果外部运输成本上升，那么外包与国内一体化之间的均衡关系将会打破，北方企业将会倾向于国内一体化方式。此时，只有在外包或垂直 FDI 带来的成本下降足有抵消外部运输成本额外增加的条件下，北方企业才会考虑选择这两种方式。在这种情况下 χ 会较大。也即为了保持（5.6）均衡关系的成立，在所有其他因素不变的条件下，上游企业必须降低其中间产品价格。随着外包中间产品价格相对于国内一体化中间产品价格下降，χ 将会提高，因此，均衡关系会处于较高的 χ 水平上。此外，α 也必将提高。因为随着外部运输成本上升，在垂直 FDI 与国内一体化之间，北方企业会倾向于国内一体化。所以，为了继续维持均衡关系的成立，唯一途径是以东道国要素价格的下降来抵消这种外部运输成本的冲击。此时，均衡关系将会处于较高的 α 水平上。关税冲击、资产损失风险冲击和汇率冲击的影响都类似于外部运输成本的冲击，而"敲竹竿"的风险冲击影响则有所不同。如果北方企业能够更有效地在东道国上游市场扩散中间产品生产技术，那么这将会加剧上游企业间的竞争，从而使得下游北方企业遭受的"敲竹竿"风险下降。在这种情况下，由于北方企业从上游企业的专业化生产中获得的收益超过了"敲竹竿"带来的成本，因此，企业会倾向于选择外包方式。此时，均衡关系将处于较低的 χ 水平上。然而，如果发生了促进国内一体化企业范围经济增强的技术进步，那么北方企业将会因为垂直 FDI 与外包机会成本的上升而倾向于选择国内一体化方式。为了继续维持垂直 FDI 与国内一体化之间均衡关系的成立，北方企业从东道国获取的生产要素价格必须下降，即 α 必须提高，以便企业从要素成本的下降或规模经济的改善中获得的收益能够弥补国内一体化方式下企业范围经济的增强带来的机会成本。最后，上游企业专业化生产能力的增强会降低中间产品的价格，使 χ 变大。此时，因为式（5.6）的均衡关系被打破，北方企业将会倾向于选择外包方式。

5.1.3　比较静态分析

　　由于北方企业对产品内分工组织方式的选择取决于平均成本最小化，所以下面将以国内一体化、外包与垂直 FDI 三种分工组织方式间的均衡关系为基础，来分别考察不同因素对最小平均成本，进而对分工组织方式选择的影响。

　　由平均成本最小化的一阶条件，可得：

$\dfrac{\mathrm{d}AC_{\min}}{\mathrm{d}\alpha}<0$。随着 α 的提高（如北方企业由于东道国生产要素价格的下降而得到更多的利），最小平均成本下降。此时，北方企业分工组织方式的均衡关系被打破，企业倾向于选择垂直 FDI 方式。

$\dfrac{\mathrm{d}AC_{\min}}{\mathrm{d}\beta} > 0$。随着 β 的提高（如北方企业选择垂直 FDI 方式的机会成本会由于国内一体化方式下范围经济的增强而加大），最小平均成本会由于相对于国内一体化的机会成本增加而提高。此时，北方企业分工组织方式的均衡关系被打破，企业倾向于选择国内一体化方式。

$\dfrac{\mathrm{d}AC_{\min}}{\mathrm{d}\chi} < 0$ 随着 χ 的提高（如由于上游市场竞争加剧使得中间产品的成本加价下降），最小平均成本下降。此时，北方企业分工组织方式的均衡关系被打破，企业倾向于选择外包方式。此外，上游企业中间产品的专业化生产能力增强，以及企业间竞争的加剧所带来的"敲竹竿"风险的下降，都会产生与 χ 提高相同的结果。

$\dfrac{\mathrm{d}AC_{\min}}{\mathrm{d}q} < 0$。外包与垂直 FDI 方式下资产损失和"敲竹竿"的风险将随着 q 的下降而加大。因此，需要一个边际成本加价来补偿这类风险。由 $\dfrac{\mathrm{d}AC_{\min}}{\mathrm{d}q} < 0$ 可知，在其他因素不变的条件下，随着风险水平的提高，即 q 下降，最小平均成本提高。也就是说，"敲竹竿"风险和东道国政府不稳定风险的加大，会使北方企业分工组织方式的均衡关系被打破，前者使企业倾向于放弃外包方式，后者则使企业倾向于放弃垂直 FDI 方式。

$\dfrac{\mathrm{d}AC_{\min}}{\mathrm{d}\varepsilon} < 0$。随着母国货币相对于东道国货币贬值的风险提高，即 e 下降，相对于国内一体化的最小平均成本将会提高。当北方企业在外包方式下以固定价格与其东道国的外包伙伴签订了中间产品的订货契约，或在垂直 FDI 方式下以固定价格达成了劳动工资合同时，企业会由于契约约束而在母国货币相对于东道国货币贬值的情况下，支付更多的母国货币来购买汇率贬值前的等量中间产品或劳动力。此时，北方企业分工组织方式的均衡关系被打破，企业倾向于放弃外包与垂直 FDI 方式，而选择国内一体化方式。

$\dfrac{\mathrm{d}AC_{\min}}{\mathrm{d}\lambda} > 0$。随着外部运输成本的增加，即 λ 提高，相对于国内一体化的最小平均成本提高。此时，北方企业分工组织方式的均衡关系被打破，企业倾向于放弃外包与垂直 FDI 方式，而选择国内一体化方式。

$\dfrac{\mathrm{d}AC_{\min}}{\mathrm{d}t} > 0$。随着母国关税的增加，即 t 上升，最小平均成本提高。母国关税的增加会使从东道国进口的中间产品价格上升，从而使得北方企业在垂直 FDI 或外包方式下的最小平均成本提高。此时，北方企业分工组织方式的均衡关系被打破，企业倾向于放弃外包与垂直 FDI 方式而选择国内一体化方式。

随着产品内分工与贸易的迅速发展，全球外包和垂直FDI已经成为学术界日益关注的研究主题。本书将国际贸易文献与国际化战略文献中有关产品内分工组织方式的影响因素，整合到一个统一的框架中，以考察这些影响因素在北方企业产品内分工组织方式选择中的作用。

为了实现利润最大化，北方企业将会选择成本最低的中间产品获取方式。在自由贸易的环境中，企业对国内一体化、外包与垂直FDI三种产品内分工组织方式的选择取决于诸多变量：要素价格差异、生产的范围经济与规模经济效应、"敲竹竿"成本、政治稳定程度、关税、汇率、运输成本和市场规模等。这些变量的变动均会引起企业国内一体化、外包与垂直FDI三种分工组织方式选择的变化。在模型里，如果生产技术能够保证企业获取足够大的范围经济，那么国内一体化是企业实现成本最小化的最佳选择。而对外包和垂直FDI方式的选择则取决于关税、运输成本和东道国上游企业专业化生产程度以及"敲竹竿"的风险等因素。

需要指出的是，在模型中，为简化分析，本书假定了北方企业在选择分工组织方式时以北方国家市场（母国市场）为唯一的目标国市场，因此对分工组织方式的选择只考虑了成本函数的最小化。但是在现实中，许多北方企业在国外建立子企业的目标还包括进入国外新市场。因此，基本模型不能解释在北方企业以进入国外新市场为国际化战略的目的时，企业对最优分工组织方式的选择。为了使理论更加接近现实，需要对模型作进一步扩展，以解释北方企业同时将两国市场即母国市场和东道国市场作为目标国市场时对最佳分工组织方式的选择。对这一扩展模型的构建是本书未来的研究方向之一。

5.2　中国制造业参与产品内分工与贸易的微观动因及其组织方式：中国作为东道国的视角

近几十年来，产品内分工与贸易在全球范围内的迅速发展，推动了世界贸易的长足增长。在这一过程中，参与产品内分工与贸易的国家，无论是发达国家，还是发展中国家都获得了专业化分工与贸易的利益。发达国家跨国公司在全球配置其生产环节的组织方式主要有两种：一是垂直FDI，即在一体化企业内部完成不同生产环节的任务，并进行跨国的企业内贸易；二是外包，即通过契约方式委托国外企业承接部分生产环节，并进行跨国的企业间贸易。垂直FDI与外包方式的共同之处是发达国家将其低技术—劳动密集型生产环节转移到发展中国家完成；区别则在于，垂直FDI是发达国家跨国公司将生产环节转移到其在发展中国家的子企业进行，而外包则是通过契约外包的方式将生产环节转移到发展中国家代工企业完成。

许多学者的研究都明，在产品内分工与贸易中，跨国公司的垂直 FDI 和外包，通过加强竞争、转移技术、开拓国际市场和培训职工等多种途径，推动了中国等发展中国家的经济增长。改革开放以来，大量的外资企业在中国投资办厂，通过垂直 FDI 和外包推动了中国加工贸易的迅猛发展。早在 1996 年，中国加工贸易的发展就实现决定性突破，在总出口中的比重由上年的 49% 上升到 55%，从而取代一般贸易成为中国最主要的贸易方式。进入 21 世纪，中国加工贸易继续保持迅猛发展的势头。2002 年中国加工贸易出口额为 376.52 美元，2011 年达到 6750.67 亿美元，增长了近 5 倍，年均增长 21.99%。[①]。而在此期间，外资企业在中国加工贸易进出口总值中的比重一直持续提高，近几年更是高达 80% 以上。隆国强等（2005）在广泛的调研的基础上，指出跨国公司的垂直 FDI 与外包所形成的加工贸易对中国推进工业化作出了巨大贡献：直接带动资源投入制造业，形成了中国强大的具有国际竞争力的制造业能力；通过竞争压力的加强以及技术和管理的"外溢效应"促进了相关企业的技术进步和产业升级；为中国培养了大批适应国际化竞争的技术和管理人才，等等。

尽管垂直 FDI 与外包对发展中国家的经济繁荣日益重要，但是关于这两种产品内分工与贸易组织方式对发展中国家福利影响差异的研究尚未引起学者们的重视。本书认为，关于垂直 FDI 与外包对发展中国家福利影响的比较研究，对于发展中国家制定正确的外资外贸政策以及产业发展政策具有非常重要的意义。本节要考察的问题是，影响发展中国家参与产品内分工与贸易，并对发达国家跨国公司发起的垂直 FDI 与外包进行主动选择的因素是什么？垂直 FDI 与外包对发展中国家的福利影响是否存在差异？哪一种方式能够给发展中国家带来更高的福利水平？发展中国家现有的外资贸易政策是否更有效地促进了能给本国带来更多福利的分工方式的发展？目前，关于垂直 FDI 与外包的福利影响的研究文献，绝大多数都是以发达国家（北方国家）为研究对象。例如，Glass 和 Saggi（2003）研究了作为母国的发达国家的福利和跨国公司的利润问题，而 Antras、Grossman 和 Helpman（2005，2006）在发展中国家（南方国家）相关条件既定的前提下，讨论了垂直 FDI 与外包这两种产品内分工组织方式下作为母国的发达国家跨国公司的利润问题。只有 Reis（2003）考察了垂直 FDI 对东道国，即发展中国家福利的影响。本书的模型与 Antras、Grossman 和 Helpman（2005，2006）与 Reis（2003）相比，不同之处在于：我们借鉴了 Antras、Grossman 和 Helpman（2005，2006）模型的方法，将外包和垂直 FDI 通过产品生命周期联系在一起[②]，再借鉴 Reis（2003）模型的思想，在一个统一的理论框架中考察垂直 FDI 与外包对东道

---

① 隆国强等. 加工贸易：工业化的新道路 [M]. 中国发展出版社，2005：67.
② 在这个产品生命周期中，外包与垂直 FDI 的选择由利润最大化目标决定。

国，即发展中国家福利影响的差异。下面以中国等发展中国家制造业在全球生产网络中所处的国际经营环境为研究背景，通过构建理论模型就产品内分工的两种方式对发展中国家的要素价格和总体福利的影响进行比较分析。本书的模型以Antras、Grossman 和 Helpman（2005，2006）的模型和 Reis（2003）的模型为基础，在统一的分析框架中将垂直 FDI 与外包区分开来，以比较二者对作为东道国的发展中国家的福利影响。

　　本节后面的结构如下：第二部分在综述相关文献的基础上，得到本书模型构建的一个关键性假设；第三部分建立模型；第四部分考察模型的均衡特征和造成垂直 FDI 与外包福利影响不同的条件；第五部分就两种产品内分工组织方式下发展中国家人力资本投资的福利影响进行比较静态分析；最后一部分是结论。

5.2.1　基本假设前提

　　现有的产品内分工组织方式文献，认为外包与垂直 FDI 之间的差异主要表现在以下四个方面：（1）所有权与控制权的不同。Grossman 和 Helpman（2004）指出跨国公司在垂直 FDI 下能够对其子企业进行监管，而在外包下则很难监控其外包伙伴的行为。这种所有权上的差异，决定了中间投入品的成本在垂直 FDI 下由跨国公司承担，在外包下则由外包伙伴支付。（2）谈判能力的不同。Antras 和 Helpman（2005）认为由于契约具有不完全性，在垂直 FDI 下跨国公司子企业的谈判能力要高于外包下跨国公司的外包伙伴。（3）产品的标准化程度不同。Antras（2007）发现新产品一般不会通过外包转移到发展中国家。然而，随着时间的推移，当产品的总部服务密集下降后，这些产品也可能会被外包出去。这一发现表明，产品的标准化程度也是跨国公司选择产品内分工组织方式时要考虑的因素。（4）其他与交易成本有关的因素不同。Grossman 和 Helpman（2004，2005）强调了搜寻与匹配、定制成本、市场厚度和知识产权是跨国公司选择产品内分工组织方式的重要因素。此外，学者们还认为，两者的差异还包括要素禀赋、契约执行和激励体系等方面的不同。

　　本书考虑垂直 FDI 与外包的另一个差异，即在发展中国家中，跨国公司子企业劳动力的技能密集度要低于其外包伙伴劳动力的技能密集度。理由具体如下：第一，Teece（1997）指出，因为跨国公司子企业是母企业的一部分，所以垂直FDI 涉及比外包更多的技术转移。而在熟练劳动力能够替代生产技术的条件下，跨国公司在发展中国家的外包伙伴不得不雇佣生产技能更高的员工来达到跨国公司子企业产品的相同质量水平。第二，由于更多的技术转移给子企业，为避免技术泄露，也会使这些子企业只愿在发展中国家雇佣低技能的非熟练劳动力。因为高技能的熟练劳动力更有可能掌握企业的技术诀窍，一旦他们辞职，就很难杜绝这些技术诀窍泄露出去。第三，以往垂直 FDI 通常只发生在制造业部门，而近来对发展中国家外包活动的研究发现，发达国家在金融、会计和人力资源等现代服务业方面的外包活动明显增加，这会进一步提高发展中国家外包活动的技能密集度；第四，Feenstra 和 Hanson（1998）的经验研究也表明，外包导致了熟练劳动力与非熟练劳动力工资差距的扩大，而在垂直 FDI 下却没有出现这样的情况。熟练劳动力与非熟练劳动力要素价格差距的拉大反映了这两种产品内分工组织方式对熟练劳动力与非熟练劳动力的需求是不同的。因此，经验研究也支持外包比垂直 FDI 的劳动力技能密集度更高。综上所述，本书可以得出一个重要结论，即外包对劳动力技能密集度的要求比垂直 FDI 更高。

下面，本书就以跨国公司在发展中国家的外包伙伴对劳动力的技能密集度要求高于其在发展中国家的子企业为假设前提，综合 Antras、Grossman 和 Helpman（2005，2006）的模型和 Reis（2003）的模型，来研究垂直 FDI 与外包对发展中国家经济福利的影响差异。

5.2.2 模型

考虑世界经济由发达国家（如美国）和发展中国家（如中国）组成。为方便起见，本书分别用北方国家和南方国家表示。北方国家的跨国公司将其部分中间产品或生产环节转移到南方国家。转移的方式既可以采取垂直 FDI 的方式，在其子企业内部生产中间产品，也可以采取外包的方式，由其外包伙伴来生产中间产品。两国的劳动力可以分为低技能的非熟练劳动力与高技能的熟练劳动力，且它们的供给都是缺乏弹性的。与北方国家相比，南方国家的工资水平较低。同时，这两类劳动力也是最终产品的消费者。最终消费品分为两种：一种是同质的农产品，仅在南方国家生产，其市场是完全竞争的；另一种是垂直的差异性工业制成品。由于消费者能从较高质量的工业制成品中获得较多的效用，因而愿意支付较高的价格。这会促使制造企业加大研究与创新投入，以提高产品的质量等级。假设北方国家的企业能够进行技术创新，而南方国家的企业缺乏技术创新能力。

北方国家向南方国家的中间产品或生产环节的转移，既可以通过垂直 FDI，也可通过外包进行。为简化分析，假设产品内分工与贸易的这两种组织方式是相互排斥的①。在下面的模型中，本书忽略发达国家跨国公司在垂直 FDI 与外包之

---

① 本书的假设与 Ottaviano 和 Turrini（2003）相似。在他们的模型里，出口、垂直 FDI 与外包是进入南方国家市场的三种相互排斥的方式。

间的主动选择问题，而集中考察发展中国家政府对这两种组织方式的优先选择顺序[1]。为了简化分析，本书假设发展中国家是一个小国开放经济，不能对发达国家的相关变量产生影响。因此，一方面，北方国家的工资、创新密集度、标准化程度、外包伙伴的搜寻成本，以及建立海外子企业的固定成本等，对于南方国家的稳定静态均衡都是外生给定的；另一方面，北方国家的跨国公司有足够大的力量影响南方国家的劳动力市场，进而影响其工资与福利水平。

1. 需求

本书根据 Grossman 和 HeLpman（1991）的质量阶梯模型来构建消费者效用模型。假设有两个国家，一个是北方国家即发达国家 N，另一个是南方国家即发展中国家 S，h∈{N，S}。在这两个国家中，有两种劳动力 L，一种是低技能的非熟练劳动力 1，另一种是高技能的熟练劳动力 2，L∈{1，2}。两国的消费者消费同质的农产品和系列垂直差异化工业制成品。其中制成品的价格随其所处的产品生命周期阶段的变化而变化。消费者的行为目的是实现柯布道格拉斯效用函数的最大化。

在国家 h 中，与劳动力 L 对应的代表性消费者的效用函数是

$$U_L = [x_L]^{\gamma} [y_L]^{1-\gamma}, L \in \{1(\text{非熟练劳动力}), 2(\text{熟练劳动力})\} \quad (5.21)$$

其中，y 是处于完全竞争市场中的同质农产品。为简化计算，假设 y 为计价物，其价格为 1；x 是以质量为计价基础的系列垂直差异化工业制成品；γ 为参数，表示工业制成品的支出占总支出的份额，$0 < \gamma < 1$。工业制成品 x 的生产函数是：

$$x_L^h = \int_0^1 \sum_m q_m(j) x_{L,m}^h(j) \, \mathrm{d}j \quad (5.22)$$

其中，$q_m(j)$ 表示制成品系列 j 中第 m 代产品的质量。假设每一代新产品提供的服务交均为其上一代提供服务的 δ 倍，即 $q_m(j) = \delta q_{m-1}(j)$，$\delta$ 表示创新的规模或质量提升的幅度，$\delta > 1$。暂时假定 δ 为外生给定的常数，且对所有产品系列均一样。对于制成品 x，j 在单位区间 $[0, 1]$ 内连续变化，制成品系列 j 的质量 m 呈离散型变化特征[2]；$x_{L,m}^h(j)$ 是制成品系列 j 中由国家 h 劳动力 L 生产的质量为 m 的产品消费量；括号中的加总项包括了对产品系列 j 中所有可得的不同质量水平的产品。能够得到质量水平最高的产品是当前正的生产的产品，假定质量最低的产品能够带来 1 个单位的服务，即 $q_m(j) = 1$，则 $q_m(j) = \delta^m$。

---

① 利润最大化驱使企业选择某种产品内分工组织方式的动力，因此，发展中国家政府可以通过激励方案的设计来吸引可以为其提供更大福利的组织方式。

② 因为这是一个静态模型，所以模型中产品质量的离散型变化会导致产品生命周期的出现。

消费者效用最大化的实现可以分成三个阶段：第一阶段，消费者决定在制成品和农产品上的支出比例；第二阶段，消费者将支出分配在各种产品上。对式（5.21）中的消费指标具有下列性质：在一个既定的产品系列中，如果对不同质量产品质量水平的差异作出适当调整，那么这些产品之间可以完全地替代，即同一产品系列中的产品之间相互替代弹性为 1，所以消费者在每种产品上平均分配其支出，即 $\lambda E_L^h(j) = \lambda E_L^h$。消费者对质量 $\tilde{m}$ 的制成品 j 的总需求是：

$$x_{\tilde{m}}(j) = \gamma E / p_{\tilde{m}}$$

第三个阶段，消费者按产品质量水平将其支出分配到每种产品上，以实现质量与价格的均衡。在这种均衡中，消费者只购买单位质量价格最低的品牌 $\tilde{m}(j)$。无论是哪个国家的何种劳动力，作为消费者都会选择相同的品牌，因为产品价格经过质量调整后，只有一种单位质量价格最低的品牌[1]。

消费者效用最大化行为约束条件是：

$$y_L^h + p x_L^h = E_L^h \tag{5.23}$$

其中，E_L^h 是国家 h 的代表性劳动力 L 的收入，p 是制成品的价格指数。在满足式（5.23）的条件下，最大化式（5.21），将两国的消费需求加总，可得 y 和 x 的总需求分别是：

$$y = (1 - \gamma) E \tag{5.24}$$

$$p x = \gamma E \tag{5.25}$$

其中，$E = E^N + E^S = E^N + w_1 L_1^S + w_2 L_2^S$ $\tag{5.26}$

式（5.26）中，L_L^S 表示南方国家的劳动力 L 的总量[2]，w_L 表示劳动力 L 的工资收入。E 包括了南方国家劳动力的工资收入、北方国家劳动力的工资收入和北方国家企业的利润。正如前面假设的，由于南方国家是一个小国开放经济，因而它无法影响北方国家的收入 E^N。

2. 供给

（1）生产结构。

一般来说，消费者都偏好高质量的产品，愿意为产品质量的跳跃性提升支付额外的费用，即价格溢价。而企业为了获得这种价格溢价，实现利润最大化，也就会加大研发投入来提升产品质量。本书假设产品质量改进的潜力不受限制，而且只有

---

① 格罗斯曼，赫尔普曼. 全球经济中的创新与增长，中国人民大学出版社，中译本 . 2003：78 - 80.
② 假定南方国家实现充分就业。

北方国家企业能够通过创新提升产品的质量水平。图 5.1 显示了北方国家领导企业和追随企业以及跨国公司在南方国家的生产单位之间的联系。尽管北方国家制造业部门的所有产品都在同时进行质量竞赛，但南方国家企业却缺乏创新与模仿能力。这一点正如图 5.1 所示，南方国家企业在创新与模仿方面没有任何联系。一旦北方国家企业开发出高质量的产品，它们会在该产品标准化之前承担产品的生产并取得相应的利润。假设高质量的产品在标准化之前，完全由北方国家企业负责生产。一旦实现标准化，北方国家企业就有可能通过垂直 FDI 或外包，将产品生产过程的低端环节转移到低成本国家而成为跨国公司。如图 5.1 所示，北方国家企业在产品标准化后，将选择垂直 FDI 或外包的产品内分工组织方式进入南方国家市场。

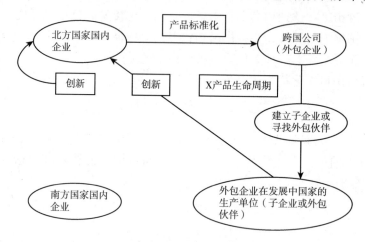

图 5.1　世界经济的生产结构

　　北方国家企业通过建立海外子企业或者契约外包的方式，将部分生产环节转移到南方国家，从而形成一个产品生命周期，以降低生产成本，提高产品的竞争力。现有文献一般从不完全契约、固定成本、产品标准化程度和资本密集度，以及对产品生产过程监控的难易等方面，揭示了垂直 FDI 与外包这两种产品内分工组织方式的不同之处。而本书通过构建模型，揭示了垂直 FDI 与外包之间还有另一个鲜为人知的差异，即外包的生产技能密集度可能比垂直 FDI 的生产技能密集度更高。在南方国家，从垂直 FDI 均衡向外包均衡转变（或者相反）是一种生产技能密集度的内生变化。

　　（2）生产技术。

　　假设跨国公司的产品生产过程可以分成两个部分：低端环节和高端环节。生产过程的高端环节仍留在北方国家，由跨国公司在北方国家的生产单位负责，而低端环节则转移到南方国家，由跨国公司在南方国家的生产单位（子企业或外包伙伴）负责。同时，与 Glass 和 Saggi（2001）类似，本书假设跨国公司生产一单位最终产品，需要投入一单位低端环节的产品和一单位高端环节的产品。因此，跨国公司的产品生产过程可以看成一个片断化的生产结构，高端生产环节涉及资本技术密集度较高的复杂中间产品的制造，而低端生产则包括中间产品的最终组装等劳动密集度较高的生产环节。与本书模型不同的是，Glass 和 Saggi（2001）假设一单位产出需要投入一单位劳动，劳动力的需要不会对要素价格做出反应。而且，他们也没有将熟练劳动力与非熟练劳动力区分开来，因此他们的模型没有考虑生产要素之间的替代性。而在本书的模型中则抛弃了这些假定。

跨国公司的生产技术可利用新古典生产函数表示如下：

$$x^M = (1-\alpha) f^N(L_1^N, L_2^N) + \alpha f_i^B(L_1^S, L_2^S)$$

在制造业的总产出中，$(1-\alpha) f^N(L_1^N, L_2^N)$ 部分由跨国公司在北方国家生产出来，$\alpha f_i^B(L_1^S, L_2^S)$ 部分则由跨国公司在南方国家的子企业或外包伙伴生产出来。跨国公司的子企业和外包伙伴使用的生产技术的技能密集度是不同的，本书用下标 $i \in \{q（垂直 FDI），o（外包）\}$ 表示。

跨国公司的边际生产成本是高端环节的边际生产成本 MC^N 与低端环节的边际生产成本 MC^B 的加权和：

$$MC_i^M = (1-\alpha) MC^N + \alpha MC^B$$

进一步可得到：

$$MC_i^M = (1-\alpha) MC^N + \alpha [a_{2,i}^B(w_i^S) w_{2,i}^S + a_{1,i}^B(w_i^S) w_{1,i}^S] \qquad (5.27)$$

其中，$a_{L,i}^k(w^h)$ 表示在跨国公司的产品内分工组织方式 i 下，由企业 k，$k \in \{S（南方国家国内企业），B（跨国公司在南方国家的子企业或外包伙伴）\}$，生产单位产品所需投入的南方国家劳动力 L 的数量。

南方国家国内企业在完全竞争的农产品市场上生产同质产品 y，其生产函数为规模报酬不变的 CRS 生产函数 $f^S(L_1^S, L_2^S)$。产品 y 的边际生产成本是：

$$MC_i^S = a_{2,i}^S(w_i^S) w_{2,i}^S + a_{1,i}^B(w_i^S) w_{1,i}^S \qquad (5.28)$$

由于假设北方国家工资是外生给定的，因此北方国家国内企业的边际生产成本等于常数 χ。

（3）企业产品价格的决定。

对于将生产过程分解到北方国家和南方国家共同完成的跨国公司，也要与北方国家生产同类产品的非跨国公司竞争。跨国公司产品的质量水平并不高于北方国家领导企业，因此跨国公司也要在伯特兰—纳什均衡中参与限制定价，并索取与北方国家企业边际生产成本 χ 相等的价格[1]。另一方面，南方国家企业之间的

---

① 格罗斯曼，赫尔普曼. 全球经济中的创新与增长，中国人民大学出版社，中译本. 2003：82.

竞争会促使 y 产品的价格下降到与边际生产成本相等的水平，即：

$$p^S = MC_i^S = AC_i^S = 1$$

（4）产业流动。

令 n^N 和 n^M 分别表示北方国家国内企业和跨国公司的数量。在产业均衡时，这两类企业的数量取决于北方国家企业的创新密度、产品标准化的程度、建立海外子企业或找到外包伙伴的概率。由于在本书模型中，上述要素都是外生给定的，因此企业数量也是外生不变的常数。

（5）资源约束。

在产品内分工组织方式 i 下，南方国家企业生产产品 y 的熟练劳动力需求量是 $a_{2,i}^S(w_i^S)[(1-\gamma)E_i]$，而跨国公司在南方国家的生产单位生产 x 产品的熟练劳动力需求量是 $\alpha n^M a_{2,i}^S(w_i^S)\left[\dfrac{\gamma E_i}{\chi}\right]$。因此，南方国家熟练劳动力的市场均衡可以表示为熟练劳动力的供求相等，即：

$$L_2^S = a_{2,i}^S(w_i^S)[(1-\gamma)E_i] + \alpha n^M a_{2,i}^S(w_i^S)\left[\frac{\gamma E_i}{\chi}\right] \tag{5.29}$$

相应地，南方国家非熟练劳动力的市场均衡表示为非熟练劳动力的供求相等，即：

$$w_i^S[(1-\gamma)E_i] + \alpha n^M a_{2,i}^S(w_i^S)\left[\frac{\gamma E_i}{\chi}\right] \tag{5.30}$$

5.2.3　南方国家均衡与福利比较

接下来将比较跨国公司的产品内分工组织方式由垂直 FDI 均衡转向外包均衡（或者相反）对南方国家福利的影响。本书采用比较静态分析的方法来考察产品内分工组织方式转变的福利效应。为此，需要在两种产品内分工组织方式中选择一个初始均衡。不失一般性，假设南方国家的初始均衡是垂直 FDI 均衡。这意味着在初始阶段，跨国公司通过国外子企业来进行所有的产品内分工活动，然后就可以进一步考察产品内分工组织方式由垂直 FDI 向外包转变，在什么样的条件下会提高南方国家的实际 GDP 水平。当然，本书也可从相反的角度考察，即产品内分工组织方式由垂直 FDI 转向外包后，南方国家的实际 GDP 水平下降需要什么样的条件。

当产品内分工组织方式由最初的垂直 FDI 均衡转向外包均衡时，熟练劳动力的需求会出现两种不同的变化。一种是内生的，即由工资收入的相对变化所引起的熟练劳动力的相对需求变化；另一种是外生的，即由生产技能要求的相对变化所引起的熟练劳动力的相对需求变化。因为本书前面曾假设，与跨国公司在南方国家的子企业相比，跨国公司的南方国家外包伙伴的生产技能密集度更高，也就是说外包伙伴倾向于使用更多的熟练劳动力。

本书把产品内分工组织方式由垂直 FDI 转向外包所引起的边际劳动需求分成内生与外生两部分。跨国公司在南方国家生产单位对劳动力 L 边际需求的外生变化率为：

$$\hat{u}_L = \frac{\mathrm{d}a_L^B(\text{外生因素})}{a_L^B}, L = 1,2$$

相应地，跨国公司在南方国家生产单位对劳动力 L 边际需求的内生变化率为：

$$\hat{a}_L^k = \frac{\mathrm{d}a_L^k(w^S)}{a_L^B}, L = 1,2 \text{ 和 } k = S,B$$

随着产品内分工组织方式由垂直 FDI 均衡转向外包均衡，劳动力边际需求的内生与外生变化都会引起边际生产成本的变化。

对式（5.27）全微分，可得跨国公司在南方国家生产单位的边际成本变化率：

$$M\hat{C}^B = \theta_2^B\hat{w}_2^S + \theta_1^B\hat{w}_1^S + \theta_2^B\hat{u}_2 + \theta_1^B\hat{u}_1$$

对式（5.28）全微分，可得南方国家国内企业的边际成本变化率：

$$M\hat{C}^B = \theta_2^B\hat{w}_2^S + \theta_1^B\hat{w}_1^S + \theta_2^B\hat{u}_2 + \theta_1^B\hat{u}_1 \tag{5.31}$$

$$M\hat{C}^S = \theta_2^S\hat{w}_2^S + \theta_1^S\hat{w}_1^S = 0$$

从而得到：

$$\hat{w}_1^S = -\frac{\theta_2^S\hat{w}_2^S}{\theta_2^S} \tag{5.32}$$

上两式中，$\theta_L^k = \dfrac{a_L^K w_L^K}{MC^K}$ 表示南方国家的企业 k 劳动力 L 的成本份额。

结合式（5.31）和式（5.32），可得：

$$\hat{a}_1^k = -\theta_2^k\sigma_k(\hat{w}_1^S - \hat{w}_2^S), \hat{a}_2^k = -\theta_1^k\sigma_k(\hat{w}_1^S - \hat{w}_2^S) \ k = S,B \tag{5.33}$$

其中，σ_k 表示熟练劳动力与非熟练劳动力的替代弹性。

对式（5.26）全微分，可得：

$$E = \hat{w}_1^S\varpi_1 + \hat{w}_2^S\varpi_2 \tag{5.34}$$

其中，$\varpi_L = \dfrac{w_L^S L_L^S}{E^S}\dfrac{E^S}{E} = \dfrac{w_L^S L_L^S}{E^S}\varphi$，而 φ 表示南方国家 GDP 在全球 GDP 中的份额。

对式（5.29）与式（5.30）分别全微分，并结合式（5.33）和式（5.34），可得以下方程：

$$[A_1 - \varpi_2(\lambda_2^S + \lambda_2^B)]\hat{w}_2^S - [A_1 + \varpi_1(\lambda_2^S + \lambda_2^B)]\hat{w}_1^S = \lambda_2^B \hat{u}_2$$

$$-[A_1 + \varpi_2]\hat{w}_2^S + [A_2 - \varpi_1]\hat{w}_1^S = \lambda_1^B \hat{u}_1$$

把方程组写成矩阵形式：

$$\begin{bmatrix} A_1 - \varpi_2(\lambda_2^S + \lambda_2^B) & -[A_1 + \varpi_1(\lambda_2^S + \lambda_2^B)] \\ -(A_2 + \varpi_2) & A_2 - \varpi_1 \end{bmatrix} \begin{bmatrix} \hat{w}_2^S \\ \hat{w}_1^S \end{bmatrix} = \begin{bmatrix} \lambda_2^B & 0 \\ 0 & \lambda_1^B \end{bmatrix} \begin{bmatrix} \hat{u}_2 & \hat{u}_1 \end{bmatrix}$$

其中，$A_1 = \lambda_2^S \sigma_S \theta_1^S + \lambda_2^B \sigma_B \theta_1^B, A_2 = \lambda_1^S \sigma_S \theta_2^S + \lambda_1^B \sigma_B \theta_2^B$

由上式，本书可以推导出产品内分工组织方式由垂直 FDI 均衡转向外包均衡带来的生产技能密集度的外生提高所引起的工资率的变化：

$$\frac{\mathrm{d}w_L^S}{\mathrm{d}\left(\frac{u_2}{u_1}\right)} \frac{\frac{u_2}{u_1}}{w_L^S} = \frac{\hat{w}_L^S}{\hat{u}_2 - \hat{u}_1} \qquad L = 1,2$$

$$\frac{\hat{w}_2^S}{\hat{u}_2 - \hat{u}_1} = \frac{[A_1 + \varpi_1(\lambda_2^S + \lambda_2^B)][A_2 - \varpi_2]}{[\lambda_1^B + (\lambda_2^S + \lambda_2^B)\lambda_1^B \varpi_1 + (A_1\lambda_1^B - A_2\lambda_2^B)]}\lambda_2^B \lambda_1^B$$

在直觉上，生产技能密集度提高会提高技能报酬（也称为技能升水，Skill Premium）。根据式（5.32），熟练劳动力工资的上升必将伴随着非熟练劳动力工资的下降。

为了比较两种产品内分工组织方式的福利效应，需要考察实际工资收入效应。在当前假设条件下，南方国家的农产品 y 被选为计价物，跨国公司产品的价格取决于外生给定的北方国家企业的边际生产成本 χ。在垂直 FDI 与外包这两种产品内分工组织方式下，决定制成品价格指数变化的唯一因素是北方国家企业产品的价格，而北方国家企业的产品价格是跨国公司在南方国家生产单位的边际生产成本的质量加价。

$$\hat{p} = \tau M \hat{C}^B \tag{5.35}$$

其中，τ 是北方国家产品价格对价格指数的贡献。为了简化计算，本书假设 $\tau = 1$①。因此，垂直 FDI 与外包这两种相互排斥的产品内分工组织方式的福利比较，取决于跨国公司在南方国家的子企业与外包伙伴的边际生产成本的比较。如果在产品内分工组织方式由垂直 FDI 转向外包后，实际 GDP 下降了，那就表明垂直 FDI 带来了比外包更高的福利水平。即

---

① 这一假设对模型的结论不会产生影响。它只是简化计算，使结果更为明确。

$$\frac{\hat{w}_2^S - \hat{p}}{\hat{u}_2 - \hat{u}_1} L_2^S + \frac{\hat{w}_1^S - \hat{p}}{\hat{u}_2 - \hat{u}_1} L_1^S < 0 \tag{5.36}$$

由式（5.35）和式（5.27），可得：

$$\hat{p} = M\hat{C}^B = \theta_2^B \hat{w}_2^S + \theta_1^B \hat{w}_1^S，即：$$

$$\hat{p} = \hat{w}_2^S \left(\theta_2^B - \theta_1^B \frac{\theta_2^S}{\theta_1^S} \right) \tag{5.37}$$

由式（5.36）、式（5.37）和式（5.32），可得：

$$\frac{\hat{w}_2^S}{\hat{u}_2 - \hat{u}_1} \frac{L_1^S}{\theta_1^S} (\eta_2^S \theta_1^B - \theta_2^B) + \hat{k} < 0 \tag{5.38}$$

其中，$\eta = \dfrac{L_2^S}{L_1^S}, \hat{k} = -\dfrac{\theta_2^B \hat{u}_2 + \theta_1^B \hat{u}_1}{\hat{u}_2 - \hat{u}_1} > 0$ 是外生的。

如果本书限定 $\dfrac{\hat{w}_2^S}{\hat{u}_2 - \hat{u}_1} > 0$，给定附录十中的条件，那么垂直 FDI 的福利效应高于外包的必要条件是：

$$\eta < \frac{\theta_2^B}{\theta_1^B} \tag{5.39'}$$

这里，本书用南方国家的熟练劳动力与非熟练劳动力的数量之比 η 衡量该国生产技能的吸收能力，用跨国公司在南方国家生产单位的熟练劳动力与非熟练劳动力的成本份额之比 $\dfrac{\theta_2^B}{\theta_1^B}$ 来表示南方国家国外部门生产技能的吸收能力。那么式（5.39'）表明如果南方国家的吸收能力小于其国外部门的吸收能力，那么垂直 FDI 可能会产生比外包更大的福利效应。另外，上述结果也表明外包要产生更高的福利效应的充分条件是：

$$\eta > \frac{\theta_2^B}{\theta_1^B} \tag{5.39''}$$

这意味着，如果南方国家的吸收能力大于其国外部门的吸收能力，那么外包必定会产生更高的福利效应。在直觉上，外包比垂直 FDI 更重视熟练劳动力，因此只有在外包方式下才会产生对技能的更多需求。现在，当 FDI 方式转向外包方式后，由于更多的劳动力获得了相对较高的熟练劳动力工资，因此该国的 GDP 和福利水平必定会得到提高。相反，垂直 FDI 方式对熟练劳动力的需求较小。因此，在南方国家如果熟练劳动力的供给与垂直 FDI 方式相匹配，那么对技能的低需求也会促使熟练劳动力的工资下降，结果由于更多的劳动力只能获得较低的技能报酬，从而降低了福利水平。而且，当垂直 FDI 转向外包，即使南方国家技能要素短缺，但如果技能报酬的上升幅度很大以至于超过非熟练劳动力工资下降的幅度，外包也可能会产生比垂直 FDI 更高的福利水平。同时，由于外包对非熟练劳动力需求相对较小，所以与 FDI 相比，非熟练劳动力的供给会相对过剩，从而使非熟练劳动力工资下降。因此，即使熟练劳动力不多，但由于和技能禀赋丰富时相比，其技能报酬上升的幅度更大。即便 η 很小，但只要大于 $\dfrac{\theta_2^B}{\theta_1^B}$，就可产生更大福利。也就是说，非熟练劳动力的报酬率不会因为其需求量的减少而有太大的下降。

这一结果表明，对于发展中国家来说，通过提供补贴或税收减免等优惠措施来吸引跨国公司的垂直 FDI 的做法是值得商榷的。由上面的分析可知，只有在发展中家的吸收能力小于其国外部门吸收能力的条件下，这些国家大量引入垂直 FDI 才是合理的。然而即使在发展中国家吸收能力较低的情况下，垂直 FDI 也可能不会导致更高的福利水平。另一方面，如果发展中国家的吸收能力大于其国外部门的吸收能力，那么南方国家必定能够从外包契约中获得比垂直 FDI 更多的福利。

5.2.4　人力资本投资影响的比较静态分析

现在本书来考察南方国家进行人力资本投资，如教育投资对两种产品内分工组织方式的福利效应产生的影响。人力资本的投资在长期内会提高熟练劳动力的相对供给，这会使相对工资水平发生变化，进而对国家的经济福利产生影响。那么，在产品内分工与贸易下，人力资本投资是否必然会提高南方国家的福利水平？在哪一种产品内分工组织方式下，人力资本投资会产生更高的福利水平？接下来本书将在垂直 FDI 与外包的框架内进行比较静态分析，以回答在什么样的条件下，人力资本投资会增加实际 GDP。在目前的模型环境内，本书还不能直接比较两种组织方式下由人力资本投资引起的熟练劳动力供给的变化对国家福利影响的差异。但是，本书可以通过比较这两种方式产生相同效应的条件来间接地达到这一研究目的。

（1）垂直 FDI 与外包下人力资本投资的影响。

人力资本投资会通过提升非熟练劳动力的生产技能而增加熟练劳动力的相对供给。由于本书假设劳动力总量不变，因此有：

$$\mathrm{d}L_2^S = -\,\mathrm{d}L_1^S \Rightarrow L_2^S\,\frac{\mathrm{d}L_2^S}{L_2^S} = -L_1^S\,\frac{\mathrm{d}L_1^S}{L_1^S} \Rightarrow \hat{L}_1^S = -\phi\,\hat{L}_2^S \tag{5.40}$$

对资源约束条件，也就是对式（5.29）、式（5.30）分别全微分，并代入式（5.39）、式（5.40），可得下面方程组：

$$\begin{bmatrix} \varpi_{2,i} - A_{1,i} & \varpi_{1,i} + A_{1,i} \\ \varpi_{2,i} + A_{2,i} & \varpi_{1,i} - A_{2,i} \end{bmatrix} \begin{bmatrix} \hat{w}_2^S \\ \hat{w}_1^S \end{bmatrix} = \begin{bmatrix} 1 \\ \phi \end{bmatrix} \begin{bmatrix} \hat{L}_2^S \end{bmatrix}$$

由该方程组可得：

$$\frac{\hat{w}_2^S}{\hat{L}_2^S} = \frac{(\varpi_{1,i} - A_{2,i}) + \phi(\varpi_{1,i} + A_{1,i})}{\Omega_i}, \frac{\hat{w}_1^S}{\hat{L}_2^S} = \frac{\phi(\varpi_{2,i} - A_{1,i}) + (\varpi_{2,i} + A_{2i})}{\Omega_i}$$

其中，Ω_i 是 2×2 矩阵的系数行列式。根据式（5.32），熟练劳动力与非熟练劳动力的工资呈反方向变化关系。同时，人力资本投资使熟练劳动力的供给不断增加，从而会压低技能报酬。[①]

（2）垂直 FDI 与外包：人力资本的影响。

如果下面的条件成立，在进行人力资本投资后，垂直 FDI 和外包方式下的国家福利都会增加。

$$\frac{\hat{w}_2^S - \hat{p}_{sf}}{\hat{L}_2^S}(L_2^S + \hat{L}_2^S) + \frac{\hat{w}_1^S - \hat{p}_{sf}}{\hat{L}_2^S}(L_1^S + \hat{L}_1^S) > 0 \tag{5.41}$$

其中 $\hat{p}_{sf}$ 是人力资本投资后的价格变化率。利用式（5.27），可得：

$$\hat{p}_{sf} = M\hat{C}^M = \theta_2^B \hat{w}_2^S + \theta_1^B \hat{w}_1^S，即：$$

$$\hat{p}_{sf} = \hat{w}_2^S \left(\theta_2^B - \theta_1^B \frac{\theta_2^S}{\theta_1^S} \right) \tag{5.42}$$

将式（5.35）和式（5.42）代入式（5.41），可得：

$$\frac{\hat{w}_2^S}{\hat{L}_2^S} L_1^S \left[\left(\frac{\theta_1^B \phi - \theta_2^B}{\theta_1^S} \right) + \frac{\hat{L}_2^S}{L_1^S} \left(\frac{\theta_1^B \phi - \theta_2^B}{\theta_1^S} \right) \right] > 0 \tag{5.43}$$

只要满足条件式（5.43），对于人力资本投资，任何一种产品内分工组织方式都会促进福利水平的提高。因此，给定技能报酬随熟练劳动力的增加而下降，那么通过人力资本投资，实际 GDP 上升的必要条件是：

$$\phi < \frac{\theta_2^B}{\theta_1^B}$$

现在，比较垂直 FDI 与外包方式下人力资本投资的影响。本书注意到，给定

[①] $\frac{\hat{w}_2^S}{\hat{L}_2^S} < 0$ 的充分条件是：$\frac{A_{2,i}}{\varpi_{1,i}} < \phi$；而 $\frac{\hat{w}_2^S}{\hat{L}_2^S} < 0$ 的充分条件是：$\phi < \frac{\varpi_{2,i}}{A_{1,i}}$。结合这两个条件可得：$\frac{A_{2,i}}{\varpi_{1,i}} < \phi < \frac{\varpi_{2,i}}{A_{1,i}}$。

南方国家相对工资，跨国公司在南方国家的外包伙伴的生产技能密集度要高于跨国公司的子企业。这意味着 $\theta_2^B|_q < \theta_2^B|_o$ 和 $\theta_1^B|_q < \theta_1^B|_o$。也即 $\left.\dfrac{\theta_2^B}{\theta_1^B}\right|_o < \left.\dfrac{\theta_2^B}{\theta_1^B}\right|_q$。因此，如果垂直 FDI 方式满足 $\phi < \dfrac{\theta_2^B}{\theta_1^B}$，那么这一条件在外包方式下也必定满足，但反之不成立。由于外包比垂直 FDI 更重视熟练劳动力，因此外包方式下的人力资本投资可以获得更多的福利。总而言之，在初始阶段，如果南方国家的吸收能力较低，那么它可能会优先选择垂直 FDI。然而，随着吸收能力的提高（比如通过人力资本投资），南方国家优先选择的产品内分工组织方式会由垂直 FDI 转向外包。一旦外包进入南方国家，人力资本的进一步投资就会促使进福利水平不断提高，形成一种自我强化的良好循环。

在本书中，垂直 FDI 或者外包的产品内分工组织方式是外生给定的。本书构建了一个产品生命周期模型来考察这两种方式对南方国家福利水平的影响。关于垂直 FDI 与外包的理论与实证研究都表明，在外包对劳动力技能密集度的要求比垂直 FDI 更高的假设前提下，对经济福利的追求是影响发展中国家参与产品内分工与贸易，并对发达国家跨国公司发起的垂直 FDI 与外包进行主动选择的重要因素。在南方国家，跨国公司的外包伙伴使用的生产技能密集度比其子企业更高。由这个假设出发，本书有两个重要发现：第一，在满足一定的条件下，外包可能会给南方国家带来更高的实际 GDP。特别是，通过对模型的进一步推导，可以发现，如果南方国家的熟练劳动力与非熟练劳动力的数量之比大于跨国公司在南方国家的生产单位的熟练劳动力与非熟练劳动力的成本份额之比，那么外包必定会产生更高的福利水平。反之，如果前者小于后者，那么垂直 FDI 可能会产生更高的福利水平。然而，即使在这种情况下，也不能排除外包对福利水平的提高会产生更大的促进作用的可能。这一结论对那些通过提供补贴和税收减免等优惠措施来吸引跨国公司的垂直 FDI 的发展中国家提出了警示。第二，在垂直 FDI 与外包两种产品内分工组织方式框架内，由于外包比垂直 FDI 更重视熟练劳动力，因此在外包方式下，人力资本投资更能促进南方国家的福利水平的提高。

5.3 小结

本章基于生产成本与交易成本的微观层面主要分析中国制造业参与产品内分工与贸易的微观动因及由此决定的生产组织方式。为此，本章在企业理论框架内，运用标准贸易理论与新制度经济学的现代企业理论、信息经济学和跨国公司理论融合而成的国际贸易理论研究的全新领域——产品内分工与贸易组织方式，即全球生产组织理论，研究企业这一微观主体参与产品内分工与贸易的动因。从发展中国家特别是中国的视角，对现有全球生产组织理论体系进行初步的尝试性拓展：

一是以中国等发展中国家为母国，在 Chakrabarti 跨国公司 FDI 区位决定因素模型基础上，结合国际贸易和跨国公司国际化战略文献有关产品内分工组织方式的决定因素，尝试性构建国内一体化、外包与垂直 FDI 的统一模型。研究显示，要素价格差异、范围经济、不完全契约下"敲竹竿"成本、关税、运输成本和汇率风险成本等，是影响企业参与产品内分工与贸易，进而决定其对国内一体化、外包与垂直 FDI 等分工组织方式选择的重要因素。这些因素的变动均会引起企业对国内一体化、外包与垂直 FDI 三种组织方式选择的均衡变化。如果生产技术能保证企业获取足够大的范围经济，那么国内一体化是企业实现成本最小化的最佳选择。而对外包和垂直 FDI 方式的选择则取决不完全契约下"敲竹竿"成本、关税、运输成本和汇率风险成本等因素。

二是以中国等发展中国家为东道国，在 Antras、Grossman 与 Helpman 模型和 Reis 模型基础上，尝试性构建垂直 FDI 与外包对发展中国家经济福利的影响模型，考察发展中国家依据发达国家的垂直 FDI 与外包对本国福利影响的差异而做出的主动选择，包括模型的均衡特征和造成垂直 FDI 与外包福利影响不同的条件，以及垂直 FDI 与外包下发展中国家人力资本投资的福利影响。关于垂直 FDI 与外包的理论与实证研究都表明，在外包对劳动力技能密集度的要求比垂直 FDI 更高的假设前提下，对经济福利的追求是影响发展中国家参与产品内分工与贸易，并对发达国家跨国公司发起的垂直 FDI 与外包进行主动选择的重要因素。在南方国家，跨国公司的外包伙伴使用的生产技能密集度比其子企业更高。由这个假设出发，本章有两个重要发现：第一，在满足一定的条件下，外包可能会给南方国家带来更高的实际 GDP。特别是，通过对模型的进一步推导，本书发现，如果南方国家的熟练劳动力与非熟练劳动力的数量之比大于跨国公司在南方国家的生产单位的熟练劳动力与非熟练劳动力的成本份额之比，那么外包必定会产生更高的福利水平。反之，如果前者小于后者，那么垂直 FDI 可能会产生更高的福利水平。然而，即使在这种情况下，也不能排除外包对福利水平的提高会产生更大的促进作用的可能。这一结论对那些通过提供补贴和税收减免等优惠措施来吸引跨国公司的垂直 FDI 的发展中国家提出了警示。第二，在垂直 FDI 与外包两种产品内分工组织方式框架内，由于外包比垂直 FDI 更加重视熟练劳动力，因此在外包方式下，人力资本投资更能促进南方国家的福利水平的提高。

一般而言，全球生产网络的基本框架主要由国内一体化，垂直 FDI 与外包三种产品内分工与贸易组织方式构成。企业究竟选择哪种分工与贸易组织方式，则取决于哪种方式更有利于降低企业成本，增长企业利润。本书理论模型的分析结果，对中国在通过国内一体化，垂直 FDI 与外包来构建自己的全球生产网络时有着重要启示。需要指出的是，本书主要是进行理论逻辑的推演，虽在文章中也涉及中国制造业的事实材料，但由于相关数据资料与事实材料的总体匮乏，所以未能结合中国制造业的实际情况对理论研究的结论进行深入的实证分析和检验。

第6章 中国制造业参与的产品内分工与贸易的收益创造、占有与分配

　　改革开放以来，中国依靠廉价的劳动力优势与巨大广阔的市场，通过被动和主动的垂直 FDI 与外包方式迅速而全面地融入全球产品内分工生产网络，从而极大地推进了工业化进程，促进了产业结构的优化升级。然而，产品内分工与贸易的机遇与风险是同时并存的。在产品内分工与贸易中，发达国家由于拥有先进的技术与充裕的资本，因此集中于技术和资本密集型环节，在产品内分工价值链中处于高端；发展中国家则拥有丰富的自然资源和廉价的劳动力，因而集中于资源和劳动密集型环节，在产品内分工价值链中居于低端。这一分工格局使得发达国家跨国公司，特别是价值链的领导企业能够获取较大的收益份额，而中国等发展中国家的代工企业只能分获较小的收益份额，因而严重地制约了中国制造业的可持续发展。Gaulier 等（2007）通过考察东亚产品内分工价值链，指出日本和"东亚四小龙"，将高附加值的精密零部件和资本品外包到中国和东盟进行加工组装，然后再将低附加值的最终消费品出口到国际市场。前者获得这种产品内分工与贸易的大部分收益，而后者投入大量的劳动力只能换到很少的代工收益。那么，决定收益创造和分配的因素主要有哪些？领导企业如何实现收益占有的最大化？这种收益占有最大化的行为对中国制造业扩大分工与贸易收益份额，提高产品内分工国际地位有什么样的启示？显然，合理诠释上述问题对中国制造业未来的可持续发展具有重大的意义。

　　20 世纪 80 年代以来，在全球范围内迅猛发展的产品内分工与贸易，对参与各国的利益分配产生了不同于最终产品贸易的重大冲击。由此，产品内分工与贸易的收益分配引起了西方学者的重大关注。在国际经济学领域，Deardorff（2004）指出在开放的小国经济条件下，产品内分工与贸易能更好地发挥各国的比较优势，从而增加参与各国及世界的产出。Arndt（2004）在 H－O 模型的框架内发现产品内分工与贸易由于充分发挥了参与其中的发达国家与发展中国家各自的比较优势，因此可以促进这些国家产量与贸易量的增加，以及就业与工资水平的提高。Jones 和 Kierzkowski（2002a，2004b）也指出，产品内分工更充分地

发挥了各个参与国的比较优势，从而扩大了分工与贸易得益的范围。而在管理学领域，价值链的分析框架近年来被广泛用于分析全球化进程中的收益分配。Gereffi（2005）将企业价值链与全球产品内分工结合起来，提出了较为系统的全球价值链①理论体系，并将其用于分析价值链中的产业升级问题。Kaplinsky（2007）在其基础上引入经济租金的概念，认为全球价值链收益的根本来源是"经济租"。江静、刘志彪（2009）也基于"经济租"的角度从产业层面考察了全球化进程中的收益分配不均与中国产业升级。综上所述，尽管这些研究从不同角度涉及了产品内分工与贸易的收益分配问题，但多是进行现象上的描述和归纳。而且，国际贸易理论仅是基于宏观的制度、贸易或区位等层面进行分析，缺乏微观生产层面的深入探讨。全球价值链理论虽涉及产业层面，但对产品内分工与贸易收益分配的分析也不够深入，尤其缺少对价值链中企业收益占有最大化行为的研究。因此，现有的研究文献，无论是贸易理论还是全球价值链理论，都还不能很好地诠释产品内分工与贸易中收益创造、占有与分配的决定因素和内在机理。

为了进一步完善现有的产品内分工与贸易的收益分配理论体系，本书首先突破国内研究多是从产品或产业的层面来评判中国制造业国际竞争力的传统思路，通过对中国制造业在初级产品、中间产品（包括半成品与零部件）和最终产品（包括半成品与零部件）等方面进出口贸易数据的深入分析，从价值链视角对中国制造业在产品生产过程的各个主要环节上的竞争力进行比较研究，以便更为准确地评判中国制造业在全球生产与贸易体系中的国际地位和竞争实力，进而对其在国际分工与贸易中赢利能力的强弱有一个初步了解；然后，在此基础上，为进一步较为全面系统地分析中国制造业竞争力不强进而获利甚微的深层次影响因素，本书立足于产品内分工与贸易的微观生产层面，从 Kaplinsky（2007）全球价值链的租金理论出发，将价值链内单个企业的租金扩展到企业群的租金，以说明产品内分工价值链中的收益创造。并在此基础上，引入战略管理理论中 Teece 创新收益占有模型和产业经济学中 Porter "五力"模型的思想，构建了一个基于微观生产层面的产品内分工与贸易收益创造、占有与分配的理论分析框架，以对其决定因素与内在机理进行较为系统的深入研究；最后，以该理论框架为基础，对中国电子产业中以中国为加工组装基地的美国苹果公司的 iPod 产品的产品内分工与贸易价值链进行分解，详细分析其收益创造、占有与分配，重点说明作为价值链领导企业的苹果公司创新收益最大化的实现，以及价值链上包括中国企业在内的各个参与企业收益分配的决定。

---

① 全球价值链与产品内分工是产品生产过程全球垂直分解与整合现象分别在管理学与经济学领域中的概括与反映。从内涵上看，二者是等同的，因此，在本书中，将不加区别地交替使用这两个概念。

6.1　中国制造业在产品内国际分工体系中的地位
——基于价值链的视角

为更为准确地评判中国制造业在全球生产与贸易体系中的国际地位和竞争实力，进而对其在国际分工与贸易中赢利能力的强弱有一个初步了解，本书以UNcomtrade数据库为数据来源，从产品层面进一步深入产品内部的生产环节层面来评定中国制造业在产品内国际分工体系中的地位和国际竞争力①。为此，本书根据国际标准产业分类 ISIC Rev. 3 与联合国国际贸易商品分类 SITC Rev. 3 对照表（见附录表一）和 SITC Rev. 3 与联合国经济大类 BEC（见附录表七）对照表②重新集结而得中国制造业在初级产品、中间产品（包括半成品与零部件）和最终产品（包括半成品与零部件）等方面的进出口贸易数据，通过对这些数据的深入分析，从产品内分工的视角对中国制造业在产品生产过程的各个环节上的竞争力进行比较实证研究。本书采用净贸易指数（NET）作为产品国际竞争力的评价指标，据此分析中国制造业在产品内分工各个生产阶段的国际分工地位。

6.1.1　制造业子行业进出口贸易构成及 NET 指数

（1）细分行业层面。

首先考察制造业各子行业进出口贸易构成的变化。如表 6.1 所示，在出口方面，2011 年，中高技术产业中的机电产品制造业（电气机械和设备制造业和其他机械设备制造业），高技术产业中的广播、电视和通信设备制造业，办公、会计和计算机设备制造业是最主要的出口部门。这三个产业的出口占制造业总出口的比重分别高达 19.34%、14.19% 与 11.56%，而且它们也是出口占比上升最快的部门，分别比 1997 年提高了 9.23、6.26、6.21 个百分点。出口占比下降最快的部门主要集中在低技术产业中的纺织、纺织品、皮革及鞋类制造业、食品、饮料和烟草制造业、家具制品及其他制造业，其中纺织、纺织品、皮革及鞋类制造业的出口占比，由 1997 年的 34.17% 降到 2006 年的 18.02%，下降幅度高达16.15 个百分点。制造业各子行业出口占比此消彼长的变化反映出 20 世纪 90 年

---

① 国内现有文献多是从产业或产品层面来评价中国的国际竞争力（汪斌、邓艳梅，2005；张小蒂、孙景蔚，2008），但在产品内分工与贸易下，这种方法可能会带来误导性的结论，尚不能非常准确地反映中国制造业的实际国际竞争力。比如，近年来，中国高技术制造业出口额增长迅猛，2006 年就已跃居全球第二。但在这些高技术产业中，中国主要承担的是其劳动密集型生产环节，特别是最终产品的加工组装。因此，产品层面的计算将会高估中国高技术产业的国际竞争力。

② http://unstats.un.org/unsd/cr/registry/regct.asp.

代中后期以来，中国对产业结构所作的战略性调整已初见成效，基本实现了产业
结构升级的阶段性目标。

表6.1　　　　中国制造业各子行业的贸易构成（%）与 NET 指数

制造业子行业	1997 年			2011 年		
	出口	进口	NET	出口	进口	NET
食品、饮料和烟草	6.52	4.54	0.36	2.58	2.88	0.17
纺织、纺织品、皮革及鞋类制品	34.17	13.89	0.57	18.02	2.91	0.81
木材及制品	0.83	1.13	0.04	0.66	0.38	0.46
纸浆、纸张、纸制品、印刷和出版	0.78	4.33	-0.58	0.86	2.11	-0.22
家具制品及其他制造业	9.59	1.07	0.86	7.16	1.33	0.79
低技术产业	51.89	24.97	0.51	29.28	9.61	0.65
焦炭、炼油产品及核燃料	1.36	3.37	-0.25	1.19	2.72	-0.18
橡胶和塑料制品	2.81	2.61	0.23	2.51	2.39	0.24
其他非金属矿物制品	2.36	1.15	0.50	1.88	0.91	0.53
黑色金属	2.63	5.79	-0.20	2.04	3.58	-0.06
有色金属	1.51	2.77	-0.11	1.04	5.10	-0.51
金属制品	3.63	1.76	0.50	3.81	1.38	0.63
船舶制造和修理	0.96	0.26	0.69	2.44	0.34	0.84
中低技术产业	15.26	17.71	0.12	14.92	16.42	0.18
化学制品（不含制药）	5.18	17.90	-0.40	4.67	14.43	-0.33
其他机械设备	4.04	11.90	-0.33	8.51	6.97	0.27
电气机械和设备	6.07	5.18	0.27	10.83	6.61	0.43
汽车、挂车及半挂车	0.38	1.45	-0.45	1.47	3.77	-0.24
铁路机车及其他交通设备	0.73	0.26	0.61	0.79	0.25	0.66
中高技术产业	16.39	36.70	-0.24	26.27	32.04	0.03
制药	0.91	0.29	0.65	0.74	0.91	0.13
办公、会计和计算机设备	5.45	3.89	0.35	11.56	7.82	0.47

续表

制造业子行业	1997 年			2011 年		
	出口	进口	NET	出口	进口	NET
广播、电视和通信设备	7.93	12.03	−0.05	14.19	24.64	−0.08
医疗、精密和光学仪器以及钟表	2.02	1.61	0.12	2.96	7.14	−0.21
航空航天器制造	0.17	2.81	−0.84	0.08	1.42	−0.84
高技术产业	16.46	20.63	0.12	28.79	41.03	−0.01

资料来源：根据附录表三、附录表四计算得到。

在进口方面，2011 年，机电产品制造业，广播、电视和通信设备制造业，办公、会计和计算机设备制造业也是最主要的进口部门。这三个产业的进口占制造业总进口的比重分别达到 13.4%、24.64%、7.82%。其中，广播、电视和通信设备制造业的进口占比比 1997 年大幅提高 12.61 个百分点，办公、会计和计算机设备制造业也提高了 3.93 个百分点，但机电产品制造业却下降了 2.54 个百分点。这种进口占比的变化，表明广播、电视和通信设备制造业具有较强的外部依赖性，其出口扩张是以进口的高速增长为基础的。而同属高技术产业的其他子行业，包括办公、会计和计算机设备制造业、医疗、精密和光学仪器以及钟表制造业，航空航天器制造业也是具有高度进口依赖性的部门。这也说明了，由于中国高技术产业的科技创新不够，因而产业的自主生产能力欠缺，所需的零部件，特别是核心的零部件只有通过进口才能得到满足。而中高技术产业中的机电产品制造业在出口大幅增长的同时，进口却明显下降，说明了 20 世纪 90 年代中后期以来，在产业结构战略性调整的背景下，国家对机电产品制造业给予了重点扶持，使其自生能力逐渐增强，在一定程度上形成了根植于本国的生产能力。

接下来分析制造业各子行业 NET 指数的变化。如表 6.1 所示，2011 年，低技术产业中的纺织、纺织品、皮革及鞋类制造业，中高技术中的电气机械和设备制造业，其他机械设备制造业，纺织、纺织品、皮革及鞋类制造业的 NET 指数分别达到 0.81、0.27、0.43，比 1997 年提高了 0.24、0.16、0.60。这表明，中国的纺织、纺织品、皮革及鞋类制造业，机电产品制造业的国际竞争力较强，且竞争优势还在进一步强化。而高技术产业中的广播、电视和通信设备制造业、医疗、精密和光学仪器以及钟表制造业的 NET 指数分别为 −0.08、−0.21，比 1997 年降低了 0.03、0.33。这说明，这些产业的出口虽然增长较快，但由于进口依赖性的增强和产业发展自生能力的下降导致其国际竞争力难以提升。

（2）技术大类行业层面。

OECD（2004）根据国际标准产业分类（ISIC）第 3 版，按照 R&D 强度，即 R&D 占增加值或产值的比重，将制造业产业划分为四个技术层次：低技术产业、中低技术产业、中高技术产业和高技术产业（分类规则详见附录表二）。

首先考察制造业各技术大类行业进出口贸易构成的变化。如表 6.1 所示，2011 年中国制造业出口贸易品在各技术大类行业间分布相对均衡，低技术产业、中低技术产业、高技术产业的出口占制造业总出口的比重分别为 29.28%、26.27%、28.79%。而进口贸易品则主要集中在高技术产业与中高技术产业，它们的进口占比分别达到 41.03%、32.04%。横向比较各技术大类产业的进出口占比，可以发现中国制造业在低技术产业具有较强的比较优势，中低技术产业和中高技术产业也具有一定的比较优势，而高技术产业则处于比较劣势，但与以往相比，其劣势已经大为扭转。而纵向比较各技术大类产业的进出口占比，可以发现，中国的贸易制成品结构正在逐步升级。2011 年高技术产业与中高技术产业在制造业总出口构成中的比重分别比 1997 年提高了 12.33 个百分点和 9.88 个百分点，而低技术产业的出口占比则比 1997 年大幅降低 22.01 个百分点。这一变化表明出口制成品的技术含量在不断提升。而在进口方面，高技术产业进口在制造业总进口中的比重从 1997 年的 20.63% 提高到 2011 年的 41.03%，上升幅度达到 20.40 个百分点。低技术产业、中低技术产业、中高技术产业的进口占比则分别比 1997 年下降了 15.18、1.29、4.66 个百分点。各技术大类产业进口占比的变化表明中国高技术产业的外部依赖性在不断加强，而低技术产业与中等技术产业经过多年的发展，已经在很大程度上形成了根植于本国的生产能力。

接下来分析制造业各技术大类行业 NET 指数的变化。与 1997 年相比，2011 年中国的低技术产业、中低技术产业与中高技术产业的 NET 指数分别提高 0.14、0.06、0.27。其中中高技术产业的 NET 提升幅度最大，已扭转原先的比较劣势，而呈现出一定的比较优势。这表明中国制造业在产品内分工与贸易中通过资本与技术的逐渐积累，已使其比较优势由向低技术产业与中低技术产业向中高技术产业拓展。而高技术产业的 NET 指数却从 1997 年的 0.10 下降到 2011 年的 -0.04，下降幅度达到 0.14。本书认为这可能是 NET 指数本身的构造特征所导致的，并不表明中国高技术产业实际国际竞争力的降低。在 20 世纪 90 年代中后期，由于中国的总体科技水平和国民知识素质较为低下，因而难以进入对技术和知识要求较高的高技术产业的产品内分工与贸易价值链，所以进出口值都较小，从而使 NET 指数高估了当时中国高技术产业的国际竞争力。而在进入 21 世纪后，随着中国科技水平的逐步提升以及高等教育的大发展，中国制造业日益融入高技术产业的全球产品内分工生产网络，进出口贸易都有大幅上升，且进口的增速明显快于出口，所以 NET 指数必然降低。但是，根据中国机电产业先弱后强的发展历程，可以预见，高技术产业也将通过把进口内容转化为本土知识存量等途径，在学习过程中逐渐培植和提升产业发展的自生能力。产业的外部依赖性将会由此经历一个由高到低的转变过程，进而导致 NET 指数呈现先下降后上升的变化路径。而 2011 年的 NET 指数值则表明中国高技术产业目前正处于这个转变过程的初期阶段。

上述分析表明，经过近十年来的快速发展，中国制造业的生产规模急剧膨胀，进出口贸易量快速扩张，贸易结构与产业层次也有了明显提升。但是，就目前的产业国际竞争力状况而言，中国制造业的比较优势仍然集中于纺织、纺织品、皮革及鞋类制品等低技术产业，而像广播、电视和通信设备制造业，医疗、精密和光学仪器制钟表造业，以及航空航天器制造业等高技术产业的国际竞争力还比较弱小，有待进一提升。

6.1.2　制造业子行业主要生产环节的 NET 指数

在产品内分工与贸易下，产品的各个生产环节被分拆到全球各地进行。因此，要更加客观地反映一国制造业的国际地位，还需要进一步深入考察该国制造业在不同生产环节上的 NET 指数，以确定制造业部门在不同生产阶段的竞争力状况，从而真实地反映其在产品内国际分工价值链中的地位。为此，本书借鉴 Lemoine 和 Kesenci（2002）的方法，根据国际标准产业分类 ISIC Rev. 3 与联合国的国际贸易商品分类 SITC Rev. 3 对照表和 SITC Rev. 3 与联合国经济大类 BEC 对照表重，从 UNcomtrade 数据库中集结得到中国制造业 22 个子行业在初级产品、中间品（半成品和零部件）与最终产品（资本品和消费品）等不同生产阶段的进出口贸易数据，以此计算制造业子行业在各生产环节上的 NET 指数。

（1）细分行业层面

如表 6.2 所示，2011 年，在各个生产阶段中，中国制造业部门在最终消费品阶段的比较优势最强，其 NET 指数的平均值高达 0.81，在这一生产阶段，仅有制药业，航空航天器制造业，汽车、挂车及半挂车，化学制品业的 NET 指数为负值，而其余子行业均为正值，特别是纺织、纺织品、皮革及鞋类制造业，木材及制品业，金属制品业，广播、电视和通信设备制造业，办公、会计和计算机设备制造业等部门的 NET 指数接近于 1，显示出极强的竞争优势。中国制造业在最终资本品阶段的比较优势仅次于最终消费品阶段，其 NET 指数的平均值为 0.52。但是，在这一阶段，各子行业之间的比较优势差异较大，金属制品业，家具制品及其他制造业，办公、会计和计算机设备制造业，广播、电视和通信设备制造业等部门的 NET 指数值均在 0.6 以上，而电气机械和设备制造业的 NET 指数值仅有 0.22，其他机械设备制造业，医疗、精密和光学仪器以及钟表制造业、航空航天器制造制造业等部门 NET 指数为负值，表明这些部门的资本品具有较强的外部依赖性，需要更多地从国外进口来加以满足。

表 6.2　　2011 年产品内分工下中国制造业各子行业主要生产阶段的 NET 指数

制造业行业	初级产品	中间品		最终产品	
		半成品	零部件	资本品	消费品
食品、饮料和烟草	− 0.12	− 0.26			0.37
纺织、纺织品、皮革及鞋类制品	− 0.53	0.43	0.01		0.96
木材及制品	0.61	0.40			0.97
纸浆、纸张、纸制品、印刷和出版	− 1.00	− 0.24			0.61
家具制品及其他制造业		0.57	0.11	0.87	0.88
低技术产业	− 0.61	0.27	0.03	0.87	0.85
焦炭、炼油产品及核燃料		− 0.42			
橡胶和塑料制品	0.48	− 0.13	0.58		0.51
其他非金属矿物制品	− 0.83	0.51			0.96
黑色金属		− 0.06			
有色金属	0.27	− 0.51			
金属制品		0.67	− 0.05	0.70	0.94
船舶制造和修理	− 1.00			0.88	0.60
中低技术产业	− 0.86	0.00	− 0.05	0.86	0.75
化学制品（不含制药）	− 0.99	− 0.34			0.44
其他机械设备		− 0.16	0.09	− 0.03	0.91
电气机械和设备		0.56	− 0.05	0.22	0.64
汽车、挂车及半挂车			− 0.03	0.58	− 0.82
铁路机车及其他交通设备				0.21	0.70
中高技术产业	− 0.99	− 0.25	− 0.29	0.17	0.71
制药		0.59			− 0.67
办公、会计和计算机设备			0.27	0.67	0.94
广播、电视和通信设备			− 0.40	0.81	0.97
医疗、精密和光学仪器以及钟表		− 0.32	− 0.43	− 0.22	0.47
航空航天器制造				− 0.94	− 0.15
高技术产业	0.00	0.07	− 0.11	0.47	0.52
均值	− 0.66	0.10	− 0.15	0.52	0.81

资料来源：根据附录表八、附录表九计算得到。

　　与在最终产品阶段的较强国际竞争力相比，中国制造业在零部件生产阶段呈现出明显的比较劣势，其 NET 指数的平均值仅为 −0.15。在这一阶段，只有家具制品及其他制造业、会计和计算机设备制造业、橡胶和塑料制品橡胶制品业等部门具有一定的比较优势，而其他多数部门则处于比较劣势，表现出对进口零部件的依赖性，特别是高技术产业中的医疗、精密和光学仪器以及钟表制造业，广播、电视和通信设备制造业的 NET 指数值分别为 −0.40 与 −0.43，表明这些产业使用的零部件更多要通过进口才能得到满足。上述分析表明，在产品内分工的各个生产阶段，中国制造业主要是在低附加值的最终消费品与资本品的组装环节上具有比较优势，而在高附加值的零部件生产环节则表现出比较劣势，需要更多地从国外进口加以满足。这种比较优势格局限制了中国制造业在产品内分工与贸易中的收益，进而制约了中国制造业整体国际竞争力的提升。特别是高技术产业表面上发展迅猛，如广播、电视和通信设备制造业的出口额近几年一直居世界第一，但是关键技术与核心零部件仍然掌握在发达国家跨国公司手中，中国更多的是从事高技术产业的劳动密集型生产环节，特别是最终产品的加工组装。所以，中国高技术产业的国际竞争力要有实质性的提升依然任重而道远。

　　（2）技术大类行业层面。

　　如表 6.2 所示，2011 年，在最终消费品生产阶段，低技术产业、中低技术产业、中高技术产业与高技术产业的 NET 指数值分别为 0.85、0.75、0.71 与 0.52。这表明，在这一生产阶段，无论哪一个技术大类产业均具有较强的国际竞争力，而其中又以低技术产业的国际竞争力更为突出。在最终资本品生产阶段，上述四个技术大类产业的 NET 指数值分别为 0.87、0.86、0.17 与 0.47，依然表现出较强的国际竞争优势。而在零部件生产阶段，低技术产业、中低技术产业、中高技术产业与高技术产业的 NET 指数值分别为 0.03、−0.05、−0.29 与 −0.11，均缺乏竞争优势，特别是中高技术产业与高技术产业呈现出明显的比较劣势。由此可以看出，受中国目前要素禀赋结构的制约，在全球产品内分工生产网络中，中国制造业的竞争力主要集于低技术产业，而在中高技术产业与高技术产业上，由于科技水平的不足和人力资本的缺乏，中国只能专注于劳动密集型生产环节，如最终产品的加工组装，以及部分技术含量不高的资本密集型生产环节，从而在这些产业的产品内国际分工体系中处于低端位置。以计算机的生产为例，近些年来，作为中国主要的高技术产品，计算机的出口在制造业总出口中的占比虽逐年提升，但中国生产的主要是劳动密集型的键盘等配件并进行整机组装，而计算机的关键零部件均在国外完成，如技术和资本密集型的核心部件 CPU 由美国生产，资本密集型的内存由日本与韩国生产，硬盘则由中国台湾与马来西亚生产。中国通过进口这些关键零部件来进行最终的整机组装，而后再出口到国外。据此，本书认为，当前，中国还只是在低技术产业上具有真正的国际竞争优势，而近些年来出口规模扩张迅速的中高技术产业与高技术产业其实仅仅在其产品内分工价值链上的劳动密集型的加工组装阶段具有很强的国际竞争力。但是，真正决定一国的中高技术产业与高技术产业国际分工地位的是知识与技术密集型的零部件生产阶段，只有在这一阶段具有较强的比较优势，才能在国际产品内分工体系中处于主导地位。

　　综上所述，经过近十年来的快速发展，中国制造业，特别是中高技术产业与高技术产业的生产规模急剧膨胀，进出口贸易量快速扩张，产业层次也有了明显提升。但是，就目前的产业国际竞争力状况而言，中国制造业的比较优势仍然集中于纺织、纺织品、皮革及鞋类制品等低技术产业，国家重点扶持的机电产品制造业等中高技术产业也初具比较优势，而像广播、电视和通信设备制造业，医疗、精密和光学仪器制钟表造业，以及航空航天器制造业等高技术产业的国际竞争力还比较弱小。从产品内分工各个生产阶段的角度进一步考察，可以发现在产品内分工的各个生产阶段，中国制造业主要是在低附加值的最终消费品与资本品的组装环节上具有比较优势，而在高附加值的零部件生产环节则表现出比较劣势，需要更多地从国外进口加以满足。这种比较优势格局限制了中国制造业在产品内分工与贸易中的收益，进而制约了中国制造业整体国际竞争力的提升。特别是高技术产业表面上发展迅猛，如广播、电视和通信设备制造业的出口额近几年一直位居世界第一，但是关键技术与核心零部件仍然掌握在发达国家跨国公司手中，中国更多的是从事高技术产业的劳动密集型生产环节，特别是最终产品的加工组装。因此，中国的高技术产业也仅仅是在劳动密集型的加工组装阶段显示出较强的竞争力。而真正决定一国高技术产业国际分工地位的是知识与技术密集型的零部件生产阶段的竞争实力，只有在这一阶段具有较强的比较优势，才能在国际产品内分工体系中处于主导地位。所以，中国高技术产业的国际竞争力要有实质性的提升依然任重而道远。

　　中国制造业总体国际竞争力不强，也决定了其在产品内分工与贸易中获利甚为有限。但是，一国产业竞争力状况一般仅仅是该国在国际分工中获利多少的宏观表层原因。下面，本书将通过构建一个基于微观生产层面的产品内分工与贸易收益创造、占有与分配的理论分析框架，以进一步较为全面系统的分析中国制造业国际竞争力不强进而获利甚微的深层次影响因素。

6.2　产品内分工与贸易的收益创造、占有与分配理论
——基于租金的视角

6.2.1　产品内分工与贸易的收益创造

21 世纪初才发展起来的全球价值链理论，源于 20 世纪 80 年代国际商业研究者提出的价值链理论。其中，Porte 最早提出价值链的概念，但他强调的是单个企业价值链的竞争优势。此后 Kogut 分析了价值链的垂直分离和全球空间再配置之间的关系。而 Gereffi 进一步将价值链理论与全球生产结合起来，形成了较为系统的全球价值链理论。Kaplinsky 则将经济租金引入全球价值链理论，分析了全球价值链中各个功能环节的收益分配。在 Kaplinsky 的理论中，租金①指的是全球价值链中各个功能环节的收益或超额利润。它主要源于各节点企业在控制特定资源的基础上构建的行业进入壁垒。根据价值链与租金创造之间关系的不同，可以将租金划分为两大类：一类是基于价值链内单个企业创造的租金；另一类是基于价值链内企业群创造的租金。

1. 基于价值链内单个企业的租金创造

对价值链内的单个企业而言，Kaplinsky 认为存在三类租金，分别是源于企业动态能力的创新租金、源于企业独特资源的李嘉图租金和基于市场势力的垄断租金。

（1）创新租金、李嘉图租金与垄断租金。

创新租金，又称为熊彼特租金。在李嘉图的地租理论中，李嘉图租金根源于资源的天然稀缺性。而熊彼特认为这种资源的稀缺性是可以后天创造的。他指出，经济发展过程包含产品与生产手段"新组合"的间断性引入。这种"新组合"包括新产品的开发、新市场的开拓、新原料的利用以及产业组织的重新整合等。而企业作为"新组合"的创新主体，能够以生产者剩余的形式获得"新组合"带来的创新回报。这种"新组合"的创新，在一定时期内具有独特的稀缺性，可使创新企业因其竞争对手难以（至少在短期内）复制，而获得大于创新成本的创新收益。这种创新收益实质上就是超额利润，它会刺激其他企业纷纷采取模仿行为，从而使创新在全社会逐渐扩散，最终提高整个社会的生产效率。从纵向的时序看，创新会不断被更高级的"新组合"替代。这意味着"熊彼特式

---

① 经济租金的概念最早源于李嘉图的地租理论，指的是土地的超边际收益。而在现代租金理论中，经济租金则泛指一切生产要素的超边际收益，通常定义为厂商对某生产要素的支付超过该生产要素目前所得报酬的部分。它类似于生产者剩余，等于要素收入和其机会成本之间的差额。

发动机"会不断激励创新，从而推动社会经济不断向前发展。从这个意义上言，创新租金具有动态性的特征。在引入"新组合"后，企业会获得生产者剩余，即创新租金。然后，随着创新的扩散，创新租金会逐渐耗散，产品价格随之下降，创新租金也渐渐地转化成消费者剩余。但在这个过程中，企业又会重新寻找更高级的"新组合"，以实现创新租金的持续产生。在很多早期的新熊彼特主义文献中，技术被视为创新的核心驱动力。而在近期的研究中，Kaplinsky（2006）指出，由于企业不仅内嵌于地方和国家创新系统，也内嵌于全球价值链，因此从更为宽泛的视角看，内生性的创新租金可分为组织租金、人力资源租金、市场营销租金、技术与设计租金四类。

李嘉图租金。李嘉图最早提出经济租金理论。他认为，经济租金是由于使用了天然的、不可毁灭的土壤力量而付给地主的一部分土地生产物。李嘉图观察到农业生产中的土地并不是同质的，那些肥沃的地块由于稀缺而能获得超额利润，即李嘉图租金。因此，李嘉图租金根源于资源的稀缺性。这里的资源不仅包括土地、矿产、人力资源、专利、设备、原材料等有形资源，也包括企业的长期声誉、技术诀窍与营销技巧等无形资源。它们在企业之间难以流动，不易复制，具有价值性、稀缺性和不可模仿性的特征。其中，价值性表明资源能够为企业创造租金，而稀缺性和不可模仿性则表明资源是企业独有的，即在企业之间是异质的。这种资源或要素的异质性也说明了，在企业之间存在资源禀赋的差异，资源禀赋越好的企业获得的经济租金会越多。从这个意义上说，李嘉图租金的创造归结于对稀缺资源的所有权。此外，还有一些经济学家把这种租金视为短缺供应状态下的要素积累。他们认为，单个企业通常是各种异质性资源的集合体。在不完全竞争的市场条件下，这些异质性资源可使其拥有企业获得持久的独特竞争优势，而这种竞争优势会给企业带来一定的超额利润。

垄断租金，又称为张伯伦租金。《新帕尔格雷夫经济学大辞典》将垄断租金定义为"一个具有垄断势力的买（卖）者，如果其潜在的财富由于它对其他潜在的竞争者进行人为的限制而得到增加，那么这种潜在财富的增加就是一种垄断租金。而垄断者能否实现这种财富的增加，取决于设置这些限制的竞争成本高低。比如，对垄断租金的竞争会导致把它们转移支付给设置限制的政治家，而它们又往往耗散于政治家们在为争夺这些好处的授予权而展开的竞争中"。张伯伦和罗宾逊夫人指出寡头垄断厂商往往通过价格卡特尔垄断联盟来操纵价格，在短期内获得超过完全竞争利润的超额利润，即垄断利润。更一般地说，在不完全竞争条件下，消费者由于成为价格的接受者，而不得不将其一部分消费者剩余转化成生产者剩余让渡给生产者，从而使其生产者剩余增加。从这个意义上说，垄断租金是由于企业市场势力导致消费者需求曲线改变而增大的生产者剩余。相应地，这种剩余所形成的租金就是垄断租金。在现实经济中，垄断租金也可以通过新产品开发（产品差异化战略）和生产规模扩大（低成本战略）等形式构建的行业进入壁垒加以实现。但是，熊彼特认为这种形式的垄断租金只能在短期内存在，长期中则会由于其他企业的创新对垄断的打破而消失。

（2）租金传递与创新租金。

如前所述，租金根据来源的不同可分为创新租金、李嘉图租金和垄断租金，这些租金反映了企业绩效与其内外资源的有机联系。在市场经济中，企业的经营目标，是为了创造与获取持续不断的租金，这一目标的实现过程实际上是一个依次由创新租金到李嘉图租金再到垄断租金的不断更替或者循环往复的变化过程。而垄断租金是企业租金的最终落脚点。因为在市场经济条件下，作为超额利润的租金必须依靠企业的市场势力加以实现，而市场势力又需要通过构建进入壁垒来获取。进入壁垒通常包括规模经济壁垒、产品差别化壁垒与绝对费用壁垒等。但无论是何种形式的进入壁垒，在本质上都是资源进入壁垒，都是通过企业有意识地创造和使用某种独特资源（李嘉图租金）而形成的。比如，规模经济壁垒是企业通过创造和使用独特的研发与技术能力、具有不可分割性的生产设施以及经验效应等资源构建的；产品差别化壁垒是企业通过创造和使用独特的产出特性，以及技术和品牌形象资源等构建的；而绝对费用壁垒则是企业通过占有和控制专利与技术诀窍、销售渠道和物流系统、特殊的经营能力和专业人才等资源构建的。企业所拥有的各种有形或无形的特殊资源，会转变成各种阻碍竞争对手的进入壁垒或异质性能力，而使企业获得一定的超额利润。但是，在长期中，受利润最大化目标的驱使，其他没有取得租金的企业必然会对优势企业的特殊资源进行模仿，从而导致企业间的资源不断趋同，进而使经济租金逐渐耗散。在这种情况下，优势企业必须不断地主动进行"要素新组合"的创新，将资源选取机制与能力建造机制有机地融合起来，以不断给企业注入新的战略性特殊资源和异质性能力，实现这些资源和与能力的有序衔接，从而在动态化的市场竞争中确立稳定的优势地位，进而创造出持续不断的李嘉图租金，形成企业长期的经济租金来源。

总而言之，在市场经济中，企业的经营目标，是为了创造与获取持续不断的租金，这一目标的实现过程实际上是一个依次由创新租金到李嘉图租金再到垄断租金的不断更替或者循环往复的变化过程。而在这个动态的循环往复的变化过程中，创新租金起着"引擎"的作用。企业只有通过持续不断的创新活动，才能形成不易为竞争对手所模仿的独特资源和异质性能力（李嘉图租金），进而才能通过构建进入壁垒获取垄断租金，使企业租金在外部市场上得到实现。从这个意义上说，创新租金是企业租金的根本源泉，而垄断租金则是企业租金的实现形式。全球价值链是产品的各个功能环节垂直分解到最有比较优势的国家或地区而形成的。在全球价值链上，创新能力最强的企业，往往能够通过不断地创造最有优势的独特资源而占据战略性环节，成为价值链的实际主导者，从而获取到最大份额的租金。因此，在全球价值链的收益分配中，创新租金的创造和占有至关重要。

2. 基于价值链内企业群的租金创造

在 20 世纪下半期，全球生产方式经历了三个主要的发展阶段：1950～1975 年，福特制生产方式居主导地位。这一生产方式具有高度专业化和大规模生产的特点，与该时期低下的收入水平和统一的消费结构相适应。进入 70 年代中期，福特制方式的缺陷逐渐显露：单一的标准化产品品种已经难以适应收入的增长和多样化消费结构的需要，而且生产成本在刚性的生产装配线下难以削减。到了 80 年代后期，越来越多的企业开始采用新的精益生产方式。精益生产方式使人们认识到竞争前沿存在于企业之间有效的分工协作。一方面，如果企业不能通过产品内分工价值链重构有效的生产流程，加强彼此间的专业化分工协作关系，提高整个生产体系的绩效，那么企业的发展在经济全球化下将会受到很大的限制（Raphael Kaplinsky，2006）；另一方面，企业之间的横向合作对于创造与维持企业持久的竞争优势非常重要。中小企业可以通过联合采购、联合销售、分享通用服务等方式获取竞争优势，而大企业也可以通过技术联盟等方式取得更大的技术竞争优势。在这种情况下，那些能够有效调控与相关企业之间关系的厂商可以获得新的竞争优势。例如，丰田公司就从其产品全球价值链的有效控制中获益。而美国汽车行业的领导企业，也在力图通过调控其产品全球价值链来赢得新的竞争优势。总之，在产品内分工价值链垂直解构所形成的全球生产网络中，价值链中的各个节点企业可以通过协调彼此间的分工协作关系，优化整合整个价值链或网络来形成新的竞争优势，进而创造出新的租金。这种基于链内企业群构建的租金包括关系租金（Relational Rents）和网络租金（Network Rents）。

Dyer & Singh（2000）研究了日本丰田汽车全球产品内分工生产网络，发现在汽车制造商与其中间产品供应商之间的关系专用性投资和厂商绩效间存在正向相关关系。由此，他们提出了关系租金的概念，并将其定义为企业之间通过专用性投资和有效的规制结构形成"特质的企业间联结"（Idiosyncratic Interfirm Linkage），并不断进行资源、资产和知识等要素的交易与结合，从而产生大于单个企业收益之和的超额利润。由此可见，源于企业之间特殊的交易关系的关系租金是单个企业无法创造的。该租金说明价值链或网络中企业之间的交易深深嵌于产业以至整个社会之中，而非单纯的原子状竞争的一般市场交易关系。一般的市场交易不需要进行专用性资产投资，买卖双方可以很容易地转换交易对象，而且彼此间也很少进行资源和知识等要素的交流。这种市场交易关系对参与企业而言，缺乏特质性，既不稀缺也不难模仿，因此不具备产生关系租金的能力。而全球价值链本质上是一个分工协作体系，链内各个企业之间的关系与其说是竞争关系，不如说是合作关系。它们之间的联结纽带不但包括单纯的产品交易，而且还包括联合采购、联合销售、信息与知识分享、技术联盟等。因此，这种特质的企业间错综复杂的联结，由于其稀缺性和难以模仿性而使企业获得一种新的竞争优势，从而创造出关系租金。通过长期合作，链内企业可以通过创新，把来自于合作伙伴的新知识要素融入企业内部，进一步提升企业原有的特殊资源和异质性能力，从而赢得新的竞争优势，获取新的超额利润。关系租金源于链内企业间在长期合作中形成的信任关系，并与特定交易相联结，因此所产生的整合效应是孤立的单个企业无法创造的。具体而言，产品内分工价值链上的合作企业可以通过下面四个渠道创造关系租金：一是专用性资产投资。资产专用性包括厂址的专用性、物质资产的专用性和人力资产的专用性。在合作企业之间进行关系性专用资产投资，可以通过降低价值链的生产与交易成本，加大产品的差别化以及加快产品的开发周期来实现关系租金。二是信息与知识的共享。链内的合作企业往往是创新思想的源泉。与链外企业相比，它们通常对当前生产技术的发展、中间产品与机器设备的供应以及营销服务理念等有更好的了解与掌握。因此，链内的合作企业可以通过构建和利用信息与知识共享机制，来提高自身的技术创新效率进而创造关系租金。三是资源互补性。资源互补性是形成关系契约的重要条件。企业只有通过价值链结合各自的特殊资源并实现协同效应，才能使联结而成的新资源变得更为稀缺、更加不易模仿，进而才能提升合作双方的竞争优势而产生关系租金。

　　自 20 世纪 70 年代中期以来，产品内分工与贸易的迅速发展，使全球经济发生了巨大的变化，企业由追求内部协同向追求外部协同转变，传统的"扁平"生产过程日益发展成纵横交错的高效全球生产网络。在产品内分工价值链上，关系租金建立在企业间一一对应的产品或服务定制上，一旦这种对应关系转向群落关系，就会形成错综复杂的网络结构而产生网络租金。与关系租金相比，网络租金表现出更为显著的关联性、动态性与复杂性。具体而言，网络租金是指生产网络组织结构中的全部成员通过专用性投资和有效的规制结构形成核心资源的共享，由此所创造的总利润大于单个企业利润之和的超额利润。根据近年来兴起的社会网络理论，全球生产网络本质上是一种社会网络，企业嵌入这种社会网络会促进企业间的相互信任而减轻道德风险。具体而言，社会网络可以通过以下两条途径促进企业间的信任而降低交易成本。其一，网络能使企业获得有关合作伙伴的高质量信息。网络纽带是合作企业之间识别和了解彼此能力的重要渠道。它可以通过严格和可信的评估使企业之间彼此的资源和能力有更多的了解。简而言之，网络能够在很大程度上减少由于信息不对称带来的缔约成本。其二，社会网络还能够通过声誉效应进一步降低机会主义行为带来的交易成本。在网络中，因为企业声誉的损害不仅会影响其实施的机会主义行为的特定合作，还会影响所有其他当前和潜在的合作伙伴，所以在网络中机会主义行为的成本比较高昂。而且，网络中的机会主义行为更容易被发现，信息也更容易通过网络迅速传播，因此机会主义行为会得到更有力的抑制。此外，声誉的建立需要花费很多时间，而声誉的损害则非常迅速，因此网络能够对机会主义行为产生更强有力的约束，不仅能够有效地减少交易成本，而且还能作为战略性特殊资源和异质性能力扩大交易收益。在网络中，能够产生租金的资源不仅包括信息、资本、品牌、技术能力和管理才能等要素，还包括企业的网络资源或社会资本。企业所拥有的网络关系是一种独特的、不可模仿的资产，它能使企业获得新的竞争优势而增加交易收益。对网络租金的追求不仅是企业构建产品内分工协作网络的动力，也是网络自身可持续发展的基础。

6.2.2　产品内分工与贸易的收益占有与分配

1. 租金占有的最大化

在李嘉图租金、垄断租金和创新租金三种租金中，创新租金是最根本的租金。企业只有通过持续不断的创新活动，才能形成不易为竞争对手所模仿的独特的专用性资源（李嘉图租金），进而才能以此构建行业进入壁垒，获取垄断租金。从这个意义上言，企业获取的收益，即租金根源于企业自身的创新活动，但是企业并不必然会占有其全部的创新收益[①]。企业要实现创新租金的最大化，必须使其顺利转化为李嘉图租金，并最终以垄断租金形式加以实现。而三种租金能否实现动态转化，以确保企业获得最大限度的创新租金，取决于一些具体因素。根据 Teece（1986）的创新收益占有模型[②]的基本思想，在全球产品内分工价值链上，企业创新租金最大化的实现主要受制于以下三个因素：

（1）产业演化与技术标准。熊彼特认为，创新就是引入一种新的生产函数，也即实现"生产要素的重新组合"，以提高经济潜在的产出能力。而产业的动态发展过程，就是随着科学技术的不断进步，持续提高企业和产业作为资源转换器效益的过程，因此，在这个意义上，创新成为产业发展的直接动力。而主导设计又是创新的核心所在。主导设计是特定时期融合了大量的单个技术创新，并为市场广泛接受的占支配性地位的设计。在产业发展初期，市场往往充满了创新的不确定性。创新活动主要集中于产品创新。而产品设计通常是不固定的，因此这一时期会出现大量同类的差异化产品，企业间的竞争主要表现为产品设计的竞争。随着产业的进一步发展，众多竞争性产品设计在经过大量的市场试验和纠错后，

---

　　① 例如，网景公司发明了浏览器，但微软企业的视窗操作系统却占领了浏览器市场；Excite&Lycos 公司是发明了网络搜索引擎，但先是雅虎，后是谷歌占领了主要市场；苹果公司发明了 PDA，而 Palm 企业却占据了主要市场，等等。显然，这些创新者都没能通过创新获得相应的创新收益，或者没有实现创新收益的最大化。

　　② Teece 指出创新收益可以归属于以下四个群体：创新者、消费者、供应者、模仿者。收益占有是指不同利益相关者从一项创新中为自己获得财务利益的能力。如果创新者能得到几乎全部的创新收益就是强收益占有，否则就是弱收益占有。

最终会推出一个主导设计。一旦主导性设计出现，竞争将由设计竞争转向价格竞争（David & Greenstein，1992）。此时，由于不确定性减少，企业可以进行长期的专用性投资，以充分利用规模经济和学习效应来降低生产成本。同时，企业为了保护主导设计，还会力图将其转变成技术标准。创新企业往往由于掌握主导设计而领导着整个产业的技术标准，或者使本企业的技术标准成为政府规定的技术标准，从而建立起由政府规制与技术标准形成的多重行业进入壁垒，进而在市场竞争中获取高额的创新垄断利润。而其他企业由于处于技术标准接受者的地位，其产品多样化创新能力受到技术标准兼容的严重限制，因此分享到的创新利润相对较少。所以，主导设计和技术标准作为企业的核心竞争力，是其获取稳定的高额租金的重要途径。特别是在技术比较复杂、研发投入巨大、产品体系衔接紧密的高新技术产业中，主导设计和技术标准已经成为创新企业或领导企业控制全球产品内分工价值链，获取高额经济租金的重要手段。在当前的产品内分工与贸易下，跨国公司的技术标准化战略已使技术标准从一种产业和经济的秩序或技术方案，异化为企业支配全球产业链条，限制市场竞争，获取超额利润的工具。

（2）专属制度。按照 Teece 的观点，专属制度是治理创新者捕获创新利润能力的企业和市场结构等环境要素。它在很大程度上决定着创新企业通过技术发明和知识创造获取竞争优势和垄断地位，进而实现创新利润的能力大小。专属制度可分为正式制度与非正式制度，前者包括专利与版权等知识产权；后者包括商业秘密、先行者优势和网络外部性的锁定效应等。这一制度最重要的两个维度，分别是法律环境对知识产权与商业秘密的保护效率和相关技术的性质。在现实经济中，专利所起的保护作用并不像理论上显示的那样大。Von Hippel（2007）通过实证研究发现，在许多行业中，专利在阻止竞争者模仿和获取特许权等方面的作用有限。尽管专利能够很好地保护新的化学产品和相当简单的机械发明，但在总体上很少赋予创新充分的专属性，特别是在过程创新的保护方面相当缺乏效率。并且，由于法律对侵权行为的举证要求很高，而使得专利通常不能很好地发挥作用。在某些产业中，特别是嵌入了过程创新的产业中，商业秘密是对专利的有效替代。但是，对商业秘密的保护，也只在企业将其产品公之于众而仍能掌握潜在技术秘密时才有可能实现。通常只有化学配方和化妆品之类的产业——商业过程（Industrial-commercial Processes）才能作为商业秘密得到保护。至于相关技术性质的维度，是模仿的难易程度会受到技术知识的显性或隐性程度的影响。显性知识（Codified Knowledge）因较易传递和接受而易被竞争对手获知；而隐性知识（Tacit Knowledge）则因难以进行明确表述与逻辑说明而难为竞争者所掌握。根据技术的性质和法律制度对知识产权保护的效率，可将专属制度分为强式制度和弱式制度。当技术知识的隐性程度较高，或技术能够得到有效的法律保护时，专属制度就是强式的；而当技术知识的显性程度较高，或技术无法得到有效的法律保护时，专属制度就是弱式的。研究显示，创新的专属性会因产业性质而异。例如，化学产品创新的专属性往往较强，而机械产品创新的专属性一般较弱。在强式专属性创新中，创新者竞争优势相对明显，因此能够获取较多的经济租金；而在弱专属性创新中，创新者竞争优势相对较弱，只能获取有限的经济租金。

（3）互补性资产。除了主导设计和专属制度之外，互补性资产也是影响创新收益归属的一个重要因素。Teece（1986）认为，在几乎所有的案例中，创新的成功商业化要求将企业的核心知识和其他能力或资产结合使用。诸如营销渠道、售后服务、产品品牌等服务在创新的商业化中几乎是必不可少的，而这些服务通常只能从专门的互补性资产中获取。例如，新药品的商业化可能需要通过一个专门的渠道进行信息传播。后来的学者（Peter Taylor & Julian Lowe，1999；Petra Christmann，2002）在 Teece 的基础上将互补性资产明确定义为"企业为了获得某项战略、技术或创新产生的经济效益而必须拥有的资源或能力。"在某些情况下，对于系统性创新，互补性资产可能是该系统的配套产品。例如，计算机需要软件，DVD 播放机需要 DVD 影碟。创新企业必须考虑这些配套产品是自行生产，还是从其他企业那里获取。随着经济全球化的发展，创新企业往往需要与大量的其他企业进行协调来确保配套产品的供应，以便一方面实现最终产品价值的最大化，另一方面尽可能多的获取合作网络创造的关系租金或网络租金。例如，在电子产业中，受产品更新换代的速度和消费者对产品兼容性预期的影响，即使是最大的电子企业，也必须通过建立分布广泛的联盟网络同其他众多企业进行合作，以便及时地将全新的创新理念推向市场。专门的互补性资产通常需要较长的时间才能得到，因此具有很强的路径依赖性和不易模仿性，从而成为创新企业的独特竞争优势。这种专门的互补性资产能够在知识产权保护不力，创新容易向竞争者溢出的情况下，帮助创新企业占有绝大部分甚至全部的创新收益。

Teece（1986）根据互补性资产和创新之间的关系，将互补性资产分成三类：一般互补性资产、专有互补性资产和双专有互补性资产。一般互补性资产指那些仅仅用于一般用途而与创新无直接联系的资产，如厂房、财务资源等；专有互补性资产指与创新存在单方面依赖关系的资产，如销售渠道、研发设备等；双专有互补性资产是指与创新存在相互依赖关系的资产，如为开发汽车的马自达旋转发动机而配置的专门维修设备等。当创新依赖的互补性资产包含关键互补性资产时，后者的归属会影响创新收益的分配。此外，根据创新与原有互补性资产的依赖关系，可将创新分为低跳跃性和高跳跃性创新。前者指创新的实现依赖于原有的互补性资产；而后者指创新会对原有的市场价值网络和生产方式产生毁灭性破坏，使得原有的互补性资产不再发挥作用。在低跳跃式创新下，拥有原有互补性资产的在位企业可占得先机，获取较大份额的创新收益；而在高跳跃式创新下，新进入的创新者通常能够捕获绝大部分甚至全部的创新收益。

2. 租金的分配与讨价还价能力

在产品内分工与贸易下，跨国公司将产品生产过程的各个价值环节垂直分解到最有比较优势的国家或地区，从而形成了全球性产品内分工价值链。在这种全球价值链中，领导企业通过垂直 FDI 与国际外包等方式构建全球生产网络和商品流通网络，以便控制整条价值链的协调和运行，实现整条价值链总收益的最大化。如前所述，价值链的收益主要来自领导企业的创新租金和内生于价值链的关系租金与网络租金。虽然创新租金基本上为领导企业所占有，但由于价值链中其他参与企业作为其合作伙伴，也对创新产品的开发与生产作了不同程度的贡献，因此除了关系租金和网络租金外，还有部分创新租金也需要在所有参与企业之间进行分配。Porter 曾在其经典著作《竞争战略》中提出了"五力"模型，指出企业的盈利能力取决于供应商的讨价还价能力、购买者的讨价还价能力、替代产品的威胁、新进入者的威胁、行业现有的竞争状况五种力量。根据 Porter 的这一产业分析思想，价值链中参与企业的讨价还价能力是租金或收益分配的主要决定因素。一般而言，企业讨价还价的能力越强，在价值链上分配到的收益份额相对越大；反之，就越小。而决定企业讨价还价的能力的因素主要有以下四个：

（1）价值链治理与权力分配。

学者们的研究表明租金分配与产品内分工价值链治理密切相关。Gereffi（2005）认为在全球范围内，任何一个产业都会受到少数几家大型跨国公司的控制或治理。这些企业作为领导者或治理者"在全球价值链上承担着产业功能整合和全球不同地区诸多经济活动的协调和控制"。Kaplinsky（2006）指出领导企业的治理能力主要来自于其对研发设计、品牌形象和营销渠道等无形的知识或技术密集型环节的占据。这些环节一般具有高壁垒与高收益的特征。而非领导企业则主要居于生产制造等有形的物质投入产出环节。这些环节一般具有低门槛与低收益的特征。Dyer, Kale 和 Singh（2010）则认为价值链治理实质上是价值链中各个环节权力分布的体现。作为内嵌于价值链的关键要素，权力决定了各个节点企业之间关系的本质。虽然这些企业都是独立的市场经济主体，但是这种法律契约的独立性并不表明它们具有对称的权力。根据权力分布的不同，可将价值链治理分为两类：依赖型治理与方向型治理。在前者中，各环节或各节点企业的权力分布趋于对称，而在后者中，各环节或各节点企业的权力明显不均衡。由于各节点企业之间的关系主要表现为中间产品或零部件的供求关系，而这种供求关系会从根本上造成权力分布的不对称，所以全球产品内分工价值链一般是典型的方向型治理。这种权力的不对称实际上体现了各节点企业租金分配的不对称。企业权力越大，讨价还价的能力就越强，所能获取的租金就越多。比如，领导企业控制着产品内分工价值链的治理权，是价值链形成、运作和发展的驱动者，协调和管理着整条价值链，因此权力最大，讨价还价能力最强，所获得的租金必然最多。而其他节点企业作为领导企业的合作伙伴则处于被治理的地位，权力较小，讨价还价能力较弱，所获得的租金也就较少。从某种意义上说，整个产品内分工价值链的权力分布是一种金字塔式的治理结构（Sacchetti & Sugden，2005）。例如，在汽车行业中，通用汽车公司和本田汽车公司等处于金字塔塔顶，它们作为领导企业，是全球汽车产品内分工价值链的驱动者，权力最大，讨价还价能力最强，能够获取较大份额的租金；中间层的供应商一般数量较少且主要供应技术和资本密集型的精密零部件与资本品。它们往往与领导企业之间建立了长期的战略合作关系，甚至还参与领导企业的部分研发设计等，因此这些中间层的节点企业权力中等，拥有一定的讨价还价能力，能够获取一定份额的租金；而金字塔塔底的供应商主要是集中于中国等发展中国家的代工企业。这些代工企业一般承接劳动密集型的加工组装环节。它们往往规模较小、数量众多、缺乏知识和技术等高级要素，在价值链中的讨价还价能力最弱，只能依靠廉价的劳动力获取份额最少的租金。

（2）企业所在生产环节的进入壁垒。

一般来说，企业所在环节的进入壁垒越高，表明该环节的市场结构越倾向于垄断，因而企业的市场势力就越大，讨价还价能力也就越强。在产品内分工价值链上，进入壁垒形成的原因主要有：

第一，要素密集度。在产品内分工价值链上，不同环节或零部件的技术特点不同，因而要求的要素投入比例也不尽相同。根据要素投入比例的差异，可将这些环节分为知识密集型环节、技术密集型环节、资本密集型环节和劳动密集型环节。大体上说，一个产品的生产过程可分为研发设计、生产制造和市场营销三个基本环节。其中，研发设计环节主要是知识、技术或资本密集型环节，进入壁垒较高，企业的讨价还价能力较强，可以争取到较大份额的收益；而市场营销环节，包括品牌和营销网络等，主要体现为不能编码，难以为他人复制的隐性知识，因此进入壁垒也较高，企业的讨价还价能力也较强；与前两个环节相比，生产制造环节的进入壁垒变动较大，从总体上看，由于生产制造环节的知识、技术和资本含量相对较少，因而进入壁垒相对较低，企业的讨价还价能力较对较弱，获取的租金份额相对有限。但生产制造环节还可进一步细分为核心零部件、一般零部件和加工组装环节。核心零部件环节的技术与资本含量相对较高，一般零部件环节相对较低，而加工组装环节则基本上是劳动密集型的。因此，在生产制造环节中，核心零部件、一般零部件和加工组装环节进入壁垒的高度依次递减，各节点企业的讨价还价能力相应下降，所获得的租金份额也就顺次减少。特别是随着科学技术的不断进步，发达国家的跨国公司正越来越多地从生产制造环节退出，同时又有越来越多的发展中国家企业加入到这一环节，从而使该环节的进入壁垒不断下降，企业讨价还价能力也因此进一步削弱。

第二，规模经济。在产品内分工价值链中各环节市场上，新进入企业的产品在没有获得一定的市场份额之前，其产量由于不能达到最佳规模而难以实现规模效益，因此生产成本必然高于在位企业，这就是规模经济壁垒。通过达到最佳生产规模来获取规模经济利益，是企业降低长期平均成本，实现利润最大化的重要途径。所以，在市场容量和资源供给容许的范围内，企业必然会力图通过生产规模的扩大来实现规模经济效益。而这又会引起市场集中度的提高，形成规模经济壁垒。在一个市场内，实现最佳规模的企业数量与该行业的市场容量和最佳生产规模密切相关。在产品内分工价值链的特定环节上，企业的最佳生产规模和市场容量的大小取决于该环节生产函数的特性。在市场容量较小而企业最佳生产规模较大的情况下，最佳规模的企业数量会较少，因此该环节的市场结构将趋于非完全竞争结构，从而企业的市场势力会较大，相应的讨价还价能力会较强，进而能够获取的租金就较多；在市场容量较大而企业最佳生产规模较小的情况下，最佳规模的企业数量会较多，因此该环节的市场结构将趋于完全竞争结构，从而企业的市场势力较小，相应的讨价还价能力会较弱，进而能够获取的租金就较少。

第三，其他因素。产品差异化、转换成本、信息掌握、专有技术等其他因素也会形成各价值环节的进入壁垒。①产品差异化。如果产品是标准化产品，购买者相信可以很容易找到其他供应者，就会在讨价还价中持强硬态度；而如果产品是差异性产品，供应者知道购买者在其他地方难以买到，就会在交易中持强硬态度。②转换成本。转换成本是指购买者更换供应者所需支付的成本。如果转换成本较大，购买者很难更换供应者，其讨价还价的地位自然就低。反之，其讨价还价的地位自然就高。③信息掌握。购买者对供应者的成本结构等信息了解得越多，其讨价还价能力就越强。同样，供应者对购买者的库存情况等信息的了解，也有助于加强其讨价还价能力。④分销渠道。供应者如果占据了某环节中间产品的理想分销渠道，就可以形成对新企业的进入壁垒，从而拥有较强的讨价还价能力。⑤专有技术。专有技术或者专门技能将会增加某环节上新企业的进入难度，从而有助于加强专有技术拥有者的讨价还价能力。在产品内分工价值链中的企业，为了实现利润最大化，都会力图由低收益环节向高收益环节攀升。但是，在现实经济中，产品差异化、转换成本、分销渠道、知识产权、专有技术等各种形式的进入壁垒，往往会阻碍低收益环节企业向高收益环节的攀升。相应地，各个节点企业也可以凭借这些进入壁垒获得一定的市场势力和讨价还价能力。而且，进入壁垒越高，企业的市场势力就越大，讨价还价能力也就越强，在价值链的收益分配中获取的租金份额也就会越多。

6.3　iPod 价值链分解及其收益创造、占有与分配

基于上面的理论框架，本书对中国电子产业中以中国为加工组装基地的美国

苹果公司的 iPod 产品的全球产品内分工与贸易价值链进行分解，详细分析其收益的创造、占有与分配。苹果公司的 iPod 就是一个典型的创新的产品。它几乎以一己之力创造了一个新的产业，而成为小型数字音乐播放器行业的代名词。自 2001 年 10 月 23 日推出第一款 MP3 播放器 iPod 后，美国苹果公司依靠持续不断的创新，在全球唱片业乃至整个娱乐业掀起了一场革命，并逐渐发展成为全球数字媒体播放器市场的领导企业。2010 年，iPod 在全球的销售量达到 4000 万台，比 2009 年增长近 58%，在美国数字媒体播放器市场的占有率超过 70%。由于 iPod 强大的市场号召力，苹果电脑公司 2010 年的总营业额达到 429 亿美元，净利润接近 82 亿美元，比 2009 年增长 41%。

6.3.1　iPod 价值链的分解

自 2001 年苹果公司推出第一款 iPod 以来，iPod 的生产一直采用模块化生产方式，其生产网络遍及全球，形成了 iPod 的全球产品内分工价值链。iPod 产品价值链分解图，如图 6.1 所示。

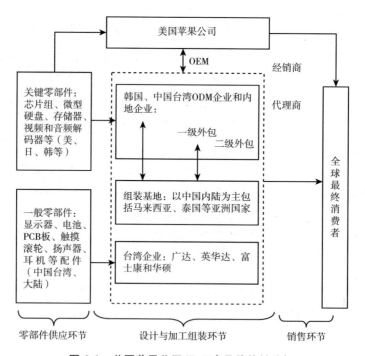

图 6.1　美国苹果公司 iPod 产品价值链分解

（1）产品设计环节。对于消费型电子产品而言，独具创意的时尚外观设计是决定其市场竞争力的关键因素。苹果公司很懂得用最直观的方式来诱惑顾客。

在许多人眼中，iPod 是一件美妙绝伦的艺术品，具有一种巧夺天工而又简约、实用的美，视觉、触觉上的表现几乎趋于完美。苹果公司的 iPod 正是依靠简约、唯美、纤薄且不断推陈出新的外观设计，使人们往往在看到它的第一眼就为其独特的魅力深深吸引，从而成为其忠实顾客。经典隽永的外形、简单易用的用户界面，中央滚轮式操作，内置硬盘储存媒介或闪存，无与伦比的音质，与 Tune 的无缝衔接等，已经成为数字音乐播放器的产业标准，从而使苹果公司成为 ipod 全球产品内分工价值链的发起者和主导者，控制和协调着整个价值链条，拥有强大的市场势力和讨价还价能力。

（2）零部件供应环节。零部件分为关键零部件和一般零部件。前者主要包括微型硬盘、解码器、PCB 板等知识或技术密集型配件，后者则主要包括电池、充电器、触摸滚轮和耳机等劳动密集型配件。关键零部件基本上由美国 Portal-Player 公司、荷兰飞利浦公司、韩国三星公司、日本东芝公司等国际大型生产商负责提供。在生产过程中，这些零部件大都采用双层外包的方式：第一层外包主要由美国与日本等国家的企业发包给韩国与中国台湾等的企业，而第二层次外包则主要由韩国与中国台湾的企业将业务转包给中国大陆企业。一般零部件则主要由中国台湾和大陆企业加工制造。

（3）加工组装环节。苹果公司在全球有数百家供应商，分布在中国大陆、中国台湾地区、新加坡、马来西亚、泰国、捷克以及美国等地，但是大部分产品都是在中国大陆组装。因为低廉的人工成本，使得中国企业成为苹果公司遍及全球的代工企业中的重中之重。富士康、英华达、广达和华硕 4 家中国台湾厂商就是苹果公司最主要的代工生产企业。它们分别提供 iPod nano、iPod video 和 iPod Shuffle 产品的代工。苹果公司将 iPod 的设计图纸交给这 4 家企业，经过它们对 iPod 加工组装后，再购买所有产成品。富士康英华达、广达和华硕四家厂商的代工厂均设立在劳动力低廉的中国内地。以富士康为例，目前在大陆的深圳龙华、昆山、烟台、北京、天津、武汉等地设有 15 个大型工业园区，员工近 80 万人。

（4）销售环节。目前，iPod 产品有三条营销渠道：一是通过百思买、沃尔玛等国际大型零售企业进行销售。iPod 进入这些零售企业，主要是利用它们遍及全球的强大销售网络来扩大产品的市场占有份额。但是，在这一销售渠道中，iPod 产品价值链的相当一部分收益会分配给这些品牌零售企业。二是通过苹果公司设立的专卖店进行销售。在这一销售渠道中，由于依靠的是苹果公司自身的品牌效应，因而苹果公司能够独享收益。三是通过经销商和代理商进行销售。在这一销售渠道中，苹果公司依靠其强大的品牌优势具有较高的讨价还价能力，因此能够获取大部分收益。

iPod 产品内分工价值链作为一种"生产者驱动型"价值链，具有明显的知识与技术密集型特点。在这一价值链上，苹果公司依靠技术标准的制定、产品外观的设计和品牌形象的打造而在 iPod 产品内分工价值链中处于主导地位，向前控制了原材料和配件供应商，向后则控制了组装加工与营销渠道。

6.3.2　iPod 价值链的收益创造、占有与分配

本书以存储量为 30GB 的 iPod video 为例，分析其产品价值链中领导企业，即苹果公司收益占有最大化的实现，以及各个价值链环节上苹果公司同其供应商或合作伙伴之间的收益分配。

如前所述，在 iPod video 产品内分工价值链上，每家参与企业都对 iPod 的生产及其价值实现都是做出了程度不一的贡献，并获取相应的收益。本书选取毛利润率和营业利润率两个指标来衡量 iPod video 产品内分工价值链中各参与企业实际获取的收益，即经济租金水平。其中，毛利润率是毛利润（销售收入净额与销售成本之差）与销售收入净额之比。营业利润率是营业利润（即毛利润扣除研发、销售、总务和行政支出等间接费用后的部分）与销售收入净额的之比。在计算企业的毛利润率和营业利润率时，本书采用的数据来自各企业 2009 年度财务分析报告。①

表 6.3 给出了 iPod video 分工价值链上各功能环节及相应主要供应商的毛利润率和营业利润率，并按营业利润率由大到小排序。这些数据可以在一定程度上说明分工价值链中领导企业与其主要零部件供应商的收益水平，以及在收益分配中的讨价还价能力。

表 6.3　　2008 年 iPod video 产品内分工价值链上主要参与企业的利润率

功能阶段	供应商	毛利润率（%）	营业利润率（%）
领导企业	美国苹果公司	29.0	11.8
控制器芯片	美国 PortalPlayer 公司	44.8	10.6
视频芯片	美国博通公司	52.5	10.4
主内存	韩国三星公司	31.5	9.4
电池	日本 TDK 公司	26.3	7.6

---

①　企业年度财务分析报告上的数据反映的是企业总体经营情况。一般来说，企业总体层次的利润率和企业产品层次的利润率往往不完全一致，而是存在不同程度的偏差。对于像美国博通这样的芯片生产企业，因为其绝大多数产品的利润水平基本相同，所以以企业总体层次的利润率与产品层次的利润率非常接近。但像韩国三星公司，生产的产品不仅有 iPod 芯片，还包括一些主要的家用电器，因而利润率在各产品间差异较大。就本书的研究目的而言，企业总体层次的数据不如产品层次的数据准确，但是后者由于各个企业对产品生产成本结构的保密而无法取得，所以本书还是采用企业总体层次的利润率来近似地反映其所供应的 iPod 零部件的利润水平。

续表

功能阶段	供应商	毛利润率（%）	营业利润率（%）
零售商	美国百思买公司	25	5.3
显示器	日本东芝松下显示技术公司	28.2	3.9
硬盘驱动器	日本东芝公司	26.5	3.8
组装	台资英华达公司	8.5	3.1
分销	美国英迈公司	5.50	1.3

资料来源：根据各公司 2010 年年报整理而得。

1. 价值链上领导企业的收益及其最大化

（1）领导企业的毛利润率和营业利润率。

在 iPod video 的产品内分工价值链上，苹果公司是领导企业，担负着研发设计、市场营销以及协调价值链的任务，并因此承担着相关的费用支出，包括质量担保等间接费用。在价值链中，由于苹果公司是唯一一家与所有其他参与者都要讨价还价的企业，所以它还拥有剩余索取权。由表6.3可知，苹果公司作为领导企业，其毛利润率为29%，而营业利利润率为11.8%，在价值链上的所有企业中排名第一，表明苹果公司从 iPod video 获得的收益最大。表6.3实际上反映的是整个苹果公司的平均利润率。而如果单独考察30GB的 iPod video 的利润率，可以发现其营业利润率要高于苹果公司的平均营业利润率。表6.4是根据美国 Portelligent 公司对30GB的视频 iPod 的成本拆解报告而得。由该表可知，30GB的 iPod video 的估计毛利润率为36%，高于苹果公司的平均毛利润率，因而其估计营业利润率也应高于苹果公司的平均营业利润率。在当今时代，电子产品的更新换代速度是相当快的。因此，电子行业的领导企业必须通过持续不断的产品创新来保持自己的领先地位，并获取相应的创新租金。但是，创新者并不一定能从创新收益中获取最大份额[①]。在 iPod video 的产品内分工价值链上，苹果公司高居第一的营业利润率，充分说明了苹果公司在很大程度上实现了创新收益的最大化。那么，如何解释苹果公司在 iPod video 的全球产品内分工价值链上获取了这么高的利润？对此，可用本章第二部分构建的理论框架进行说明。具体而言，苹果公司创新收益最大化的实现取决于以下三个方面：

---

① 例如，在惠普 HP nc6230 电脑全球产品内分工价值链上，惠普公司是价值链的领导企业，但其营业利润率明显低于价值链上的供应商微软与英特尔。在2008年，惠普公司的营业利润率为4.0%，而微软和英特尔则高达36.6%和31.1%。惠普公司与苹果公司的研发经费投入相差不大，但苹果公司的营业利润率明显高于惠普公司。这表明，同样作为领导企业，苹果公司从其产品创新中获取了更大的收益份额。（http://www.connectedhomemag.com/ Audio/Articles/ Index cfm? ArticleID =41429）

表 6.4　　　　　　　　**30GB iPod video 产品的估计毛利润率**　　　　单位：美元,%

产品售价			299
营销环节	经销代理商	经销代理商收益	30
	零售商	零售商收益	45
净销售额			224
生产环节	零部件供应环节	零部件总成本	136
	组装加工	组装加工费	8
估计毛利润			80（154）
估计毛利润率			36%

资料来源：根据网络资料整理计算（http：//digi. 163. com/06/0614/11/2JISB18S7. html1）。

　　第一，主导设计。创新的竞争焦点和成功标志是形成掌控主导设计与行业标准。主导设计与行业标准是以往各种技术创新的有效综合，它冲破了现有产业的约束，不仅影响技术的发展，还塑造了全新的产品、市场、企业和用户之间联结方式。一旦某个创新成为主导设计和行业标准，创新成功者就能控制整个产品内分工价值链，并由此获得高额的垄断利润和持续领先的市场地位。在行业技术标准制约下，其他企业不得不处于标准接受者的地位，难以进行产品的多样化创新。苹果的 iPod 就是一个典型的创新的产品。它几乎以一己之力创造了一个新的产业，而成为小型数字音乐播放器行业的代名词。通过产品设计、市场营销和用户体验的完美结合，iPod 的产品特征：经典隽永的外形、简单易用的用户界面、中央滚轮式操作、内置硬盘储存媒介或闪存、无与伦比的音质以及与 Tune 的无缝衔接等，已经成为数字音乐播放器的行业标准，从而使得苹果公司成为 iPod 全球产品内分工价值链的发起者和主导者，控制和协调整个产业价值链条，拥有强大的市场势力与讨价还价能力。特别是其 iPod + iTunes 的商业创新方式，将 iTunes 和 iPod 有效地捆绑在一起，使得用户的转换成本大大增加而被牢牢锁定在 iPod 上，从而使苹果公司发展成为数字娱乐行业的强大垄断者，能够最大限度地从其创新活动中获取高额的租金。

　　第二，专属性。一般情况下，电子产品的创新因专利等仿制壁垒的存在而享有较高的专属性。为了维持 iPod 市场上的主导地位，苹果公司一直通过专属制度保持着对 iPod 的主导设计和核心技术，特别是用户界面以及 iPod、iTunes 软件、iTunes 在线商店之间接口的控制。这一专属制度包括严格的保密措施、对数字版权管理系统的限制性开放、在工业设计和用户界面上拥有他人难以模仿的大量隐性知识等。通过这些制度，苹果公司能够最大限度地获取 iPod 创新带来的利润。同时，苹果公司对 iPod 的关键标准，如外部设备的基座连接器接口的专属控制，使它能够获得必要的配套资产来最大化其收益份额。2006 年，苹果公司开始向通过其基座而连接到 iPod 上的产品征收专利费用。

第三，互补性资产。互补性资产也是决定电子产品创新收益归属关键因素之一。原因在于核心资产，如新的产品概念或新的设计，往往只是一种中间产品。只有获得能够实现或加强其功能的各种配套性产品或服务的支持，才能将这些核心资产推向市场，转化为经济利润。

苹果公司的品牌形象是 iPod 最重要的互补性资产。在许多顾客眼中，苹果公司有一个很"酷"的形象。这一形象对他们产生了很强的诱惑力。从成立之初，苹果公司就一直通过严格的品牌和广告管理，精心打造和维护着公司的"酷"形象。iPod 的成功在很大程度上要归功于苹果公司的这一品牌形象，而 iPod 本身也大大加强了苹果的品牌号召力。

完善的中间产品或服务供应网络也是 iPod 重要的互补性资产。为确保 iPod 必需配套产品的供应，苹果公司采取了一系列战略措施。高度专业化的 iPod 软件和 iTunes 客户端软件，均由苹果公司内部进行开发和供应。对于扬声器系统等专有互补性产品，由于外部采购成本较低，因此主要由外部企业供应，但是扬声器系统需要使用苹果公司自己的 iPod 连接器（苹果公司为此会收取一定的专利许可费）。对于外部企业供应的互补性产品，苹果公司还会通过供货渠道的多样化来避免主要供应商讨价还价的力量坐大。此外，iPod 一些重要的通用互补性资产的供应渠道也是多样化的。例如，从一开始，苹果公司就为消费者提供了一个免费的 iTunes 软件编码器，帮助消费者对其收藏的 CD 进行不受限制的 MP3 编码，并免费转移到 iPod 上。而且，苹果公司非官方的文件共享服务也提供了数以百万计免费在线（尽管是非法的）的音乐下载。另外，苹果公司还通过其 iTunes 商店提供数百万音乐曲目的访问和其他限制内容的付费下载。

另一个容易受到忽视的 iPod 互补性资产是苹果公司自己的 Apple Store 零售专卖店。如果没有苹果公司零售专卖店富有吸引力的产品展示和卓有成效的产品促销，iPod 可能已经完全沦为大零售商货架上的普通产品。蒂斯（1986）就指出分销零售渠道是一项重要的互补性资产。因此，对于 iPod 而言，苹果专卖店是一项重要的互补性资产。这一销售渠道由于依靠的是苹果公司自身的品牌效应，因而能够使苹果公司独享 iPod 的收益。iPod 需要这样的分销渠道，而苹果专卖店也同样需要这样一个热销产品来保证足够的交易量。

2. 价值链上生产企业的收益分配

（1）核心零部件生产企业收益。

控制器芯片、视频解码器和主内存芯片是 iPod 的核心零部件。这三种产品都是高技术密集型产品，具有很强的专用性，市场的行业进入壁垒较高，因而生产企业拥有较强的讨价还价能力，能够从 iPod 产品分工价值链中获取相对较多的收益。美国 PortalPlayer 公司是控制器芯片的供应商。作为苹果公司 iPod 发展过程中的关键合作伙伴，该企业向苹果公司提供处理 iPod 数字音乐处理和用户数据库管理等基本功能的控制器芯片。2009 年，该公司的营业利润率为 10.6%，在产品价值链上排名第二。作为视频解码器的供应商，美国博通公司毛利率为52.5%，而营业利润率达到 10.4%，在 iPod 供应商中名列前茅。该公司的优势在于拥有与芯片设计和视频解码运算效率相关的专利技术。这使其在视频解码上拥有较强的市场势力和讨价还价能力，因此可以获取相对较高的利润率。相比之下，内存芯片市场竞争要激烈得多。内存芯片生产企业的讨价还价能力主要取决于内存芯片市场供求情况，而利润水平则主要取决于企业对内部成本的控制。由于内存芯片需求与供给很难同步变动，因而内存芯片市场经常处于波动之中，呈现出过剩与短缺的周期性变化。韩国三星电子公司是 iPod 主内存芯片的供应商，其营业利润率相对较高，达到 9.4%。其原因可能在于，作为近些年来全球最大的内存芯片供应商，三星公司能够获取规模经济的好处，从而也拥有较强的谈判势力。

（2）一般零部件生产企业收益。

硬盘驱动器、显示器、电池是 iPod 的一般零部件。与核心零部件相比，一般零部件由于技术含量较小，市场进入壁垒较低，供应商相对较多。因此，苹果公司能够轻易更换供应商，从而导致这些供应商的市场势力和讨价还价能力相对较弱，从 iPod 产品分工价值链中获取的收益份额也就相对较小。日本东芝公司是 iPod 硬盘驱动器供应商，其营业利率为 3.8%；日本东芝松下显示技术公司是 iPod 显示屏供应商，其营业利率为 3.9%；日本 TDK 公司是 iPod 电池供应商，其营业利率为 7.6%。这三家供应商的营业利润率均小于核心零部件供应商的营业利润率，在很大程度上反映了前者市场势力与讨价还价能力弱于后者。

（3）加工组装企业收益。

加工组装环节上的企业一般是劳动密集型，高度可替代、缺乏技术核心能力的小规模企业。它们面临高度竞争，在价值链中的讨价还价能力最弱，因而利润非常微薄。为充分利用中国丰富而廉价的劳动力资源，苹果公司几乎将其全部的 iPod 产品都外包给英华达、富士康等台资代工企业，在中国内地进行最终产品的加工组装活动。例如，英华达在大陆的深圳、太原、烟台、北京、昆山等地设有7 个大型工业园区，员工超过 14 万人。而富士康在大陆的深圳龙华、昆山、烟台、北京、天津、武汉等地设有 15 个大型工业园区，员工近 80 万人。2009 年，英华达的营业利润率为 3.1%，在 iPod 价值链上排名倒数第二。据经济观察报报导，作为苹果公司的代工企业，富士康仅有 2% 的毛利润率①。这两个代工企业

---

① 苹果有血泪：iPhone 暴利 200% 代工厂毛利仅 2%（http：//money.163.com/10/0413/10/B0H_4.html）.

的利润率充分说明了，由于加工组装环节是劳动密集型环节，市场进入壁垒较低，导致这些环节上的代工企业面临激烈的竞争，市场势力与讨价还价能力非常弱小，因此只能获取极为微薄的收益。

3. 营销企业的收益

一般而言，电子产品的零售收益约占产品售价的 15% 左右。由于零售企业的费用开支分摊在其销售的所有产品上，因此 15% 左右的利润率基本上零售商在任何一种产品上的毛利率。作为领导企业，当苹果公司通过其零售专卖店和网站将 iPod 直接销售给最终用户时，可以独享这一利润。作为全球最大的家电连锁零售企业，美国百思买公司是也是苹果公司 iPod 的零售商。2009 年，该公司的毛利率和营业利润率分别为 25% 和 5.3%。这个相对较高的利润率表明像百思买这样的大型零售商，依靠自身的品牌优势和强大的全球销售网络，可以拥有较强的市场势力和讨价还价能力。表 6.1 中的经销商采用的是低利润和高营业额经营方式。一般而言，电子产品的经销或代理收益约占产品售价的 10% 左右。但英迈公司，作为 iPod 的经销商，2006 年度的毛利率为 5.5%。在扣除间接费用后，营业利润率仅有 1.3%。这可能是由于该公司的主要业务是经销电脑和其他 IT 产品和服务有关。

从以上分析可以看出，分布在 iPod 产品内分工价值链中不同环节上的企业，所拥有的市场势力与讨价还价能力存在差异，其所分配到的租金（收益）也会有所不同。在 iPod 全球产品内分工价值链中，中国企业承接的主要是加工组装环节。在这一环节上，由于受产品要素密集度、规模经济、产品差异化、转换成本、信息掌握、分销渠道、知识产权和专有技术等因素的制约，中国企业的市场势力与讨价还价能力要比价值链中的领导企业及其他参与企业弱小得多，因此获利非常微薄。又以计算机市场上的罗技鼠标为例，据美国《华尔街日报》报道，Wanda 无线鼠标是罗技公司最畅销的产品之一，其设在苏州的代工企业每年要向美国运送 2000 万个贴着 "Made in China" 标签的鼠标。每只鼠标在美国的售价约为 40 美元。在 40 美元中，罗技公司拿 8 美元，分销商和零售商拿 15 美元，零部件供应商拿 14 美元，而中国代工企业仅能拿到 3 美元，并且工人工资、电力、交通和其他开支全都包括在这 3 美元中。总之，在进入 21 世纪后，中国制造业，特别是高技术产业表面上发展迅猛，如广播、电视和通信设备制造业，办公、会计和计算机设备制造业的出口额近几年一直位居世界第一，但是关键技术与核心零部件仍然掌握在发达国家跨国公司手中，中国更多的是从事高技术产业的劳动密集型生产环节，主要是最终产品的加工组装。因此，相对于这些高新技术产业产品内分工价值链上的其他参与企业，特别是领导企业而言，中国企业获得的收益是非常微薄的。这种长期局限于劳动密集型环节的生产格局，一方面使中国制造业由于利润微薄而难以积累起足够多的资本进行技术研发来推动产业升级；另一方面也使中国制造业受控于掌握核心技术的国外跨国公司而被其锁定在价值链的低端环节。例如，2006年以来，由于核心技术的缺乏，中国手机企业大批倒闭，所剩无几的几家企业也陷入发展困境。中国在 iPod 产业价值链上的困境，几乎在中国所有制造业子行业中都普遍存在。其根本原因主要在于中国制造业本身存在以下三个方面的问题：

（1）科技创新能力不足。

科技创新是决定制造业发展诸多要素中最为重要的因素。中国制造业之所以不能攀升到全球制造业价值链中高端的知识与技术密集型环节，关键原因还是在于其科技创新能力与发达国家存在巨大差距，国民经济发展所必需的核心技术、关键零部件与重大机械装备往往通过进口才能得到满足，从而导致中国制造业，特别是高新技术产业严重缺乏自生发展能力。中国制造业科技创新能力的不足主要表现在以下几个方面：

首先，在制造业的 R&D 经费投入与 R&D 投入占 GDP 比重方面，如表 6.5 与表 6.6 所示，2004～2009 年，中国制造业的 R&D 经费投入，与 R&D 投入占 GDP 比重虽然逐年攀升，但与其他国家的差距依然很大。以 2008 年为例，中国制造业的 R&D 经费为 457.71 亿美元，仅有美国的 1/5，日本的 1/2，而制造业 R&D 投入占 GDP 比重仅为 1.44%，不仅低于美（2.61%）、德（2.52%）、日（3.40%）等发达国家，而且还大大低于新兴工业化国家韩国（3.23%）。

表 6.5　　　　　　　　　中、美、德、英、日、韩制造业 R&D 投入

单位：百万美元（购买力平价）

国别	2004 年	2005 年	2006 年	2007 年	2008 年	2009 年
中国	23827	23849	31641	38034	45771	52786
美国			18492	216440	231320	
德国	35620	37716	39011	38677		
英国	15449			15984	15563	
日本	70118	71817	77336	86858	94243	
韩国	14433	15587	18864	20868	24967	

资料来源：OECD《主要科学与技术指标数据库》（2010），《中国科技统计年鉴》（2010）。

表 6.6　　　　　中、美、英、德、日、韩制造业 R&D 投入占 GDP 比重　　　单位:%

国别	2004 年	2005 年	2006 年	2007 年	2008 年
中国	0.90	1.00	1.15	1.33	1.42
美国	2.73	2.74	2.70	2.62	2.61
德国	2.45	2.49	2.47	2.49	2.52
英国	1.86	1.81	1.83	1.78	1.80
日本	3.04	2.99	3.14	3.33	3.40
韩国	2.39	2.70	2.64	2.98	3.23

资料来源: OECD《主要科学与技术指标数据库》(2010),《中国科技统计年鉴》(2010)、《国际统计年鉴》(2010)。

其次，在高技术制造业的 R&D 比重方面，如表 6.7 所示，2008 年，中国高技术制造业 R&D 比重明显低于美、德、英、日、韩等主要制造业国家，但行业间情况有所不同。中国电子计算机及办公设备制造业的 R&D 比重相对偏高，电子及通信设备制造业处于中等水平，而医药制造业明显偏低，医疗设备及仪器仪表制造业则严重不足。因此，中国应依据各高技术制造业的特点和发展前景，合理配置 R&D 经费，以更好地提升其科技创新能力。

表 6.7　　　2008 年中、美、英、德、日、韩高新技术制造业分行业的 R&D 比重　　单位:%

国别	中国	美国	德国	英国	日本	韩国
航空航天制造业	0.912	6.608	5.14	12.83	0.454	0.8
医药制造业	1.441	15.707	8.86	27.61	8.81	2.17
计算机及办公设备制造业	1.997	2.934	1.33	0.20	12.712	1.54
医疗设备及仪器仪表制造业	0.567	9.044	7.24	3.1	4.29	1.35
电子通讯设备制造业	7.587	12.466	8.49	5.27	13.081	47.94

资料来源: OECD《主要科学与技术指标数据库》(2010),《中国科技统计年鉴》(2010)。

再次，在专利申请和拥有数方面，如表 6.8 所示，2008 年，中国居民专利权申请文件数量达到 122318 件，超过非居民专利权申请文件数量，表明中国自主创新能力逐步在增强，但与发达国家美国（221784 件）、日本（347060 件）相比，差距甚远，与新兴工业化国家韩国（125476 件）也存在相当距离。而且，在中国居民专利权申请文件数量中，80% 属于外观设计和实用新型，技术含量较高的发明专利仅占 20%。

表 6.8 中、美、英、德、日、韩专利权申请文件数量

国别	居民专利申请数量			非居民专利申请数量		
	2000 年	2007 年	2008 年	2000 年	2007 年	2008 年
中国	25346	93485	122318	26560	79842	88183
美国	164795	207867	221784	131100	182866	204182
德国	51736	48367	48012	10406	11855	12573
英国	22050	17833	17484	10697	10155	8261
日本	384201	367960	347060	35342	59118	61614
韩国	72831	122188	125476	29179	38733	40713

数据来源：OECD《主要科学与技术指标数据库》(2010)，《中国科技统计年鉴》(2010)。

最后，在高技术制造业出口方面，如表 6.9 所示，2008 年，中国高技术制造业出口额达到 2944 亿美元，比 2004 年增加了 2217 亿美元，表明进入 21 世纪以来，通过加入全球产品内分工生产网络，中国高技术制造业出口增长迅猛，但在绝对数上仍低于美国。需要指出的是，在这些高技术产业中，关键技术与核心零部件仍然掌握在发达国家手中，中国更多的是从事高技术产业的劳动密集型生产环节，特别是最终产品的加工组装。因此，中国高技术制造业出口快速增长，并不能说明中国科技创新能力有了相应的大幅提高。

表 6.9 中、美、英、德、日、韩高技术制造业出口额　　　单位：亿美元

国别	2004 年	2005 年	2006 年	2007 年	2008 年
中国	727	1099	1791	2152	2944
美国	2282	2328	2572	2784	3179
德国	1140	1317	1689	1852	2098
英国	820	793	847	1137	1532
日本	1155	1301	1527	1487	1521
韩国	566	694	911	980	1062

数据来源：OECD《主要科学与技术指标数据库》(2010)，《中国高技术制造业统计年鉴》(2010)。

前面比较了中国与美、英、德、日、韩等国的制造业 R&D 投入占 GDP 比重、高技术制造业的 R&D 比重、专利申请和拥有数、高技术制造业出口等方面的科技创新能力，可以看出中国制造业的科技创新能力在进入 21 世纪后虽有了很大的提高，但与主要制造强国相比依然存在巨大差距。由于科技创新能力，特别是科技原创能力的欠缺，导致中国制造业整体上只能定位于产品内分工价值链中对技术与知识要求不高的低端环节，而这种不利的国际分工地位，又会进一步阻碍中国制造业科技创新能力的提高，由此在低端的国际分工地位与科技创新能

力的提升之间形成一种恶性循环。这表现在：第一，产品内分工价值链中的低端环节一般是低技术—劳动密集型环节。这些环节往往缺乏对自主技术创新的需求，因而难以产生自主技术创新的内在驱动力；第二，低端环节通常也是低附加值环节，利润非常微薄，因此难以积累足够巨大的创新投入资金；第三，低端环节往往对劳动力素质要求不高，而低素质劳动力对科学技术的接受能力有限，难以有效吸收产品内分工与贸易中的技术溢出，从而可能会阻碍企业的技术进步和自主创新能力的提升。

（2）国际知名品牌欠缺。

国际知名品牌的欠缺，阻碍了中国制造业向产品内价值链高端的品牌营销环节攀升。技术力量和市场份额是企业品牌的两个重要支撑。而在中国制造业中，技术创新能力的不足和市场开拓意识及能力的缺欠，严重制约着产业的品牌开发与推介。目前，中国制造业品牌知名度较低，缺乏国际影响力。在由国际知名机构英国品牌价值咨询公司 BrandFinnace 发布的《世界品牌 500 强排行榜名单》中，美国位居第一，拥有 247 个品牌，接近一半；法国、日本分居第二、第三；中国有所突破，内地共有 19 家企业上榜，但仅有中国移动、中国银行、中国建设银行与中国工商银行位列前 100 名，并且制造业仅有四家企业入围。而在由美国《商业周刊》发布的《2011 年世界品牌 100 强》中，中国企业无一上榜。从品牌影响力范围看，在由世界品牌实验室（World Brand Lab）公布的 2011 年《中国 500 最具价值品牌排行榜》中，具有区域影响力的品牌有 18 个，在全国范围内具有影响力的有 453 个，而具有世界性影响力的品牌数仅为 29 个。

（3）产业组织结构不合理。

在产品内分工价值链上，处于价值链主导者地位的企业通常是国际大型生产制造商和品牌零售商。然而产业组织结构的不合理，导致中国制造业难以产生国际顶尖的大型生产制造商和品牌零售商，因此无法取得价值链的控制权而被迫处于低端的从属地位。中国制造业产业组织结构的不合理，主要表现在以下两个方面：其一，企业规模普遍偏小。目前中国制造业大企业的数量比以前有所增加，但与发达国家相比，企业规模还是普遍偏小，达不到行业公认的规模经济要求。特别是在当今产品内分工与贸易下，发达国家大型跨国公司的规模经济已由生产向研发与市场拓展，而在后两个方面，中国制造业的企业规模差距就更为明显。2011 年，进入世界 500 强的中国企业有 54 家。这 54 家企业中的制造企业基本上是国有大型垄断企业和发达国家跨国公司相比，规模虽大但实力不强，与全球价值链主导者地位的要求相差甚远。其二，行业集中度较低。《中国制造业发展研究报告 2011》对 2008 年制造业前 4 家企业销售额的集中率的统计显示，除计算机和通信及相关设备制造业超过 50% 以外，其他行业均在 30% 左右，机械设备仪表行业的销售额集中率只有 24.98%。① 与美、欧、日发达国家比较，中国制造业行业集中度较低，尤其在电子、汽车等领域十分明显。这种低下的行业集中度造成的生产分散化，导致了行业内竞争过度、产能过剩、技术与资金投入分散等问题，从而直接削弱了中国制造企业在产品内国际分工体系中的市场势力和讨价还价能力。

前面价值链的分解清楚表明，设计研发与品牌营销才是价值链中的高租金环节，因此扩大中国制造业在全球产品分工价值链上的租金份额，关键是要推动中国制造进入全球价值链的高端环节，在创新的基础上大力提升其市场势力与讨价还价能力。此外，近年来，随着中国持续的高速经济增长，人均收入水平大幅度提高，中国劳动力的工资成本优势正在逐渐减弱，低技术—劳动密集型生产环节将可能会向其他成本更低的发展中国家转移。一旦中国在生产制造环节的优势丧失，而研发设计与市场营销环节又无法同发达国家跨国公司竞争时，中国制造企业将会在产品内分工与贸易中陷入"进退维谷"的困境。因此，中国目前定位于生产制造环节，只是向研发设计、品牌营销等高端环节过渡的切入点。在长期中，中国必须发挥制造环节的比较优势，逐渐确立领先地位，并以此为基础，通过提高学习能力、加快技术扩散，特别是实行自主创新等，推动研发设计的创新和营销渠道的开拓，切实提升中国制造业在国际产品内分工体系中的市场势力与讨价还价的能力，以在价值链的高租金环节占有一席之地，扩大其在产品内分工价值链中的收益份额。

6.4　小结

本书 UNcomtrade 数据库为数据来源，从产品层面深入产品内部的各个生产环节来评定中国制造业各子行业的国际竞争力。分析结果表明，经过近十年来的快速发展，中国制造业的生产规模急剧膨胀，进出口贸易量快速扩张，贸易结构与产业层次也有了明显提升。但是，就目前的产业国际竞争力状况而言，在产品层面，中国制造业的比较优势仍然集中于纺织、纺织品、皮革及鞋类制品等低技术产业，而像广播、电视和通信设备制造业，医疗、精密和光学仪器制钟表造业，以及航空航天器制造业等高技术产业的国际竞争力还比较弱小；在产品内部的各个生产阶段层面，中国制造业的竞争优势主要集中在价值链低端的最终消费品与资本品的生产环节，而处于价值链高端的零部件，特别是高技术产业中的关键零部件产品则更多地依赖于从国外进口。因此，尽管中国高技术产业的出口增

---

① 李廉水. 中国制造业发展研究报告 2011 [M]. 科学出版社，2012：454.

长迅猛，如广播、电视和通信设备制造业的出口额近几年一直位居世界第一，但在产品内国际分工体系中中国的地位并未有同等程度的提高，中国更多的是从事高技术产业的劳动密集型生产环节，特别是最终产品的加工组装。这种比较优势格局决定了中国制造业国际竞争力的实质性提升依然任重而道远，进而也决定了中国制造业在产品内分工与贸易中获利甚为有限。

然而，一国产业竞争力状况一般仅仅是该国在国际分工中获利多少的宏观表层原因。为进一步较为全面系统地深入分析中国制造业国际竞争力不强因而获利甚微的深层次影响因素，本书在全球价值链租金理论基础上引入战略管理理论中Teece 的创新收益占有模型和产业经济学中波特的"五力"模型思想，构建了基于微观生产层面的产品内分工与贸易收益创造、占有与分配的理论分析框架。本书认为产品内分工与贸易的收益来源是租金，租金包括创新租金、李嘉图租金和垄断租金。其中，创新租金是最根本的租金。企业只有通过持续不断的创新活动，才能形成不易为竞争对手所模仿的独特的专用性资源，进而才能以此构建行业进入壁垒，获取垄断租金。从这个意义言，企业获取的收益，即租金根源于企业自身的创新活动，但是企业并不必然会占有其全部的创新收益。企业要实现创新租金的最大化，必须使其顺利转化为李嘉图租金，并最终以垄断租金形式加以实现。而要实现三者的动态转化，必须满足一定的条件。在产品内分工价值链中企业创新租金最大化的实现主要受制于产业演化与技术标准、专属制度、互补性资产三个因素。价值链中的收益主要包括领导企业的创新租金和内生于价值链的关系租金与网络租金。虽然创新租金主要为领导企业所占有，但由于价值链上的其他节点企业作为领导企业的合作伙伴也对创新产品的开发与生产做出了不同程度的贡献，因此，除了关系租金和网络租金外，还有一部分创新租金也要在价值链上的所有参与企业之间进行分配。价值链中的租金或收益分配主要取决于参与企业之间的讨价还价能力。而企业讨价还价能力主要决定因素是价值链治理和企业所在环节的进入壁垒。后者又取决于产品的要素密集度、规模经济、产品差异化、转换成本、信息掌握、分销渠道、知识产权和专有技术等诸多因素。

对中国电子产业中以中国大陆为加工组装基地的美国苹果公司的 iPod 产品的实证分析结果表明，本书构建的产品内分工与贸易的收益创造、占有与分配的理论框架，对中国制造业参与产品内分工与贸易的收益分配实践具有较强的现实解释能力。正是由于中国代工企业在 iPod 产品产品内分工价值链上受到产业演化与技术标准、专属制度和互补性资产等因素的限制而只能处于美国苹果公司的领导与治理之下。同时，中国代工企业还受产品要素密集度、规模经济、产品差异化、转换成本、信息掌握、分销渠道、知识产权和专有技术等因素的制约，导致其在 iPod 的产品内分工价值链的市场势力与讨价还价能力比领导企业及其他参与企业弱小得多。中国在 iPod 产业价值链上的困境，几乎在中国所有的制造业子行业中都普遍存在。总之，在产品内分工价值链中，中国制造企业的市场势力与讨价还价能力在纵向与横向两个维度上均弱于领导企业及其他大多数企业，因此只能分享到极为微薄的租金收益份额。所以，扩大中国制造业在全球产品内分工价值链上的租金收益份额，关键在于以创新为基础大力提升其纵向与横向两个维度的市场势力与讨价还价能力，推动中国制造企业不断向产品内分工价值链的研发设计与品牌营销等高租金环节攀升。

由于受到企业层面微观数据收集的限制，本书仅以中国电子产业中 iPod 产品为案例分析了中国制造业参与产品内分工与贸易的收益创造、占有与分配。但是本书构建的产品内分工与贸易的收益创造、占有与分配的理论框架也同样适用于研究中国其他制造业子行业或重要产品。这一理论框架为正确认识中国制造业各子行业在相应的产品内分工价值链中的地位及其收益分配的决定因素提供了分析工具，有利于认清其在产品内分工与贸易中扩大收益份额的基本途径，从而对中国的产业和贸易发展战略及政策的调整具有重要的参考价值。

第7章　主要结论与政策建议

7.1　主要结论

7.1.1　理论研究的主要结论

第一，目前，投入产出法和进口中间投入占总投入比重法是国内外测度产品内分工与贸易程度的常用方法。但它们主要考察的是发达国家的情况，而作为转型中的发展中大国，中国在产品内分工与贸易中的特征与发达国家有着根本不同，如果进行直接的简单套用，并不一定能全面地合理反映中国参与产品内分工与贸易的实际状况。根据对产品内分工与贸易内涵的深入理解，以及中国对外贸易的发展实践，本书认为要融合投入产出法和进口中间投入占总投入比重法的思想，从中间投入品的进口贸易、出口贸易、国内销售与国内增加值四个方面，设计一套能够较为全面地合理反映中国参与产品内分工与贸易程度的测度方法与指标体系。

第二，基于要素禀赋差异的产品内分工与贸易，能使各参与国在产品工序层次上更充分地发挥各自的比较优势；基于内部规模经济的产品内分工与贸易，可使各国在产品每道工序上都能实现最佳生产规模；而基于外部规模经济的产品内分工与贸易，则使中间产品行业内单个企业长期平均成本下降。与生产成本一样，交易成本对产品内分工与贸易也会产生巨大影响。自20世纪80年代以来，产品内分工与贸易之所以在全球范围内蓬勃发展，很大程度上在于交通运输成本减少、信息交流费用降低、包括法律制度质量在内的贸易与投资自由化发展和政府政策推动等带来的交易成本大幅下降。

第三，生产成本与交易成本不仅从宏观层面决定了一国参与产品内分工与贸易的宏观动因，而且也从微观层面决定了一国企业参与产品内分工与贸易的微观动因，及其生产组织方式的选择。作为国际贸易理论研究的一个全新领域，产品内分工与贸易组织方式为国际贸易理论奠定了微观基础。为实现利润最大化，企业会选择成本最小的中间产品生产与贸易组织方式。在自由贸易的环境中，企业是否参与产品内分工与贸易，以及对国内一体化、外包与垂直 FDI 三种组织方式的选择取决于诸多因素：要素价格差异、生产的范围经济效应、不完全契约下的"敲竹竿"成本、政治稳定程度、关税、汇率、运输成本和市场规模等。这些因素的变动均会引起企业对国内一体化、外包与垂直 FDI 三种组织方式选择的变化。本书的理论模型显示，如果生产技术能保证企业获取足够大的范围经济，那么国内一体化是企业实现成本最小化的最佳选择。而外包和垂直 FDI 方式的选择则取决于要素价格差异、不完全契约下"敲竹竿"成本、关税、运输成本、汇率风险成本和东道国上游企业专业化生产效率等诸多因素的权衡。也就是说，如果企业的生产技术能够保证其获取足够大的范围经济，那么在国内进行国内一体化，而不是进行垂直 FDI 或外包是企业实现成本最小化的最佳选择。在其他情况下，则需要通过对不完全契约下"敲竹竿"成本、关税、运输成本、汇率风险成本和东道国上游企业专业化生产程度等因素的综合权衡，对垂直 FDI 与外包做出理性选择。

第四，在外包对劳动力技能密集度的要求比垂直 FDI 更高的假设前提下，对经济福利的追求是影响发展中国家参与产品内分工与贸易，并对发达国家跨国公司发起的垂直 FDI 与外包进行主动选择的重要因素。在南方国家（发展中国家），跨国公司外包伙伴对劳动力生产技能的要求比跨国公司子公司更高。由这个假设出发，本书的理论模型显示：其一，在满足一定的条件下，外包可能会给南方国家带来更高的实际 GDP。特别是通过对模型的进一步推导，本书发现，如果南方国家的熟练劳动力与非熟练劳动力的数量之比大于跨国公司在南方国家生产单位的熟练劳动力与非熟练劳动力的成本份额之比，那么外包必定会产生更高的福利水平。反之，如果前者小于后者，那么垂直 FDI 可能会产生更高的福利水平。然而，即使在这种情况下，也不能排除外包对福利水平的提高会产生更大促进作用的可能。这一结论对那些通过提供补贴和税收减免等优惠措施来吸引 FDI 的发展中国家具有重要的警示意义。其二，由于外包比垂直 FDI 更加重视熟练劳动力，因此在外包方式下，人力资本投资更能促进南方国家的福利水平的提高。

第五，产品内分工与贸易的收益来源是租金，租金包括创新租金、李嘉图租金和垄断租金。其中，创新租金是最根本的租金。企业只有通过持续不断的创新活动，才能形成不易为竞争对手所模仿的独特专用性资源，进而才能以此构建行业进入壁垒，获取垄断租金。从这个意义来说，企业获取的收益，即租金根源于企业自身的创新活动，但是企业并不必然会占有其全部的创新收益。在产品内分工价值链中企业创新租金最大化的实现主要取决于产业演化与技术标准、专属制度、互补性资源三个因素。价值链中的收益主要包括领导企业的创新租金和内生于价值链的关系租金与网络租金。虽然创新租金主要为领导企业所占有，但由于价值链上的其他节点企业，作为领导企业的合作伙伴也对创新产品的开发与生产做出了不同程度的贡献，因此，除了关系租金和网络租金外，还有一部分创新租金也要在链上所有参与企业之间进行分配。价值链中的租金或收益分配主要取决于参与企业的市场势力与讨价还价能力。而决定市场势力与讨价还价能力大小的关键是价值链权力治理和价值链进入壁垒。后者又取决于产品要素密集度、规模经济、产品差异化、转换成本、信息掌握、分销渠道、知识产权和专有技术等诸多因素。在当前的国际分工格局中，发展中国家制造企业陷入"低端锁定"与"获利甚微"的根本原因，正是创新能力与企业市场势力的双重缺失，以及二者之间的非意愿恶性循环。在产品内分工价值链中，发展中国家企业由于创新能力的缺失而只能居于对技术与知识水平要求不高的低端环节，从而导致其市场势力同技术与知识密集型环节上企业相比处于明显劣势。而发展中国家企业市场势力的丧失，又使链中的治理企业或领导企业，不仅通过纵向竞争将其锁定在较低层次的产品与工艺升级阶段，而且还通过引入他国企业来强化发展中国家企业所在环节的横向市场竞争，从而大大挤压了发展中国家企业收益的提升空间，进而严重制约了其自主创新的动力与能力。因此，发展中国家要提高自身在产品内分工价值链上的竞争力与收益份额，必须提升自身的创新能力与市场势力，并实现二者的良性互动。

7.1.2 实证研究的主要结论

第一，通过采用 OECD 编制的包含 22 个制造业子行业的中国非进口竞争型投入产出表，对中国制造业参与产品内分工与贸易的程度与水平的实证分析表明，中国制造业推行的是一种大量进口中间产品与零部件，经过加工组装之后再大量出口最终消费品或资本品的"大进大出"的贸易和技术发展方式；中国制造业参与产品内分工与贸易的程度不断提升，其中高技术产业产与中高技术产业由于产品复杂且工艺技术适合分离，因而提升幅度要大于中低技术产业和低技术产业；为应对国际市场更为激烈的竞争，出口产品比内销产品使用了更多的资本与技术密集型的进口零部件；跨国公司的投资战略有所调整，不仅仅是利用中国廉价的劳动力来降低生产成本，而且也在不断增加其产品内分工产品在中国市场的销售，以在中国构建贸易网络抢占其潜力巨大的国内市场；中国制造业在产品内分工与贸易中的实际收益较小且增长缓慢，表明中国制造业在总体上融入全球生产网络的程度不断深化的同时，其国际竞争力并没有像巨大的出口贸易额显示的那样强劲。中国制造业这种贸易和技术发展方式及其所决定的产品内分工与贸易的发展水平，一方面，使中国制造业出口规模与贸易顺差规模遭到夸大，且产品内分工与贸易程度越高，这种被夸大的程度也会越高，从而加剧了中国与其欧美等主要贸易顺差国之间的贸易摩擦；另一方面，也使中国制造业呈现出明显的

"外部依附型"发展的特征，主要表现在：对国外市场的高度依赖，对外商直接投资的高度依赖，对进口关键零部件和大型机械装备的高度依赖，对发达国家大型生产制造商和品牌零售商的高度依赖等，因此极易受到世界经济和金融危机的冲击。

第二，对中国参与产品内分工与贸易动因的实证分析表明：其一，丰富而廉价的劳动力资源比较优势是中国制造业参与产品内分工与贸易的重要基础，而劳动力素质对中国制造业参与产品内分工与贸易的影响也不容忽视；其二，制造业发展的规模和质量对中国制造业参与产品内分工与贸易的程度有着直接的显著影响；其三，包括法律制度质量在内的贸易与投资自由化程度、基础设施的完善情况以及信息交流技术的进步水平也从交易成本节省的角度对中国制造业参与产品内分工与贸易产生重要影响；其四，由于东部具有独特的区位、劳动力资源、基础设施、制度质量和政策优惠等优势，所以其制造业参与产品内分工与贸易的程度要远高于中西部。但这种加工贸易在东中西部发展不均衡的格局，使中西部被东部长期压制在外向化发展的"隔离"地带，难以有效发挥其劳动力与自然资源低廉的比较优势，形成"断层危机"，最终会制约中国制造业整体的转型升级。

第三，通过从 UNcomtrade 数据库中重新集结得到的中国制造业 22 个子行业在产品层面与产品生产阶段层面的进出口贸易数据的进一步实证分析表明，经过近十年来的快速发展，中国制造业的生产规模急剧膨胀，进出口贸易量快速扩张，贸易结构与产业层次也有了明显提升。但是，就目前的产业国际竞争力状况而言，在产品层面，中国制造业的比较优势依然集中于纺织、纺织品、皮革及鞋类制品等低技术产业，而像广播、电视和通信设备制造业，医疗、精密和光学仪器制钟表造业，以及航空航天器制造业等高技术产业的国际竞争力还比较弱小；在产品生产阶段层面，中国制造业的竞争优势主要集中在价值链低端的最终消费品与资本品的生产环节，而处于价值链高端的零部件，特别是高技术产业中的关键零部件产品则更多地依赖于从国外进口。因此，尽管中国高技术产业的出口增长迅猛，如广播、电视和通信设备制造业的出口额近几年一直位居世界第一，但中国在产品内国际分工体系中的地位并未有同等程度的提高，中国更多的是从事高技术产业的劳动密集型生产环节，特别是最终消费品或资本品的加工组装。这种比较优势格局决定了中国制造业国际竞争力的实质性提升依然任重而道远。

第四，本书在基于微观生产层面的产品内分工与贸易收益创造、占有与分配的理论分析框架下，对中国电子产业中以中国大陆为加工组装基地的美国苹果公司的 iPod 产品进行了实证分析。结果表明，在产品内分工价值链上，受产业演化与技术标准、专属制度和互补性资产等因素影响，中国制造企业处于链上领导企业或治理企业的严厉控制之下，其利润增长空间极为有限。同时，受产品要素密集度、规模经济、产品差异化、转换成本、信息掌握、分销渠道、知识产权和专有技术等因素影响，中国制造企业在链中的市场势力与讨价还价能力在纵向与横向两个维度上均处于明显劣势，因此只能分获极为微薄的租金收益份额。所以，提高中国制造业在产品内分工价值链上的竞争力与收益份额，关键在于从以上影响因素出发，以创新为基础大力提升其纵向与横向两个维度的市场势力与讨价还价能力，并实现创新与市场势力的良性互动。

7.2　政策建议

1. 积极融入产品内分工体系，适当保护劳动密集型产业的出口与发展

本书的理论与实证分析均表明，产品内分工与贸易这一新型的国际分工与贸易形式使国际分工由产品层面深入到工序层面，从比较优势、规模经济、国际技术溢出与产业内资源再配置等方面促进了中国制造业生产效率和国际竞争力的提升。因此，中国应该以更加积极的姿态参加到全球产品内分工体系中，促进产品内分工与贸易在中国的发展和深化。并且，本书的分析还表明，产品内分工与贸易对资本与技术密集型行业生产效率与国际竞争力的积极影响更为显著。所以，通过重点发展资本与技术密集型行业，可以在产品内分工与贸易中获得更大的技术进步与产业升级利益。不过，在现阶段，由于中国自身人口规模庞大，加之改革开放后中国教育事业，特别是 1990 年后期以来高等教育的大发展，使中国在各种层次上的劳动力资源不仅丰裕而且价格便宜。在未来一二十年内，中国参与产品内分工与贸易的禀赋优势依然体现为劳动力要素优势。劳动密集型产业和资本技术密集型产业的劳动密集型生产环节（最终消费品与最终资本品环节），仍是中国具有较强国际竞争优势的产业与生产环节。目前，由于中国本土制造企业出口规模的迅猛扩张，并非建立在企业自身技术创新能力与营销渠道建设能力之上，而主要依靠的还是与国外大型生产制造商和品牌零售商所结成的贴牌生产或来料加工的关系，以及企业自身廉价劳动力投入规模的持续扩张所带来的规模经济效应，因此，新《劳动法》出台、原材料上涨、人民币升值、出口退税下降、通货膨胀等因素都会导致中国本土制造企业的生产成本增加。而这些增加的生产成本，在现阶段国外大型生产制造商和品牌零售商掌握着中国出口企业产品定价权的情况下，将难以向跨国公司或国外消费群体转嫁。如果置中国经济发展的实际情况不顾而采取政策"猛药"对劳动密集型产业或生产环节严加淘汰，则不仅会导致大量中国出口企业因亏损而无力接单，还会造成大量订单流向其他发展中国家。这必然会使大量出口企业减产、停产乃至倒闭，并进而引发一系列其他经济与社会问题。

所以，短时期内，在中国参与产品内分工与贸易的禀赋优势主要体现为劳动力优势的前提下，就需要通过适当的保护来实现中国制造业劳动密集型出口企业的产业升级。首先，在拥有大量廉价且多层次劳动力资源的条件下，确保中国经济持续增长的动力之一仍然是劳动密集型产品的出口；其次，由于很多劳动密集型出口企业生产中所用的原材料和零部件主要来自于进口，因此在劳动密集型产业发展与资源耗用和环境污染之间并不存在直接的、必然的联系；再次，维持经济增长和建设和谐社会必须首先保证一定水平的社会就业，而维持一定水平的社会就业就必须适当保护劳动密集型产业的出口与发展；最后，劳动密集型产业、现代生产性服务业资本与技术密集型产业三者之间存在互为依靠、相互推动的密切关系。在很大程度上，发展好劳动密集型产业，是发展资本与技术密集型产业以及现代生产性服务业的前提。当然，在适当保护劳动密集型产业或生产环节的出口与发展的过程中，也要加强高新技术对劳动密集型产业或生产环节的嫁接改造，通过逆转其要素密集性，不断提高产品的技术含量，推动其内部结构的优化升级，以达到轻型制造向高加工度制造转化，传统产业与新型产业相互融合的目的，最终实现中国制造业的比较优势向竞争优势的动态化转化。

2. 摆脱外部依附的发展路径，重视实施内外需均衡战略

改革开放以来，在产品内分工与贸易下，中国制造业的发展，主要是利用国际代工生产的方式，依靠非熟练劳动力等初级要素的比较优势，承接跨国公司低技术—劳动密集型生产环节的活动而得以实现。这种基于国际代工的外向型发展方式，使中国制造业呈现出明显的"外部依附型"发展特征，主要表现在：高度依赖国外市场，高度依赖发达国家大型生产制造商和品牌零售商，高度依赖对外商直接投资，高度依赖进口关键零部件和大型机械装备等。以对外商直接投资的高度依赖为例，近年来，外资企业在中国初级产品、劳动密集型产品与低技术产品出口中的占比超过30%，在资源密集型、中等技术产品出口中的占比超过50%，特别是在中国高技术产品出口中的比重高达80%以上。这种外部依附型发展方式，一方面使中国制造业在价值链中的产业升级被锁定在工艺流程升级与产品升级，而无法向更高级的功能升级攀升，并由此使得中国制造业的发展陷入一种"国际代工→出口→获利微薄→自主创新能力与品牌营销渠道丧失→向价值链高端环节攀升能力缺失→国际代工"的恶性循环之中；另一方面也使中国制造业的发展极易受到世界经济和金融危机的冲击。中国制造业过去的发展，主要得益于"欧美消费、中国生产"的南北关系模式。而随着2007年金融危机的爆发，

欧美在消费上的"去杠杆化"① 导致中国出口需求大幅下降，进而引起国内产能过剩、制造业投资疲软、工人大规模失业等连锁问题。在当前的后金融危机时代，虽然世界经济形势有所缓和，中国制造业的出口需求开始回升，但是金融危机产生的根源并未消除，危机还有可能再次爆发。所以，为了应对可能再次出现的金融危机，中国制造业必须逐步摆脱外部依附的发展路径，重视实施内外需均衡战略。

具体而言，要通过调整收入分配方式，加快城乡居民的收入增长，培育和扩大中国高端市场的需求，并以此带动产业价值链向高端环节的升级；通过原始创新、集成创新和引进消化吸收再创新等途径，开发具有自主知识产权的核心技术，以及在此基础上实现新产品和新品牌数量的扩张和质量的提升等；努力提高国内产品的技术含量和价值含量，增加国内配套环节和价值，逐步摆脱对国外关键零部件的进口依赖；通过培育中国的跨国大型零售集团，构建自己的全球贸易网络来摆脱对国际大买家的依赖，等等。

3. 改善制度与服务质量，降低产品内分工与贸易的交易成本

本书的理论与实证分析均表明，成本因素是影响一国参与产品内分工与贸易的重要因素。利用发展中国家廉价的劳动力降低生产成本，是发达国家通过垂直 FDI 与外包等方式，将产品的低技术—劳动密集型环节转移到发展中国家完成的主要动因。但生产成本并非产品内分工与贸易的唯一决定因素。在产品内分工与贸易下，产品生产过程的各个生产环节被分解到不同国家或地区完成，由此形成的全球生产与交易网络必须会产生一系列交易成本，包括运输费用、信息传递成本、进出口关税、契约签订与履行成本等。与生产成本一样，交易成本对产品内分工与贸易也会产生巨大影响。在产品内分工与贸易中，如果交易成本过大，超过其必要的门槛值，以至于产品内分工与贸易的总成本超过了总收益，那么这种分工与贸易形式也就难以产生与发展，从而发展中国家的劳动力优势也就无从显现。而且，正如 Nunn（2007）指出的，高技术层级的复杂产品涉及的中间产品一般比低技术层级的简单产品要多得多，因此前者包括的运输费用、信息传递费用、进出口关税、契约签订与履行费用等交易成本也远远高于后者。在这种情况下，劳动成本优势可能会对低技术层级的产品内分工与贸易有较强的吸引力，而

①　在由美国次级债引发的全球金融危机中，金融衍生工具成为不折不扣的风险放大器。在危机爆发后各种反思、自救和自保中，"去杠杆化"成为全球尤其是美国金融业的主要趋势。"去杠杆化"分为金融产品的去杠杆化、金融机构的去杠杆化、投资者去杠杆化、消费者去杠杆化四个阶段，在"去杠杆化"的各个阶段中，对中国经济最大的负面影响来自于美欧"消费者的去杠杆化"。在消费者去杠杆化四个阶段，以家庭部门为代表的消费者通过降低开支，增加净储蓄，以缓冲家庭净财富的萎缩，这将导致中国出口需求大幅度降低。由于中国外贸依存度高达 60% ~70%，在欧美日都陷入经济萧条的国际环境下，中国的出口需求降低，将引起国内产能过剩、制造业投资疲软、制造业工人失业等连锁问题。

高技术层级的产品内分工与贸易则会更多地关注交易成本优势，特别是在贸易与投资自由化中与法律制度及政策质量相关的交易成本优势。所以，对于发展中国家而言，低廉的劳动力成本对发达国家跨国公司的吸引力是非常有限的。更重要的还在于如何采取有效措施来减少产品内分工与贸易中发生的交易成本。一般来说，在影响交易成本的人文地理因素、制度因素与服务因素三大因素中，前一个因素主要与天然的空间距离有关，因此难以改变。后两个因素则与后天的软硬件环境建设相关，可以依靠人为的力量加以改善。当前，如果发展中国家能够有效地提高自身的制度与服务质量，消除交易成本对产品内分工与贸易的瓶颈约束，那么它们所能承接的产品内分工与贸易，特别是高技术层级的产品内分工与贸易必会有所增长，而不必在原先有限的低技术层级的产品内分工与贸易总量中相互竞争，由此推动的产品内分工与贸易格局转换对于南北差距的缩小具有非常重要的意义。与其他发展中国家相比，中国无论是劳动成本还是交易成本都具有一定的比较优势，这也是其成为产品内分工与贸易规模最大的发展中国家原因所在。然而，为了维持经济的持续增长和缓解就业的沉重压力，中国完全有必要继续增加产品内分工与贸易的引入量，而其作为"全球制造中心"的生产吸纳能力也有足够的潜力保证这一任务的完成。

从目前情况看，随着国内工资水平的提高与资本存量的增长，中国制造业的劳动成本优势正在逐渐削弱。为了抵消劳动成本上升的不利影响，并进一步扩大产品内分工与贸易的承接规模，中国制造业必须将其竞争手段更多地转向高质量的制度供给和服务。基于此，除了进一步提高制造业劳动力素质，进一步加强软硬件设施建设，提升服务水平等之外，更重要的是在进一步推进贸易与投资自由化的过程中，建立契约维护制度的新优势。具体而言，要大力推进中国法治环境的建设，更好地发挥现行司法体系在契约执行中的独立与公正的第三方功能；逐步减少政府对经济运行的不合理干预与控制，以及对一些生产性服务业的垄断经营，从而为中国制造业产品内与贸易的发展提供一个良好的能有效降低交易成本的法制环境。需要注意的是，本书的理论模型显示，在外包对劳动力技能的要求要高于垂直 FDI 的假设下，如果南方国家的熟练劳动力与非熟练劳动力的数量之比大于跨国公司在南方国家的生产单位的熟练劳动力与非熟练劳动力的成本份额之比，那么外包会产生比垂直 FDI 更高的福利水平。而且在外包方式下，人力资本投资更能促进南方国家的福利水平的提高。因此，中国有必要反思以往通过提供补贴和税收减免等优惠措施来吸引跨国公司垂直 FDI 的行为。为了实现本国福利的最大化，中国作为产品内分工与贸易的接受者，对发达国家发动的垂直 FDI 与外包两种产品内分工与贸易组织方式，要采取必要的激励措施依其对中国福利影响的差异，主动选择能给本国带来更大福利的分工与贸易组织方式。

4. 构建自己的全球生产网络和新的贸易网络，充分利用国内外资源

在产品内分工与贸易下，垂直 FDI 与外包已普遍成为当代跨国公司利用世界资源，提升竞争优势的全球型经营模式。同时，进入 21 世纪以后，特别是近年来，中国劳动力成本的比较优势正在逐渐丧失。因此，中国制造企业需要大力实施"走出去"战略，构建自己的全球生产网络，将部分已经缺乏竞争优势或存在过剩产能的产业或生产环节，转移到更不发达国家的完成。这样，一是将中国在产品内分工与贸易发展中积累起来的技术和资本优势，与其他发展中国家更加低廉的劳动力成本优势结合起来，可以促进中国制造业产品内分工与贸易的进一步发展；二是通过在其他国家设厂完成产品的部分生产环节，特别是最终产品的加工组装，可以转变中国制造业出口过于集中的状况，从而规避或减少与欧美等国家严重的贸易摩擦；三是通过充分利用国外资源，促进新能源开发和技术进步，可以缓解中国战略性资源短缺、环境危机严峻的压力，实现中国制造业的可持续发展。同时，在当前阶段，人民币持续较大幅度的升值，以及加工贸易在近 30 年的发展中积累起来的资本和技术优势，也为中国制造业实施"走出去"战略，构建自己的全球生产网络奠定了良好基础。而中国制造业向外进行产业或生产环节转移的过程，实际上就是一个构建全球生产网络的过程。一般而言，全球生产网络的基本框架主要由国内一体化，垂直 FDI 与外包三种产品内分工与贸易组织方式构成。而具体的分工与贸易组织方式的选择，则取决于哪种方式更能实现企业的成本最小化或利润最大化。根据本书理论模型的分析结果，中国制造企业在通过国内一体化，垂直 FDI 与外包来构建自己的全球生产网络时，要由成本最小化出发，根据要素价格差异、范围经济、不完全契约下"敲竹竿"成本、关税、运输成本、汇率风险成本和东道国上游企业专业化生产效率进行综合考虑，不可只看到某一方面的因素而忽视其他，做到合理选择参与产品内分工与贸易的组织方式。具体而言，如果企业的生产技术能够保证其获取足够大的范围经济，那么在国内进行国内一体化，而不是进行垂直 FDI 或外包是企业实现成本最小化的最佳选择。在其他情况下，则需要通过对不完全契约下"敲竹竿"成本、关税、运输成本、汇率风险成本和东道国上游企业专业化生产程度等因素的综合权衡，对垂直 FDI 与外包做出理性选择，这样才能真正达到通过构建全球生产网络来促进中国制造业国际竞争力与资源配置效率提升的目的。

20 世纪 50 年代以前，跨国公司更加注重全球贸易网络的建立。此后，由于国内相对狭小的市场对分工发展的限制和科学技术的进步使生产系统可在全球范围内简易复制，因此跨国公司将其关注点转向了全球生产网络的构建。而随着 80 年代以来产品内分工与贸易的迅速发展，一方面技术对市场的"控制力"日益削弱，另一方面产品实现的难度也日趋降低，从而导致终端销售市场变得越来越重要，所以跨国公司又更多地向转向关注全球贸易网络的建立。在产品内分工与贸易下，这一贸易网络在一定程度上控制了生产网络，因此具有了新的意义。本书的实证分析表明，国外跨国公司在中国市场的规模持续扩张，其产品内分工与贸易产品在中国市场的内销比重不断提升，这表明跨国公司正加快其在中国的贸易网络建设步伐。为此，中国政府也应加大相关政策的引导与扶持力度，促使中国企业加快建立自己的全国乃至全球贸易网络。就目前情况来看，跨国公司的贸易网络还未覆盖到中国农村市场，因此，中国企业可以采用"农村包围城市"的方法，从建立农村贸易网络起步来获取先行优势。并采取有力的激励措施将贸易网络由农村拓展到城市，再进而由国内拓展到国外，从而为中国制造业的发展提供强有力的渠道支持。

5. 实现市场势力与创新的良性互动，增加分工与贸易收益

本书的理论与实证分析均表明，在产品内分工价值链上，受产业演化与技术标准、专属制度和互补性资产等因素影响，中国制造企业处于链中领导企业或治理企业的严厉控制之下，利润增长空间极为有限。同时，受产品要素密集度、规模经济、产品差异化、转换成本、信息掌握、分销渠道、知识产权和专有技术等因素影响，中国制造企业在链中的市场势力与讨价还价能力在纵向与横向两个维度上均处于明显劣势，因此只能分获极为微薄的租金收益份额。由此可见，在当前的国际分工格局中，中国制造企业陷入"低端锁定"与"获利甚微"的根本原因，正是企业市场势力与创新能力的双重缺失。这种市场势力可分为纵向维度的市场势力与横向维度的市场势力。前者表现为产品内分工价值链中的节点企业对其上下游环节企业的影响力与交易时的讨价还价能力；后者则表现为产品内分工价值链中的节点企业对同一环节上竞争对手的影响力与交易时的讨价还价能力。从纵向维度来看，在价值链中的上游环节，跨国公司通过对研发资源、技术标准和专利技术等的控制，构建技术壁垒与专利壁垒并阻碍潜在进入者实现功能升级；在价值链中的下游环节，跨国公司通过对营销渠道和商品品牌等的掌握，构筑渠道壁垒与品牌壁垒并阻碍潜在进入者形成对其有威胁力的"品牌资产"，从而将发展中国家锁定于产品内分工价值链的低端制造环节。从横向维度来看，在产品内分工价值链的同一环节中，为获取该环节的分工机会与分工利益，各企业也进行着激烈的同业竞争。因此，在产品内分工价值链中，提高中国制造业的国际竞争力与租金收益份额，关键在于从纵向与横向两个维度提升中国制造业的创新能力与市场势力，并实现二者的良性互动。

具体而言，在价值链的纵向维度上，中国制造企业应通过整合全球研发与营销等资源，由制造环节向高端的研发与营销环节攀升。在由制造环节向研发环节攀升方面，中国制造业除了进一步加大自身的研发投入和人力资本投资之外，还

要通过加强各种形式的技术引进、构建国际研发战略联盟，特别是开展技术学习型对外直接投资等方式主动整合全球研发资源，不断提升自己的创新能力，以突破跨国公司的技术壁垒和专利壁垒。同时，对尚未产生国际技术标准的产业，应加紧制定适合中国自身情况的产业技术标准，并利用中国巨大的国内市场实现规模化应用，从而形成进入中国市场的外资企业需要无条件遵循的"事实标准"，以突破跨国公司的标准壁垒，并增强中国企业的市场控制力。此外，在各制造行业内部，企业之间还应加强战略合作，实现优势互补，共同推动自主标准的建设与确立。而在由制造环节向品牌营销环节拓展方面，除了通过自建全球营销渠道，与外资企业合作开拓国际市场，以及并购海外品牌、渠道商等方式整合海外营销渠道之外，还应根据自身情况突破贴牌生产的路径依赖，加快自主品牌创新体系的建设，不断开发自主品牌产品，推动低端品牌的性能不断向中、高端方向延伸，逐步扩大市场份额，提高品牌声誉并树立品牌形象。在价值链的横向维度上，为获取特定环节的分工机会与分工利益，处于该环节上的各参与企业也展开着激烈的同业竞争。为此，中国制造企业应以过程创新，产品与市场创新、组织创新等各种形式的创新为基础加强横向维度市场势力的培育与提升。

6. 推动区际产业转移，协调国内外产品内分工价值链

作为一个发展中大国，中国具有明显的非均衡发展特征，区域间不仅在经济发展与技术水平上存在较大差异，而且要素禀赋也有很大不同。这种区域间的非均衡发展也为国内区际价值链梯度转移提供了可能。因此，为了实现发达地区带动落后地区，提升中国制造业整体竞争实力的目的，要在充分发挥各区域自身比较优势的基础上，通过东部向中西部的价值链梯度转移，重新整合全国的要素资源，铸造国内产品内分工价值链的新优势。在这个过程中，对于中国东部已加入产品内分工价值链的制造企业，不能停留在低技术—劳动密集型环节，而要在积极参与产品内分工的基础上，逐渐向研发设计与品牌营销等高端环节渗透，提高技术与知识密集型的核心零部件的本土化生产水平，以获取一定的价值链治理权，进而通过价值链的国内区际转移，实现跨区域产业的前向与后向关联，构建与完善国内产品内分工与贸易网络。这样，一方面可在东部与中西部之间整合要素资源，协调区域间制造业的发展；另一方面也可由本地企业主动"走出去"，开展境外加工贸易。此时，产业转移成为中国主动整合全球资源，协调国内产品内分工价值链与全球产品内分工价值链的行为。

为此，一是政府要结合东部产业升级与中西部产业发展的要求，从全国产业发展角度统筹规划国内产业价值链转移。通过实施产业转移促进政策来打破地方"截流主义"。通过构建投资促进平台和政策、项目信息交流平台为东部与中西部产业对接创造良好条件，等等。二是政府要遵循市场化原则，以企业为主体，通过利益驱动机制来推动东部产业价值链向中西部的转移。三是中西部要通过集资、贷款、社会融资、利用外资、转让经营权等多种渠道筹集建设资金，继续加强交通运输、信息通信和电力能源等方面的基础设施建设。四是中西部要进一步加强制度建设，营造良好的法治环境，提高地方政府的公信力和契约执行质量，不断降低内迁企业由于不确定性带来的交易成本。

7. 推行基于产品内分工的国际协调型产业政策，实现国家战略利益最大化

在产品内分工与贸易迅猛发展的大背景下，中国制造业的产业结构呈现出明显的外向化与国际化特征。一方面，20 世纪 80 年代以来，大量从事加工贸易的外资企业大举进入中国制造业；另一方面，进入 21 世纪以来，中国制造企业也逐渐"走出去"，进行对外直接投资与境外加工贸易。这表明，中国制造业正以要素资源的全球配置为基点，努力构建中国制造业自己的全球生产体系。在这样的新形势下，必须认识到一国产业政策正在悄然发生对内作用弱化和对外作用强化的质变。其原因在于：在产品内分工与贸易下，全球产业在生产环节层面已形成你中有我，我中有你的新格局。一国产业政策的实施不仅会对本国产业产生直接影响，还会对周边国家或地区以至于世界经济带来影响，而且这种影响又会通过各种贸易与投资的传导机制反作用于本国产业。因此，中国制造业必须突破现有基于传统产业间分工方式的产业政策，在制定时仅着眼于本国产业范围的局限，将视野由国内拓展到全球，通过实施具有中国特色的国际协调型产业政策，来获取最优的政策效果，以进一步推动中国制造业的国际化与可持续发展，实现国家战略利益的最大化。这种具有中国特色的国际协调型产业政策是以往产业政策的延伸，是适应产品内分工这一新型国际分工形式而对以往产业政策调整后的产物。它在产品生产环节层面以中国制造业为作用对象，以制造业外向化与国际化辐射的国家或地区为政策空间，通过行政、法律、财税、金融与信息等多样化的手段，在全球范围内寻求资源的合理配置，并适时根据相关的国际惯例和国家之间关系的变化进行动态的调整与协调，以增强中国制造业的国际竞争力，实现国家战略利益最大化的产业政策。

在制定和实施具有中国特色的国际调型产业政策时，需要做好以下几个方面的工作：第一，突出国家制造业技术政策的战略地位，以举国体制抢占科技制高点。当前，全球经济正进入空前的创新密集和产业振兴时代。中国制造业要在这场竞争中实现跨越式发展，必须采取"科技创新举国体制"，通过建立政府主导下国家层面多部门协作机制和合作大平台，加大对具有一定基础和优势、对制造业可持续发展有重大影响的关键技术领域和高新技术领域的产业政策支持力度，以抢占科技战略高地，实现战略性重点产业领域的跨越式发展。第二，推进制造业技术标准制定与国际协调。对尚未产生国际技术标准的产业，应加紧制定适合

中国自身情况的产业技术标准，并要求进入中国市场的外资企业无条件遵循，以保护民族产业与国内市场资源。并充分发挥政府产业政策的引导与扶持作用，通过国际竞争与协调，力争将中国自主知识产权的制造业技术标准上升为全球标准。第三，完善制造业损害预警机制，加快建立反倾销的制度体系。面对国外针对中国制造业的反倾销围堵呈现愈演愈烈的严峻趋势，中国必须基于 WTO 基本原则制定出能够在促进产品内分工与贸易中保护本国制造业安全的产业政策，以进一步完善中国制造业的产业损害预警机制，使制造业安全保护得以前置化。同时，进一步完善反倾销机制，形成反应灵敏的政府、行业协会、地方主管部门和企业"四体联动"的反倾销体制。第四，完善反垄断法，支持合法的经济性垄断。为了提升中国制造企业的国际竞争力，在产业组织政策方面，要进一步完善目前的反垄断法，支持合法的经济性垄断，鼓励企业间通过竞争与兼并做大做强，以便充分获取规模经济优势，在更大规模、更高层次上参与全球垄断性竞争。同时，政府也要加大反行政性垄断的力度，以维护产业内公平有序的竞争环境。

外文人名对照表

Adam M. Brandenburger	亚当·M. 布兰登勃格	Eric W. Bond	埃里克·W. 邦德
Alan V. Deardorff	艾伦·V. 迪尔多夫	Esteban Rossi-Hansberg	埃斯特班·罗西－汉斯伯格
Alan M. Taylor	艾伦·M. 泰勒	Ethier. W	埃蒂尔
Alchain. A	阿尔钦	Findlay	芬德利
Amy J. Glass	艾米·J. 卡迈勒	Gene M. Grossman	吉恩·M. 格罗斯曼
Anderson James	安德森·詹姆斯	Gereffi. G	格雷菲
Barbara J. Spencer	芭芭拉·J. 斯宾塞	Glen Taylor	格伦·泰勒
BarryJ. Nalebuff	拜瑞·J. 内勒巴夫	Greenstein. S	格林斯坦
Bengt Holmstrom	本特·霍姆斯特罗姆	Gulati. R	古拉蒂
Bobert C. Feenstra	伯特·C. 芬斯特拉	Harold Demset	哈罗德·德姆塞茨
Coadse. R	科斯	Harrigan. J	哈里根
Daron Acemoglu	达龙·阿斯莫格鲁	Hartmut Egger	哈特穆特·艾格
Dani Rodrik	丹尼·罗德里克	Henryk Kierzkowski	亨利克·基俄兹库瓦斯基
David Greenaway	大卫·格林纳威	Herb Grube	汉伯·格鲁贝尔
Davis, D. R	戴维斯	Holger Gorg	霍尔格·高尔
David Hummels	大卫·休莫斯	Holger Magel	霍尔格·玛格尔
David Teece	大卫·蒂斯	Humphrey. J	汉弗莱
Dixit, A. K	迪克西特	James Brander	詹姆斯·布兰德
Dieter Ernst	迪特尔·恩斯特	James Harrigan	詹姆斯·哈里根
Donald B. Rubin	唐纳德·B. 鲁宾	James Robinson	詹姆斯·罗宾森
Dornbusch. R	多恩布什	James R. Markusen	詹姆斯·R. 马库森
Elhanan Helpman	埃尔赫南·赫尔普曼	Jeffrey A. Frankel	杰弗里·A. 弗兰克尔
Fischer . S	菲舍尔	John Ravenhill	约翰·雷诺德

John Ries	约翰·里斯	Peter Egger	彼得·艾格
Jonathan E. Haske	哈斯克尔·E. 乔纳森	Peter J. Lloyd	彼得·J. 劳埃德
Kaplinsky. R	卡普林斯基	Pol Antràs	博尔·安特拉斯
Katharina Pistor	卡塔琳娜·皮斯托	Raymond Vernon	雷蒙德·弗农
Kline, S. J.	克莱恩	Rita A. Balaban	丽塔·A. 巴拉班
Kohler Wilhelm	科勒·威廉	Richard Harris	理查德·哈里斯
Lawrence. R	劳伦斯	Robert Baldwin	罗伯特·鲍德温
Marc J . Melitz	马克·J. 梅里兹	Ronald W. Jones	罗纳德·W. 琼斯
Masten, S.	马斯滕	Ronald H. Coase	罗纳德·H. 科斯
McLaren. J	迈凯轮	Rosenberg. N	罗森堡
Michael E. Porter	迈克尔·E. 波特	Samuelson. P	萨缪尔森
Morris. M	莫里斯	Simon Johnson	西蒙·约翰逊
Murray C. Kemp	穆雷·C. 坎普	Stephen. C	斯蒂芬
Nelson. R	尼尔森	Stephen Ross Yeaple	斯蒂芬·罗斯·耶普尔
North. D	诺思	Sturgeon. T.	斯特杰恩
Nunn	纳恩	Sven W. Arndt	斯文·W. 阿恩特
Oliver Williamson	奥利弗·威廉姆森	Thomas J. Holmes.	托马斯 J. 霍姆斯
Oliver Simon D'Arcy Har	奥利弗·哈特	Verdie	蒂埃里
Paul Krugman	保罗·克鲁格曼	Weinstein, D. E	温斯坦
Paul Milgrom	保罗·米尔格罗姆	Wilfred J. Ethier	威尔弗雷德·J. 埃塞尔
Paul R. Rosenbaum	保罗·R. 罗森鲍姆	William J. Abernathy	威廉·J. 阿伯内西

附　　录

附录表一　国际标准产业分类（ISIC）与国际贸易标准分类（SITC）对照

编码	国际标准产业分类（ISIC3.0）	国际贸易标准分类（SITC3.0）
1	食品、饮料和烟草	第1、2、3（036除外）、4（041、043除外）、5（057除外）、6、7（072除外）、8、9、11、12章与第4大类
2	纺织、纺织品、皮革及鞋类制品	第26章269节、第61、65、83、84、85章
3	木材及制品	第63章，第24章248节
4	纸浆、纸张、纸制品、印刷和出版	第25、64章、第89章892节
5	焦炭、炼油产品及核燃料	第32章325节、第33章的334、335节
6	化学制品（不含制药）	第26章266、267节，第5类（第54章除外）
7	制药	第54章
8	橡胶和塑料制品	第23章232节，第62章，第58章，第89章893节
9	其他非金属矿物制品	第66章
10	黑色金属	第67章
11	有色金属	第68章
12	金属制品	第69章，第81章811、812节
13	其他机械设备	第71、72、73、74章，第88章881、882、883节
14	办公、会计和计算机设备	第75章
15	电气机械和设备	第77的771、772、773、775、776、778节，第81章813节
16	广播、电视和通信设备	第76章
17	医疗、精密和光学仪器以及钟表	第77章774节，第87章871、872、873节，第88章884、885节

续表

编码	国际标准产业分类（ISIC3.0）	国际贸易标准分类（SITC3.0）
18	汽车、挂车及半挂车	第78章781、782、783、784节
19	船舶制造和修理	第79章793节
20	航空航天器制造	第79章792节
21	铁路机车及其他交通设备	第79章791节，第78章785节
22	家具制品及其他制造业	第82章、第89章891、894，895，896、897、898、899节

资料来源：根据国际标准产业分类表（ISIC3.0）、国际贸易标准分类表（SITC3.0）、盛洪的《中国对外贸易政策的政治经济学分析》和宋泓、柴瑜的《三资企业与中国产业结构调整——对外贸易视角的实证分析》整理而得。

附录表二   **制造业产业的技术分类**

高技术产业	制药，办公、会计和计算机设备，广播、电视和通信设备，医疗、精密和光学仪器，航空航天器制造
中高技术产业	其他机械设备，化学制品（不含制药），电气机械和设备，汽车、挂车及半挂车，铁路机车及其他交通设备
中低技术产业	焦炭、炼油产品及核燃料，橡胶和塑料制品，其他非金属矿物制品，黑色金属，有色金属，金属制品，船舶制造和修理
低技术产业	食品、饮料和烟草，纺织、纺织品、皮革及鞋类制品，木材及制品，纸浆、纸张、纸制品、印刷和出版，家具制品及其他制造业

资料来源：OECD 科学、技术和工业总司。OECD（2004）根据国际标准产业分类（ISIC）第 3 版，按照 R&D 强度，即 R&D 占增加值或产值的比重，将制造业产业划分为四个技术层次：低技术产业、中低技术产业、中高技术产业和高技术产业，共 22 个子行业。

制造业行业	1997 年	2002 年	2005 年	2009 年
食品、饮料和烟草	5229549652	5944819124	10975275285	21277529273
纺织、纺织品、皮革及鞋类制品	11063240702	12591473563	21489634990	29890290643
木材及制品	58007805965	78821480815	144143301929	209037943746
纸浆、纸张、纸制品、印刷出版	1407707071	2686022486	6303828576	7691205263
焦炭、炼油产品及核燃料	1323618873	2338171378	5113002409	10020075445
化学制品（不含制药）	2304371502	3717391917	9691679526	13840578546
制药	8795222848	13109618000	32351975910	54169912502
橡胶和塑料制品	1536244612	2323573910	3777728152	8613735403
其他非金属矿物制品	4777957313	8632166670	19049394101	29107361593
黑色金属	4002241180	6144893477	13671724822	21856285071
有色金属	4463738903	3322466592	19278257222	23660090758
金属制品	6163106322	11993628369	28215025095	44202495113
其他机械设备	6849690409	15410973878	37357847732	75579327134
办公、会计和计算机设备	9243839359	36227810830	110695167670	157320676757
电气机械和设备	13453307485	34539879205	80065477139	141421494357
广播、电视和通信设备	10303763837	32016800320	94855980623	148798980450
医疗、精密和光学仪器以及钟表	3423943057	5175550018	19535894188	34290185720
汽车、挂车及半挂车	639239896	2110748848	8615825142	17066921877
船舶制造和修理	1630003502	1924504530	4663473886	28364212389
航空航天器制造	289589362	436659153	742100956	937991504
铁路机车及其他交通设备	1234956871	3082230718	6475390916	9157920935
家具制品及其他制造业	16278158428	26844289316	51220371352	83064574467

附录表三　　中国制造业各子行业出口额（1997～2011 年）　　单位：美元

资料来源：UNcomtrade 数据库，作者根据国际标准产业分类 ISIC Rev. 3 与联合国的国际贸易商品分类 SITC Rev. 3 对照表集结而得。

附录表四　　　中国制造业各子行业进口额（1997～2011 年）　　　单位：美元

制造业行业	1997 年	2002 年	2005 年	2011 年
食品、饮料和烟草	5229549652	5944819124	10975275285	21277529273
纺织、纺织品、皮革及鞋类制品	15994265523	17454255115	21578112028	21525380266
木材及制品	1298640782	2007932861	2356999345	2819990802
纸浆、纸张、纸制品、印刷出版	4980876381	7373663079	11002753806	15569201077
焦炭、炼油产品及核燃料	3874981446	4467628133	11740120367	20115469141
化学制品（不含制药）	20605769073	39063745964	75941746802	106700232388
制药	330756741	1434108204	2308798790	6699375857
橡胶和塑料制品	2999119493	5253106443	10803922938	17666575200
其他非金属矿物制品	1328022020	3021587209	5165419437	6720684589
黑色金属	6662996277	13599074950	26341085254	26476345132
有色金属	3183149516	7523433239	17087426197	37722496213
金属制品	2029874241	3110655415	6645533036	10199594642
其他机械设备	13699256232	24732911176	47892621820	66309981871
办公、会计和计算机设备	4475265710	17094037752	35789886139	43059524745
电气机械和设备	13851222191	54517782659	136018947511	196903091434
广播、电视和通信设备	5966820811	14149886109	29362315979	34065183363
医疗、精密和光学仪器以及钟表	1856337711	8126388248	39299414205	52795319930
汽车、挂车及半挂车	1671964947	6225379082	11901822421	27896316390
船舶制造和修理	303987341	607133413	482276508	2479435739
航空航天器制造	3234257518	4051120453	6561195103	10525038160
铁路机车及其他交通设备	297651522	573662465	708178574	1845818020
家具制品及其他制造业	1236660667	2899953172	6250399542	9854254033

资料来源：UNcomtrade 数据库，作者根据国际标准产业分类 ISIC Rev. 3 与联合国的国际贸易商品分类 SITC Rev. 3 对照表集结而得。

附录表五　　　中国各省市加工贸易进口额（2002～2010 年）　　　单位：亿美元

	2002 年	2003 年	2004 年	2005 年	2006 年	2007 年	2008 年	2009 年	2010 年	增长率
全国	925.60	938.66	1222.43	1630.12	2218.00	2741.25	3215.68	3689.73	3781.58	19.24%
东部地区	909.65	922.29	1202.49	1604.71	2177.74	2687.58	3145.35	3597.75	3668.37	19.04%
北京	14.38	14.80	22.10	27.20	39.30	49.81	61.43	69.94	64.87	20.72%
天津	43.02	44.06	52.96	55.28	80.66	92.49	115.91	117.39	116.43	13.25%
河北	2.75	2.91	3.96	5.35	6.76	8.09	8.41	12.62	15.52	24.15%
辽宁	41.74	42.07	46.87	53.29	65.78	78.84	95.02	105.71	114.67	13.46%
上海	90.17	92.61	118.95	179.44	253.92	310.92	358.87	396.46	399.97	20.47%
江苏	86.81	98.38	161.21	293.41	479.99	657.30	749.67	859.49	856.92	33.14%
浙江	22.79	24.72	26.66	40.78	66.88	81.43	102.90	132.29	156.11	27.19%
福建	40.18	40.59	47.93	57.51	74.96	84.43	92.14	98.63	111.14	13.56%
山东	54.40	55.84	62.29	79.21	106.46	135.52	156.80	199.27	240.44	20.41%
广东	511.63	504.44	657.04	810.43	999.30	1184.60	1396.78	1595.26	1580.66	15.14%
广西	1.27	1.29	1.94	2.21	2.93	3.18	3.24	4.00	5.16	19.17%
海南	0.49	0.58	0.58	0.61	0.78	0.96	4.18	6.70	6.49	38.03%
中部地区	12.24	12.57	12.54	15.17	26.80	36.99	45.63	61.16	68.63	24.05%
山西	0.34	0.45	0.33	0.69	2.16	3.08	4.47	16.53	12.75	57.38%
内蒙古	0.44	0.47	0.34	0.44	0.81	3.19	0.82	0.93	2.73	25.74%
吉林	1.40	1.42	1.44	1.49	2.09	2.20	2.57	2.80	2.52	7.58%
黑龙江	1.31	1.22	1.32	1.15	1.39	1.53	1.80	2.15	2.63	9.11%
安徽	2.44	2.45	1.96	2.32	4.08	5.55	9.15	8.16	8.93	17.59%
江西	0.51	0.67	0.68	0.96	2.26	3.21	8.38	9.37	14.92	52.36%
河南	2.27	2.34	2.91	3.78	7.79	10.09	9.21	10.33	10.54	21.18%
湖北	2.58	2.62	2.65	3.02	4.01	5.67	7.43	8.09	10.29	18.87%
湖南	0.94	0.94	0.91	1.32	2.22	2.49	1.80	2.80	3.32	17.01%
西部地区	3.72	3.80	7.40	10.24	13.46	16.68	24.70	30.81	44.58	36.40%
四川	0.37	0.54	3.64	5.66	5.49	5.48	11.72	19.66	35.18	76.81%
贵州	0.33	0.32	0.66	1.08	2.31	2.16	1.24	1.04	1.08	16.04%
云南	0.83	0.76	0.77	0.97	1.49	2.89	4.61	4.60	1.39	6.54%
陕西	1.00	1.07	1.02	1.22	1.61	2.61	3.55	3.84	5.90	24.78%
甘肃	0.47	0.43	0.69	0.47	1.31	2.55	2.87	1.33	0.81	6.89%
青海	0.22	0.13	0.10	0.33	0.67	0.36	0.23	0.00	0.01	-31.41%
宁夏	0.28	0.30	0.30	0.23	0.09	0.13	0.13	0.11	0.06	-17.48%
新疆	0.21	0.25	0.22	0.28	0.49	0.50	0.36	0.24	0.16	-3.76%

注：四川省的加工贸易数据包括重庆市，而西藏的加工贸易数据为0。

资料来源：各省市统计年鉴（2003～2011 年）。

附录表六　　　　　中国各省市加工贸易出口额（2002～2010）年　　　　单位：亿美元

	2002 年	2003 年	2004 年	2005 年	2006 年	2007 年	2008 年	2009 年	2010 年	增长率
全国	1376.52	1474.05	1798.53	2418.20	3281.44	4164.86	5104.96	6172.86	6750.67	21.99%
东部	1343.71	1441.55	1751.73	2362.15	3205.43	4072.05	4981.22	6014.63	6565.02	21.93%
北京	35.49	36.28	34.43	42.94	59.64	79.63	97.57	129.11	133.03	17.96%
天津	52.40	59.98	77.84	92.30	141.81	179.30	215.77	233.06	219.62	19.62%
河北	6.81	5.90	7.01	10.04	12.28	15.76	18.28	24.54	35.15	22.77%
辽宁	60.38	60.32	68.43	79.89	95.88	117.38	135.48	165.32	180.06	14.63%
上海	147.83	157.26	170.26	270.99	420.76	514.42	634.04	792.66	912.27	25.54%
江苏	136.51	152.09	218.36	371.65	576.39	835.13	1081.29	1329.47	1455.41	34.42%
浙江	39.75	46.51	52.78	76.19	114.86	164.65	227.87	280.08	313.79	29.47%
福建	63.42	66.56	82.93	106.01	144.89	161.79	177.30	197.76	222.45	16.98%
山东	80.01	88.86	101.44	124.16	174.71	228.69	275.13	353.04	429.65	23.38%
广东	717.80	765.03	934.80	1184.21	1458.84	1769.43	2110.52	2497.02	2651.44	17.74%
广西	2.25	1.88	2.53	2.81	4.10	4.45	5.40	5.74	7.19	15.66%
海南	1.08	0.87	0.92	0.97	1.26	1.41	2.58	6.82	4.95	21.03%
中部	23.82	21.92	26.29	31.83	48.12	64.69	83.82	111.08	131.02	23.75%
山西	0.79	0.42	0.64	0.84	2.48	5.55	7.75	19.36	18.25	48.05%
内蒙古	1.29	1.53	1.38	1.89	2.52	4.52	3.00	2.13	3.50	13.35%
吉林	2.45	3.10	3.20	3.20	4.38	5.86	6.74	7.21	6.90	13.83%
黑龙江	2.00	1.69	2.06	1.82	2.21	2.98	3.15	5.05	5.67	13.89%
安徽	4.67	4.28	4.13	4.84	7.39	11.05	17.79	23.54	25.80	23.82%
江西	1.99	1.14	1.81	1.77	3.97	4.44	8.48	14.04	23.48	36.15%
河南	3.21	3.64	6.31	8.99	14.16	18.46	19.15	14.78	15.34	21.58%
湖北	5.29	4.37	5.07	6.27	7.12	8.16	13.85	19.29	23.28	20.36%
湖南	2.14	1.76	1.68	2.23	3.89	3.68	3.91	5.69	8.79	19.32%
西部	8.98	10.58	20.51	24.22	27.89	28.11	39.91	47.14	54.63	25.31%
四川	3.51	3.11	11.03	11.52	9.54	7.79	14.69	22.87	35.12	33.34%
贵州	0.91	0.88	1.47	2.66	4.73	4.37	2.90	2.55	1.77	8.66%
云南	0.94	1.43	1.38	1.30	2.39	4.14	6.50	6.66	3.31	17.05%
陕西	2.22	1.68	1.87	2.71	4.23	5.00	8.05	11.43	10.29	21.13%
甘肃	0.18	1.16	1.94	3.04	3.13	3.39	4.73	1.76	2.36	37.86%
青海	0.13	0.48	0.36	0.81	2.01	1.58	1.13	0.00	0.01	-29.72%
宁夏	0.45	0.63	0.98	0.71	0.38	0.36	0.42	0.38	0.29	-5.29%
新疆	0.64	1.22	1.48	1.48	1.48	1.48	1.48	1.48	1.48	0.11

注：四川省的加工贸易数据包括重庆市，而西藏的加工贸易数据为0。

资料来源：各省市统计年鉴（2003～2011 年）。

附录表七：BEC 分类

联合国统计处将 3 位数的《国际贸易标准分类》（SITC，第 3 版）的基本项目编号重新组合排列编制成联合国《广义经济类别分类》（Broad Economic Categories，BEC），通过 BEC 分类，可以把按《国际贸易标准分类》（SITC，第 3 版）编制的贸易数据转换为《国民经济核算体系》（SNA）框架下按最终用途划分的三个基本货物门类：资本品、中间产品和消费品。在本书对中国制造业进出口贸易的研究中，BEC 分类汇总如下：

3 阶段	5 阶段	BEC 代码	BEC 项目
初级产品		111	食品和饮料，初级，主要用于工业
		21	未另归类的工业用品，初级
		31	燃料和润滑剂，初级
中间产品	半成品	121	食品和饮料，加工，主要用于工业
		22	未另归类的工业用品，加工
		322	燃料和润滑剂，加工（不包括汽油）
	零部件	42	资本货物（运输设备除外）零配件
		53	运输设备零配件
最终产品	资本品	41	资本货物（运输设备除外）
		521	运输设备，工业
	消费品	112	食品和饮料，初级，主要用于家庭消费
		122	食品和饮料，加工，主要用于家庭消费
		51	运输设备，非工业
		522	运输设备，非工业
		53	载客汽车
		61	未另归类的消费品，耐用品
		62	未另归类的消费品，半耐用品
		63	未另归类的消费品，非耐用品

资料来源：《按经济大类分类——以〈标准国际贸易分类〉订正 3 以及〈商品名称及编码协调制度〉（2002 年）第三版界定》[M]. 联合国经济及社会理事会统计司统计丛刊 M 系列第 53 号，2002 年。

附录表八　　2011 年产品内分工下中国制造业各子行业主要生产阶段出口额　　单位：美元

制造业行业	初级产品	中间品		最终产品	
		半成品	零部件	资本品	消费品
	出口	出口	出口	出口	出口
食品、饮料和烟草	1355363540	2635045434			26146700389
纺织、纺织品、皮革及鞋类制品	7519972	43731967721	331575044		167315833826
木材及制品	3108709	6532394576			1101209385
纸浆、纸张、纸制品、印刷和出版	60106	6728414988			3291600351
焦炭、炼油产品及核燃料		1290640150			
化学制品（不含制药）	17889019	46488697152			3374216549
制药		7668339441			945395962
橡胶和塑料制品	34862999	10760869648			9778785492
其他非金属矿物制品	103046088	16905108700			4848130283
黑色金属		23660090758			
有色金属	630700	12088671447			
金属制品		27833118409	1609197870	3196488410	9848773876
其他机械设备		1289252884	33426159551	56619384871	10993619091
办公、会计和计算机设备			32037848357	124583993641	698834759
电气机械和设备		11734787111	66914418813	26015074418	30925954311
广播、电视和通信设备			36368494751	75316275903	17165133147
医疗、精密和光学仪器以及钟表		4255806968	1394076762	25266198816	3363382263
汽车、挂车及半挂车			11699342933	3978508281	1389070663
船舶制造和修理	160000			27134244066	195642150
航空航天器制造				281381574	850102365
铁路机车及其他交通设备				538894719	8619026216
家具制品及其他制造业		5988449264	108501007	10233044800	57347040963

　　资料来源：UNcomtrade Database，作者根据国际标准产业分类 ISIC Rev. 3 与联合国的国际贸易商品分类 SITC Rev. 3 对照表，以及 SITC Rev. 3 代码与 BEC 代码对照表集结而得。

附录表九　　2011 年产品内分工下中国制造业各子行业主要生产阶段进口额　　单位：美元

制造业行业	初级产品	中间品		最终产品	
		半成品	零部件	资本品	消费品
	出口	出口	出口	出口	出口
食品、饮料和烟草	1733885588	4530271059			12018384151
纺织、纺织品、皮革及鞋类制品	24257863	17535564723	325208979		3661721060
木材及制品	756067	2799191715			18973611
纸浆、纸张、纸制品、印刷和出版	3796053693	10987710526			785436858
焦炭、炼油产品及核燃料		3131511350			
化学制品（不含制药）	3580694891	94808601255			1296483597
制药		1977328070			4722047787
橡胶和塑料制品	12340930	13836404327			3132320830
其他非金属矿物制品	1135366926	5477920158			107397505
黑色金属		26476345132			
有色金属	365628	37722130585			
金属制品		5474870821	1782900841	568366599	285676812
其他机械设备		1788200843	25780791079	60467708428	8991896264
办公、会计和计算机设备			18462182053	24575827608	21515084
电气机械和设备		3348254343	167428031525	16706024787	6720429973
广播、电视和通信设备			22792619775	7698405710	260094600
医疗、精密和光学仪器以及钟表		8286297791	3501476788	39789441968	1207795444
汽车、挂车及半挂车			12458016356	1070435130	14367864904
船舶制造和修理	736133547			1678082308	48686565
航空航天器制造				9331829329	1142441327
铁路机车及其他交通设备				353180420	1492637600
家具制品及其他制造业		1631895555	87510283	696155578	3527944332

资料来源：UNcomtrade Database，作者根据国际标准产业分类 ISIC Rev. 3 与联合国的国际贸易商品分类 SITC Rev. 3 对照表，以及 SITC Rev. 3 代码与 BEC 代码对照表集结而得。

附录十：

在以下两个条件下，外包方式的技能报酬将会提高：

条件 1：如果 $A_2 < \varpi_1$，那么外包方式下，技能报酬提高的充分条件是：$A_2 \lambda_2^B < A_1 \lambda_1^B \Rightarrow \theta_2^B < \theta_1^B$。也就是说，如果熟练劳动力与非熟练劳动力替代弹性的加权和较小，那么外包方式下技能报酬提高的充分条件是，国外部门中非熟练劳动力的成本份额要高于熟练劳动力的成本份额。

条件 2：如果 $A_2 > \varpi_1$，那么外包方式下技能报酬提高的必要条件是：$A_2 \lambda_2^B > A_1 \lambda_1^B \Rightarrow \theta_2^B > \theta_1^B$。也就是说，如果熟练劳动力与非熟练劳动力的替代弹性加权和较大，那么外包方式下技能报酬提高的必要条件是，国外部门中非熟练劳动力的成本份额要低于熟练劳动力的成本份额。

参 考 文 献

[1] 阿维纳·格雷夫. 新帕尔格雷夫法经济学大辞典 [M]. 319-327 非正式合约实施制度（ICE）词条，法律出版社，2005.

[2] 北京大学中国经济研究中心课题组. 中国出口贸易中的垂直专门化与中美贸易 [J]. 世界经济，2008（5）：3-12.

[3] 巴格瓦蒂，潘纳里亚，施瑞尼瓦桑. 高级国际贸易学 [M]. 中译本，2006.

[4] 保罗·克鲁格曼. 克鲁格曼国际贸易新理论 [M]. 中译本，中国社会科学出社，2003.

[5] 黄先海，杨高举. 高技术产业的国际分工地位：文献述评与新的分析框架 [J]. 浙江大学学报，2011（6）：101-111.

[6] 黄先海，韦畅. 中国制造业出口垂直专业化程度的测度与分析 [J]. 管理世界，2009（4）：158-159.

[7] 胡昭玲. 产品内分工国际分工对中国工业生产率的影响分析 [J]. 中国工业经济 2009（6）：30-37.

[8] 胡国恒. 直接投资、外包与跨国生产网络的空间组织 [J]. 河南大学学报（自然科学版），2008（3）：68-71.

[9] 高越，高峰. 产品内贸易与外商直接投资的关系——理论模型与基于中国数据的经验分析 [J]. 数量经济技术经济研究，2009（8）：98-105.

[10] 江静，刘志彪. 全球化进程中的收益分配不均与中国产业升级 [J]. 经济理论与经济管理，2009（8）：39-41.

[11] 籍艳丽，席艳乐. 产品内分工对相对就业的影响——基于中国制造业面板数据的实证分析 [J]. 山西财经大学学报，2011（12）：70-73.

[12] 格罗斯罗，赫尔普曼. 全球经济中的创新与增长 [M]. 中译本，中国人民大学出版社，2005.

[13] 郭飞，李卓等. 贸易自由化与投资自由化互动关系研究 [M]. 人民出版社，2008.

[14] 郭建宏. 中国加工贸易问题研究：发展、挑战和结构升级 [M]. 经济管理出版社，2008.

[15] 金碚. 竞争力经济学 [M]. 广东经济出版社，2005.

[16] 赖明勇，王建华，吴献金. 技术创新对中国工业制成品国际竞争力作用的实证研究 [J]. 统计研究，2001 (6)：15-20.

[17] 李卓，刘杨，陈永清. 发展中国家跨国公司的国际化战略选择：针对中国企业实施走出去战略的模型分析 [J]. 世界经济，2008 (11)：11-23.

[18] 刘青林，谭力文. 租金、力量和绩效 [J]. 中国工业经济，2010 (1)：50-57.

[19] 刘庆林，廉凯. FDI 与外包：基于企业国际化方式选择的对比分析 [J]. 经济学家，2009 (2)：110-115.

[20] 刘志彪，吴福象. 贸易一体化与生产非一体化——基于经济全球化两个重要假说的实证研究 [J]. 中国社会科学，2008 (2)：80-92.

[21] 刘志彪. 我国东部沿海地区外向型经济转型升级与对策思考 [J]. 中国经济问题，2012 (2)：15-22.

[22] 刘志彪. 全球化中中国东部外向型经济发展——理论分析和战略调整 [M]. 中国财政经济出版社，2011.

[23] 刘海云，唐玲. 中国际外包的生产率效应及行业差异——基于中国工业行业的经验研究 [J]. 中国工业经济，2011 (8)：83-87.

[24] 卢锋. 产品内分工：一个分析框架 [J]. 经济学季刊，2008 (8)：7-19.

[25] 卢锋. 中国国际收支双顺差现象研究：对中国外汇储备突破万亿美元的理论思考 [J]. 世界经济，2008 (11)：3-11.

[26] 卢福财，胡平波. 网络租金及其形成机理分析 [J]. 中国工业经济，2008 (6)：137-144.

[27] 吴福象，刘志彪. 中国贸易量增长之谜的微观经济分析：1978—2009 [J]. 中国社会科学，2011 (1)：90-93.

[28] 卢万青. 中国贸易顺差的成因及变动趋势——基于东亚产品内国际分工的新视角 [J]. 国际贸易问题，2011 (7)：117-120.

[29] 罗珉，徐宏玲. 组织间关系：价值界面与关系租金的获取 [J]. 中国工业经济，2009 (1)：48-51.

[30] 吴福象. 经济全球化中制造业垂直分离的研究 [J]. 财经科学，2007 (3)：113-120.

[31] 李婧. 国际外包比率与中间产品多样性选择的理论模型与实证研究 [J]. 社会科学战线. 2011 (7)：72-76.

[32] 马涛. 中间产品贸易和直接投资、生产分割的关系——基于中国工业部门的研究 [J]. 国际贸易问题，2012 (1)：7-13.

[33] 马野青. 产品内分工视角的中国外贸顺差及其利益分析 [J]. 世界经

济与政治论坛，2012（1）：87 - 90.

[34] 孟祺，隋杨. 垂直专业化与全要素生产率——基于工业行业的面板数据分析 [J]. 山西财经大学学报，2012（1）：125 - 128.

[35] 孟祺，王斐波. 汇率与中美贸易不平衡关系的研究——基于垂直专业化的视角 [J]. 国际贸易问题，2011（11）：68 - 76.

[36] 蒲华林，张捷. 产品内分工与中美结构性贸易顺差 [J]. 世界经济研究，2009（02）：48 - 56.

[37] 邱斌，唐保庆，孙少勤. FDI、生产非一体化与美中贸易逆差 [J]. 世界经济，2009（5）：33 - 43.

[38] 盛洪. 分工与交易 [M]. 上海：上海三联书店，1992.

[39] 盛斌，马涛. 中间产品贸易对中国劳动力需求变化的影响——基于工业部门动态面板数据的分析 [J]. 世界经济，2010（3）：70 - 74.

[40] 宋玉华，周均. 国际外包、就业和收入分配之文献综述 [J]. 国际贸易问题，2008（3）：48 - 54.

[41] 唐铁球，汪斌. 产品内分工与中国制造业国际竞争力的实证研究 [J]. 经济问题，2010（6）：23 - 26.

[42] 唐海燕，张会清. 中国在新型国际分工体系中的地位 [J]. 国际贸易问题，2011（8）：142 - 148.

[43] 田文. 基于资产专用性下的跨境外包研究 [J]. 当代财经，2007（7）：105 - 109.

[44] 田文. 产品内贸易方式的决定与利益分配研究 [J]. 国际商务 - （对外经济贸易大学学报），2008（5）：9 - 13.

[45] 田文. 产品内贸易的定义、计量及比较分析 [J]. 财贸经济，2008（5）：77 - 79.

[46] 田文. 加工贸易的分配效应分析 [J]. 世界经济，2009（4）：12 - 19。

[47] 王爱虎，钟雨晨. 中国吸引跨国外包的经济环境和政策研究 [J]. 经济研究，2008（8）：45 - 56.

[48] 王中华，赵曙东，王雅琳. 中国工业参与国际垂直专业化分工的技术进步效应分析 [J]. 中央财经大学学报，2011（9）：3 - 10.

[49] 王中华，赵曙东. 中国工业参与国际垂直专业化分工影响因素的实证分析 [J]. 上海经济研究，2011（8）：9 - 10.

[50] 汪丽，贺书锋. 中国制造业国际外包与生产率增长——基于服务外包和实物外包的双重度量 [J]. 上海经济研究，2012（3）：67 - 74.

[51] 汪斌. 全球化浪潮中当代产业结构的国际化研究：以国际区域为新切入点 [M]. 中国社会科学出版社，2006.

[52] 汪斌. 中国产业：国际分工地位和结构的战略性调整——以国际区域为新切入点 [M]. 光明日报出版社, 2009.

[53] 汪斌, 唐铁球. 经济全球化下当代产业组织政策的新变化及其启示 [J]. 价格理论与实践, 2008 (7)：72 - 74.

[54] 汪斌, 唐铁球. 国际贸易与投资理论的新发展——基于企业异质性和不完全契约的视角 [J]. 社会科学战线, 2010 (4)：64 - 70.

[55] 王仁曾. 产业国际竞争力决定因素的实证研究——进展、困难、模型及对中国制造业截面数据的估计与检验 [J]. 统计研究, 2004 (4)：20 - 24.

[56] 徐毅, 张二震. FDI、外包与技术创新. 基于投入产出表数据的经验研究 [J]. 世界经济, 2010a (9)：62 - 69.

[57] 徐毅, 张二震. 外包与生产率——基于工业行业数据的经验研究 [J]. 经济研究 2010b (1)：38 - 42.

[58] 徐毅. 中国贸易顺差的结构分析与未来展望 [J]. 国际贸易问题, 2012 (2)：48 - 56.

[59] 喻春娇, 陈咏梅, 张洁莹. 中国融入东亚生产网络的贸易利益——基于 20 个工业部门净附加值的分析 [J]. 财贸经济, 2012 (2)：64 - 71.

[60] 余画洋, 丘东晓. 集群式增长和跨国公司的转包 [J]. 世界经济, 2011 (7)：21 - 23.

[61] 于明言, 李荣林. 中美贸易影响因素分析 [J]. 现代财经 (天津财经大学学报) [J], 2012 (3)：68 - 76.

[62] 喻春娇, 张洁莹. 中国融入东亚跨国生产网络的影响因素分析 [J]. 亚太经济. 2012 (1)：38 - 45.

[63] 约翰·N·德勒巴克等编. 制度经济学前沿 [M]. 张宇燕等译, 经济科学出版社, 2005.

[64] 詹姆斯 R. 马库森. 跨国公司与国际贸易理论 [M]. 张永昌等译, 上海财经大学出版社, 2007.

[65] 张小蒂, 孙景蔚, 基于垂直专业化分工的中国产业竞争力分析 [J]. 世界经济, 2008 (5) 14 - 21.

[66] 张小蒂, 朱勤, 论产品内分工价值链中我国企业创新与市场势力构建的良性互动 [J]. 中国工业经济, 2009 (5) 30 - 38.

[67] 张辉. 球价值链下地方产业集群转型和升级 [M]. 经济科学出版社, 2008.

[68] 曾铮, 熊晓琳. 生产零散化、生产成本和离岸外包：一般理论和美、中、印三国的经验研究 [J]. 世界经济, 2010 (12)：37 - 47.

[69] 张二震, 马野青. 贸易投资一体化与长三角开放战略的调整 [M]. 人

民出版社，2010.

[70] Abernathy, W. J. and J. M. Utterback. "Patterns of Innovation in Technology" [J]. Technology Review, 1978, Vol. 80, pp. 40 – 47.

[71] Acemoglu, Daron. Simon Johnson and James Robinson. "The Rise of Europe: Atlantic Trade, Institutional Change, and Economic Growth" [J]. American Economic Review, 2007, Vol. 95, pp. 546 – 579.

[72] Acemoglu, Daron. , Pol Antràs and Elhanan Helpman. "Contracts and Technology Adoption" [J]. 2008, mimeo.

[73] Aghion, P. and Tirole, J. "Formal and Real Authority in Organizations" [J]. Journal of Political Economy, 1997, Vol. 105, No. 1, pp. 1 – 29.

[74] Alchian, Armen A & Demsetz, Harold. "Production, Information Costs, and Economic Organization" [J]. American Economic Review, 1972, December Vol. 625, pp. 777 – 95.

[75] Alessia Amighini, "China in the international fragmentation of production: Evidence from the ICT industry," European Journal of Comparative Economics, Cattaneo University LIUC, 2007, Vol. 22, pp. 203 – 219.

[76] Amador, João & Cabral, Sónia. "Vertical specialization across the world: A relative measure" [J]. The North American Journal of Economics and Finance, Elsevier, 2011, Vol. 203, pp. 267 – 280.

[77] Amiti, Mary and Shang-Jin Wei. "Fear of Service Outsourcing Is It Justified" [J]. IMF Working Paper, 2007, forthcoming.

[78] Amiti, Mary and Shang-Jin Wei. "Service Outsourcing, Productivity and Employment: Evidence from theUS" [J]. 2007, IMF.

[79] Amiti, Mary and Shang-Jin Wei. "ServiceOffshoring and Productivity: Evidence from the United States. " NBER Working Paper No. 11926. , 2009.

[80] Anderson, James. "A Theoretical Foundation for the Gravity Equation" [J]. American Economic Review, 1979, Vol. 691, pp. 106 – 116.

[81] Anderson, James and Douglas Marcouiller. "Insecurity and the Pattern of Trade: An Empirical Investigation" [J]. Review of Economics and Statistics, 2004. 842, pp. 342 – 52.

[82] Anderson, James and Leslie Young. "Trade and Contract Enforcement" [J]. 2005, Mimeo.

[83] Anderton, Bob and PaulBrenton. "Outsourcing and Low Skilled Workers in the UK" [J]. 1997, mimeo, National Institute of Economic and Social Research, London.

[84] Antras, Pol, "Firms, Contracts, and Trade Structure" [J]. The Quarterly Journal of Economics, 2006, November pp. 1375 – 1418.

[85] Antras, Pol, and Helpman, Elhanan. "Global Sourcing" [J]. Journal of Political Economy, 2007, Vol. 112, No. 3, pp. 552 – 580.

[86] Antras, Pol, and C. Fritz Foley, "Regional Trade Integration and Multinational Firm Strategies," [J]. NBER Working Papers 14891, 2011.

[87] Antras, Pol. "Incomplete Contracts and the Product Cycle" [J]. American Economic Review, 2008, pp. 1077 – 1091.

[88] Antras, Pol and Helpman, Elhanan, "Contractual Frictions and Global Sourcing" [J]. January 2009. CEPR Discussion Paper No. 6033.

[89] Arndt, Sven W. "Globalization and the Open Economy" [J]. North American Journal of Economics and Finance, 1997, Vol. 81, pp. 71 – 79.

[90] Arndt, Sven W. "Super-Specialization and the Gains from Trade" [J]. Contemporary Policy, 1998, Vol. 23, pp. 480 – 485.

[91] Arndt, Sven W. "Sourcing and Production Sharing in Preference Areas" [J]. in Fragmentation: New Production Patterns in the World Economy [M]. edited by Sven W. Arndt and Henryk Kierzkowski. Oxford: Oxford University Press, 2003, pp. 76 – 87.

[92] Arndt, Sven W. "Globalization and Economic Development" [J]. Journal of International Trade and Economy Development, 2006, Vol. 83. pp. 86 – 94.

[93] Arndt, Sven W. and Henryk Kierzkowski, eds. "Fragmentation: New Production Patterns in the World Economy" [M]. Oxford: Oxford University Press. 2003.

[94] Baldwin, Robert E & Hilton, R Spence. "A Technique for Indicating Comparative Costs and Predicting Changes in Trade Ratios" [J]. The Review of Economics and Statistics, MIT Press, 1984, Vol. 661, pp. 105 – 110.

[95] Bardhan, Ashok and Kroll, Cynthia "Services Offshoring and California Employment: Implications for State Policy" [J]. A Policy Report for California Policy Research Center, 2007.

[96] Bengt Holmstrom, Paul Milgrom. Multitask. "Principal-agent Analyses: Incentive Contracts, Asset Ownership, and Job Design" [J]. Journal of Law, Economics and Organization, 1991, Vol. 7 Special Issue, pp. 24 – 52.

[97] Berkowitz, Daniel, Johannes Moenius, and Katharina Pistor. "Trade, law, and product complexity" [J]. Review of Economics and Statistics 2008, Vol. 88, pp. 117 – 132.

[98] Berman, Eli, John Bound, and Zvi Griliches P. "Changes in the Demand for Skilled Labor within U. S. Manufacturing: Evidence from the Annual Survey of Manufactures. " Quarterly Journal of Economics. Vol. 104, pp. 367 – 398. pp. 76 – 54.

[99] Bond, Eric W. "Commercial Policy in a 'Fragmented' World" [J]. American Economic Review, 2006, May Vol. 912, pp. 358 – 362.

[100] Brandenburger, Adam M. & Nalebuff, Barry 1998. "Co-opetition: A Revolution Mindset That Combines Competition and Cooperation" [J]. Strategic Management Journal, 1997, Vol. 25, pp. 304 – 314.

[101] Campa, J. and L. S. Goldberg. "The Evolving External Orientation of Manufaturing Industries: Evidence from Four Countries" . NBER Working Paper 5919, 1997.

[102] Coase, Ronald H. "The Nature of the Firm" [J]. Economica, 1937, Vol. 416, pp. 386 – 405.

[103] Costinot, Arnaud "Contract Enforcement, Division of Labor and the Pattern of Trade" [J]. Mimeo, Princeton University. 2006.

[104] Chakrabarti, Avik. "The Determinants of Foreign Direct Investment: Sensitivity Analyses of Cross-Country Regressions" [J]. Kyklos, Blackwell Publishing, 2003, 541, pp. 89 – 113.

[105] Cheng, Leonard, Larry D. Qiu and Guofu Tan "Foreign direct investment and international fragmentation of production" [J]. In: Fragmentation: New Production Patterns in the World Economy [M]. edited by Sven W. Arndt and Henryk Kierzkowski. Oxford: Oxford University Press, 2004.

[106] Chen, Yongmin, Jota Ishikawa and Yu Zhihao. "Trade Liberalization and Strategic Outsourcing" [J]. Journal of International Economics, 2006, Vol. 63, pp. 419 – 436.

[107] Chen, Yongmin and Y. M. Chang. "Trade Verticality and Strucural Change in Indust ries: The Cases of Taiwan and South Korea" [J]. Open Economies Review, 2008, Vol. 17, Iss. 13, pp. 320 – 340.

[108] Chen, H. , M. Kondratowicz, and K. – M. Yi. "Vertical Specialization and Three Facts about U. S. International Trade" [J]. North American Journal of Economics and Finance, 2008, Vol. 16, pp. 33 – 59.

[109] Cheung S. N. S. "The Contractual Nature of the Firm" . Journal of Law and Economics. 1983, Vol. 126, pp. 1 – 21.

[110] Chio E. Kwan and Harrigan J. "Handbook of International Trade" [M]. Princeton University Press, 2005.

[111] Chongvilaivan, A. and Thangavelu, S. M. "The impact of material and service outsourcing on employment in Thailand's manufacturing industries" [J]. Working Paper Series; 2011, 931.

[112] Chongvilaivan, A. Jung Hur and Yohanes E. Riyanto. "Out sourcing Types, Relative Wages, and the Demand for SkilledWorkers: New Evidence from U. S. Manufacturing" [J]. Economic Inquiry, 2011, Vol. 147, Iss. 11, pp118 – 133.

[113] Christmann, Petra, "Globalization and the environment: Drivers of standardization of environmental strategies in multinational companies" [J]. 20th International Conference of the Strategic Management Society, Vancouver, Canada, October.

[114] Christmann, Petra, and Glen Taylor, "Globalization and the environment: The role of ISO14000," Academy of Management Meetings, Toronto, Canada, August.

[115] Dani Rodrik. "What's So Special about China's Exports?" [J]. China & World Economy, Institute of World Economics and Politics, Chinese Academy of Social Sciences, 2008. Vol. 145, pp. 1 – 19.

[116] Davis, D. R. "Does European Unemployment Prop Up American Wages? National Labor Markets and Global Trade" [J]. American Economic Review, 1998, Vol. 88, pp. 478 – 494.

[117] Davis, D. R; Weinstein, D. E. "International trade as an integrated equilibrium" [J]. American Economic Review, 2002: Vol. 902, pp. 150 – 154.

[118] Daveri F. and Jona-Lasinio C. "Off-Shoring and Productivity Growth in the Italian Manufacturing Industries. " [J]. CESIFO Working Paper No. 2288, 2010.

[119] David, P. A. and S. Greenstein. "The Economics of Compatibility Standards: An Introduction to Recent Research" [J]. Economics of Innovation and New Technology, 1990, Vol. 1, pp. 3 – 41.

[120] Dyer, J. H. , Singh, H. The Relational View: Cooperative Strategy and Sources of Inter-organizational Competitive Advantage [J]. Academy of Management Journal, 1998, Vol. 23, pp. 85 – 96.

[121] Dyer J. H. , Kale P. , Singh H. "Splitting the Pie: Rent Distribution in Alliances and Networks" [J]. Managerial and Decision Economics, 2010, Vol. 18, pp. 78 – 92.

[122] Deardorff, Alan V. "Fragmentation Across Cones," in: Fragmentation: New Production Patterns in the World Economy [M]. edited by Sven W. Arndt and Henryk Kierzkowski. Oxford: Oxford University Press, 2003, pp. 35 – 51.

[123] Deardorff, Alan V. "Fragmentation in simple trade models," [J]. The North American Journal of Economics and Finance, Elsevier, 2005, Vol. 122, pp.

121 - 137.

[124] Dennis J. F. & Donald S. "Outsourcing and productivity growth in services" [J]. Structural Change and Economic Dynamics, Elsevier, 2001, June Vol. 102, pp. 177 - 194.

[125] Dixit, A. K. "Trade expansion and contract enforcement" [J]. Journal of Political Economy, 2005, Vol. 111, pp. 1293 - 1317.

[126] Do, Quy-Toan and Levchenko, Andrei A. "Trade, Inequality, and the Political Economy of Institutions" [J]. World Bank Policy Research Working Paper 3836. 2008.

[127] Dornbusch R, Fischer S, Samuelson P. "Comparative Advantage, Trade, and Payments in a Ricardian Model with a Continuum of Goods" [J]. American Economic Review, 1977, Vol. 675 pp. 823 - 39.

[128] Eaton, J. and S. Kortum "Trade in ideas: Patenting and Productivity in the OECD" [J]. NBER Working Papers, 1995, No. 5049.

[129] Egger, P. "European Exports and Outward Foreign Direct Investment: A Dynamic Panel Data Approach" [J]. Austrian Institute of Economic Research, 2002, Vol. 20014, pp. 20 - 30.

[130] Egger, P. et al. "The International Fragmentation of Austrian Manufacturing: The Effects of Outsourcing on Productivity and Wages" [J]. North American Journal of Economics and Finance, 2004, Vol. 123, pp. 127 - 135.

[131] Egger, P. and Egger, H. "The Determinants of EU Processing Trade" [J]. The World Economy, 2007, 228, pp. 147 - 168.

[132] Egger, H. "Outsourcing in a Global World" [J]. University of Zürich, Dissertation. 2006.

[133] Egger H. and Egger P. "On Market Concentration and International Outsourcing" [J]. Applied Economics Quarterly, 2005, Vol. 49, 49 - 64.

[134] Egger H. and Egger P. "International Outsourcing and the Productivity of low- skilled Labor in the EU" [J]. Economic Inquiry, 2008, 441, pp. 98 - 108.

[135] Eric W. Bond. "Commercial Policy in a Fragmented World" [J]. American Economic Review, 2003, May Vol. 912, pp. 358 - 362.

[136] Ernst, Dieter and John Ravenhill, "Globalization, Convergence, and the ransformation of International Production Networks in Electronics in East Asia" [J]. Paper prepared for the XVIIth World Congress of the International Political Science Association, Seoul. 1997.

[137] Ethier. W. "National and International Returns to Scale in the Modern

Theory of International Trade". American Economic Review, 1982, Vol. 72, pp. 950 – 959.

[138] European Economic Advisory Group Outsourcing. CESifo eds.: Report on the European Economy, 2007, Chapter 2, pp. 39 – 50.

[139] Evans, C. L. "The Costs of Outsourcing," working paper, 2003.

[140] Falk M. and Wolfmayr Y. "Services and Materials Outsourcing to Low-wage Countries and Employment: Empirical Evidence from EUCountries" [J]. Structural Change and Economic Dynamics, 2010, 19, pp. 38 – 52.

[141] Feenstra, Robert C. "Integration of trade and disintegration of productionin the global economy" [J]. Journal of Economic Perspective, 1998, Vol. 12, No. 4, Fall 1998, pp. 31 – 50.

[142] Feenstra, Robert C. and Gordon H. Hanson. "Globalization, Outsourcing, and Wage Inequality" [J]. American Economic Review, 1998, Vol. 86, pp. 240 – 245.

[143] Feenstra, Robert C. "Advanced International Trade: Theory and Evidence" [J]. Princeton University Press. 2006.

[144] Feenstra, Robert C. and Gordon H. Hanson. "Foreign Direct Investment and Relative Wages: Evidence from Mexico's Maquiladoras" [J]. Journal of International Economics, 1997, Vol. 42, pp. 371 – 394.

[145] Feenstra, Robert C. and Gordon H. Hanson. "Productivity Measurement and the Impact of Trade and Technology on Wages: Estimates for the U. S. 1972 – 1990" [J]. Quarterly Journal of Economics, 2001, Vol. 1143, pp. 907 – 940.

[146] Feenstra, Robert C. and Gordon H. Hanson. "Production Sharing and Rising Inequality: A Survey of Trade and Wages". in E. Kwan Choi and James Harrigan, ed., Handbook of International Trade [M]. Oxford: Basil-Blackwell, 2005, pp. 146 – 185.

[147] Findlay, Ronald And Jones, Ronald W. "Input Trade and the Location of Production" [J]. The American Economic Review, 2004, Vol. 91, No. 2.

[148] Franz Gehrels. "Optimal Restrictions on Foreign Trade and Investment". American Economic Review, 1971, Vol. 61, issue 1, pp. 147 – 59.

[149] Freeman, Clarke and Soete, Unemployment and Technical Innovation: A Study of Long Waves in Economic Development [M]. Frances Pinter, London, Ch. 4 Rosenberg 2002.

[150] Fried, I. "Apple steps up iPod 'tax' push". CNET News. com, 2007, October 18.

[151] Geishecker, I. "Outsourcing and the demand for low-skilled labor in Ger-

man manufacturing: new evidence" [J]. Discussion Paper No. 313, German Institute for Economic Research, 2004.

[152] Geishecker, I. and H. Görg. Do Unskilled Workers Always Lose from Fragmentation. North American Journal of Economics and Finance, 2008. Vol. 16, pp. 81 – 92.

[153] Glass, Amy J. and Kamal Saggi. "Innovation and Wage Effects on International Outsourcing". European Economic Review, 2003, Vol. 45, pp. 67 – 86.

[154] Girma, Sourafel and Holger Gorg. "Outsourcing, Foreign Ownership and Productivity: Evidence from UK Establishment Level Data". Review of International Economics, 2006, Vol. 12. pp. 58 – 67.

[155] Gorg, Holger and Aoife Hanley. "International Outsourcing and Productivity: Evidence from the Irish Electronics Industry" [J]. North American Journal of Economics and Finance, 2008, Vol. 16. pp. 46 – 53.

[156] Gorg, Holger and Aoife Hanley and Eric Strob. "Productivity Effect of International Outsourcing: Evidence from Plant Level Data." [J]. University of Nottingham Researcher Paper, 2009.

[157] Geishecker. I and H. Gorg. "Winners and losers: a micro2level analysis of international out sourcing and wages" [J]. Canadi anJ ournal of Economics, 2010, Vol. 141, No. 11, pp. 243 – 270.

[158] Grossman, Gene M. "Outsourcing in a Global Economy" [J]. Review of Economic Studies, 2007, Vol. 721. pp. 135 – 160.

[159] Grossman, Gene M. and Helpman, Elhanan 1991, "Innovation and Growth in the Global Economy" [M]. MIT-Press, Cambridge. pp. 359.

[160] Grossman, Gene M. and Helpman, Elhanan. "Protection for Sale" [J]. American Economic Review 1994, No. 4 Sept. pp. 84 – 92.

[161] Grossman, Gene M. and Helpman, Elhanan. "Integration vs. Outsourcing in Industry Equilibrium" [J]. Quarterly Journal of Economics, 2004, Vol. 1171, pp. 85 – 120.

[162] Grossman, Gene M. and Helpman, Elhanan. "Outsourcing versus FDI in Industry Equilibirum" [J]. Journal of the European Economic Association, 2005, April-May 12 – 3, pp. 317 – 327.

[163] Grossman, Gene M. and Helpman, Elhanan. "Managerial incentives and the international organization of production" [J]. Journal of International Economics, 2006, Vol. 63, pp. 237 – 262.

[164] Grossman, Gene M. and Helpman, Elhanan. "Outsourcing in a Global

Economy" [J]. Review of Economic Studies, 2008 (72), pp. 135 – 160.

[165] Grossman, G. Helpmam, E. andSzeidl, A. "Complementarities between outsourcing. and foreign sourcing" [J]. American Economic Review 2008, Papers and Proceedings, pp. 19 – 44.

[166] Grossman, Sanford J. and Oliver D. Hart. "The Costs and Benefits of Ownership: A Theory of Vertical and Lateral Integration" [J]. Journal of Political Economy, 1986, Vol. 944, pp. 691 – 719.

[167] Grossman, Gene M. and Esteban Rossi-Hansberg. "Trading Tasks: A Sim-ple Theory of Offshoring" [J]. American E-conomic Review, 2010, 985: 1978 – 1997.

[168] Grossman, Gene M. and Esteban Rossi-Hansberg, "External Economies and International Trade Redux," [J]. The Quarterly Journal of Economics, 2012, Vol. 143, pp. 829 – 858.

[169] Guillaume Gaulier and Francoise Lemoine and Deniz Unal-Kesenci, "China's Integration in East Asia: Production Sharing; FDI & High-Tech Trade" [J]. Working Papers 2007 – 09, CEPII research center, 2007.

[170] Gulati, R. Nohria, N. Zaheer, "A. Strategic Networks" [J]. Strategic Management Journal, 2002, Vol. 21, pp. 94 – 101.

[171] Gereffi, G and Korzeniewicz, M. "Commodity Chains and Global Capitalism" [C]. London: Praeger, 1994.

[172] Gereffi, G. Humphrey, J. Sturgeon, T. "The Gover Nance of Global Value Chains" [J]. Review of International Political Economy, 2007, Vol. 12, pp. 86 – 94.

[173] Haskel, Jonathan E. andMatthew J. Slaughter. "Trade Technology and U. K. Wage Inequality" [J]. Economic Journal, 2003, Vol. 110, pp. 1 – 27.

[174] Harrigan, James. "International Trade and American Wages in General Equilibrium, 1967 – 1995" [J]. in Robert Feenstra, ed. , The Impact of International Trade on Wages. NBER and University of ChicagoPress, 2002, pp. 171 – 193.

[175] Harrigan, James and Rita A. Balaban. "U. S. Wage Effects in General Equilibrium: The Effects of Prices, Technology and Factor Supp lies, 1963 – 1991" [J]. NBER Working Paper, No. 6981, 2002.

[176] Harris, Richard "A Communication Based Model of Global Production Fragmentation" [J]. in Fragmentation: New Production Patterns in the World Economy [M]. edited by Sven W. Arndt and Henryk Kierzkowski. Oxford: Oxford University Press, 2004.

［177］ Hartmut Egger and Peter Egger. "The Determinants of EU Processing Trade" ［J］. The World Economy, 2007, 228, pp. 147 – 168.

［178］ Head, Keith and John Ries. "Offshore Production and Skill Upgrading by Japanese Manufacturing Firms" ［J］. mimeo, University of British Columbia, 2006.

［179］ Helg. R and L. Tajoli. "Patterns of International Fragmentation of Production and the Relative Demand for Labor" ［J］. North American Journal of Economics and Fi nance, 2007, Vol. 116, Iss. 12, pp. 233 – 254.

［180］ Helpman, Elhanan and Paul Krugman 1985, "Market Structure and Foreign Trade" ［J］. Cambridge, MA: The MIT Press, 2002.

［181］ Helpman, M. J. Melitz and S. Yeaple, "Export versus FDI with Heterogeneous Firms" ［J］. The American Economic Review, 2007, Vol. 94, pp. 300 – 316.

［182］ Hijzen A. , Inui T. and Todo Y. "Does Offshoring Pay? Firm-LevelEvidence from Japan" ［J］. RIETI Discussion Paper Series 2008, No. 07 – E – 005. Olsen K. B.

［183］ Hsieh, Chang Tai and Keong T. Woo. "The Impact of Outsourcing to China on Hong Kong's LaborMarket" ［J］. mimeo, Princeton University, 2001.

［184］ Hummels, David; Ishii, Jun and Yi, Kei-Mu. "The nature and growth of-vertical specialization in world trade" ［J］. Journal of International Economics, 2003, Vol. 54, pp. 75 – 96.

［185］ Hummels, Rapoport and Yi. "Vertical Specilization and the Changing Nature of World Trade," Federal Reserve Bank of New York Economic Policy Review, 2001, Vol. 42, June, pp. 79 – 99.

［186］ Ishii, Jun, and Kei-Mu Yi. "The Growth of World Trade" ［J］. Federal Reserve Bank of New York Research Paper, 1997, No. 9718.

［187］ Ishii, Jun, Spencer B J. "Rent-Shifting Export Subsidies with an Imported Intermediate Product" ［J］. Journal of International Economics, 2003, Vol. 482, pp. 199 – 232.

［188］ Jabbour, Liza. "Determinants of International Vertical Specialization and Imp lications on Technology Spillovers" ［J］. presented at the 4th Europaeum Economic Workshop, University of Bologna. http: //www. dse. unibo. it/Europaeum / jabbour. pdf. , 2007.

［189］ Jabbour, Liza and Jean Louis Mucchielli. "Technology Spillovers through Backward L inkages: The Case of the Spanish Manufacturing Industry" ［J］. Cahiers de laMSE, 2006, 73.

［190］ James D. Westphal. "Collaboration in the Boardroom: Behavioral and Performance Consequences of CEO Board Social Ties" [J]. The Academy of Management Journal, 2001, Vol. 21, pp. 123 – 142.

[191] Jones, Ronald, "International capital movements and the theory of tariffs and trade" [J]. Quarterly Journal of Economics, 1967, Vol. 81, pp. 1 – 38.

[192] Jones, Ronald W. "Globalization and the The theory of Input Trade" [J]. Ohlin Lectures, Vol. 8. Cambridge and London: MIT Press. 2002.

[193] Jones, Ronald W. "Private Interests and Government Policy in a Global World" [J]. European. Journal of Political Economy, 2002, Vol. 16, pp. 243 – 56.

[194] Jones, Ronald and Henryk Kierzkowski. "Globalization and Fragmentation" [J]. CIES policy Discussion Paper No. 0010, 2002a, June.

[195] Jones, Ronald W. and Kierzkowski, Henryk. "Globalization and the Consequences of International Fragmentation" [J]. in Rudiger Dornbusch; Guillermo Calvo andMaurice Obsfeld, eds., Money, Factor Mobility and Trade [M]. Cambridge, MA: MIT Press. 2002b.

[196] Jones, Ronald W. and Kierzkowski, Henryk. "Horizontal Aspects of Vertical Fragmentation," in Leonard K. Cheng and Henryk Kierzkowski, eds., Global Production and Trade in East Asia. Boston, MA: Kluwer Academic Publishers, 2004a, pp. 33 – 51.

[197] Jones, Ronald W. and Kierzkowski, Henryk, "A Framework for Fragmentation" [J]. in Fragmentation: New Production Patterns in the World Economy, edited by Sven W. Arndt and Henryk Kierzkowski. Oxford: Oxford University Press, 2004b, pp. 17 – 34.

[198] Jones, Ronald W. and Kierzkowski, Henryk. "International Trade and Agglomeration: An Alternative Approach" [J]. Mimeo, 2005.

[199] Jones, Ronald W. and Kierzkowski, Henryk. "International Fragmentation and the New Econom ic Geography" [J]. North American Journal of Economics and Finance, March 2007, 16.

[200] Jones, Ronald W. and Kierzkowski, H. "International fragmentation and the new economic geography", The North American Journal of Economics and Finance [J]. 2007, 161, pp. 1 – 10.

[201] Jones, Ronald W. Kierzkowski, H. and Lurong, C. "What does the evidence tell us about fragmentation and outsourcing?" [J]. International Review of Economics and Finance, 2007, 143, pp. 305 – 316.

[202] Kaplinsky, R., Morris, M. A Handbook for Value Chain Research [R]. Institute of Development Studies, 2003.

[203] Kaplinsky R. "Sustaining Income Growth in a Globalizing World: The Search for the Nth Rent" [R]. Mimeo, Institute of Development Studies, 2006.

[204] Kaplinsky R. "Sustaining Income Growth in a Globalizing World: The Search for the Nth Rent" [R]. Mimeo Institute of evelopment Studies, 2006.

[205] Kemp, Murray C. "The Gain from International Trade and Investment: A Neo-Heckscher-Ohlin Approach" [J]. American Economic Review, 1966, Vol. 56, pp. 788 – 809.

[206] Kline, S. J. and N. Rosenberg. "An overview of innovation". In: R. Landau and N. Rosenberg Eds 1986 The positive sum strategy: Harnessing technology for economic growth. National Academic Press, Washington, pp. 275 – 305. 1986.

[207] Klein, Crawford and Alchian. "Vertical Integration Appropriable Rents, and the Competitive Contracting Process" [J]. Journal of Law and Economics, 1978, Vol. 21, pp. 297 – 326.

[208] Kohler, Wilhelm. "The Distributional Effects of International Fragmentation" [J]. Germen Economic Review, 2006, Vol. 41, pp. 89 – 120.

[209] Krugman, Paul "Increasing Returns, Monopolistic Competition, and International Trade" [J]. Journal of International Economics, 1979, Vol. 9, pp. 395 – 410.

[210] Krugman, Paul. "Rethinking International trade" [J]. MIT Press, 1990.

[211] Krugman, Paul. "Growing world trade: Causes and consequences" [J]. Brookings Papers on Economic Activity, 1995, Issue 1, 25th Anniversary Issue, pp. 327 – 362.

[212] Krugman, Paul. and J. Venables. "Globalization and the Inequality of Nations," Quarterly Journal of Economics, 1995, Vol. 110, pp. 857 – 880.

[213] Krugman, Paul. "The Increasing Re-turns Revolution in Trade and Geogra-phy" [J]. American Economic Review, 2011, 993, 561 – 571.

[214] Lahiri, Sajal & Nasim, Anjum & Ghani, Jawaid. "Optimal second-best tariffs on an intermediate input with particular reference to Pakistan" [J]. Journal of Development Economics, Elsevier, 2002, Vol. 612, pp. 393 – 416.

[215] Lawrence, R. "Trade, Multinationals, and Labor" [J]. NBER Working Paper No. 4836. 1994.

[216] Leamer, Edward E. "The Effects of Trade in Services, Technology Transfer and Delocalisation on Local and Global Income Inequality" [J]. Asia-Pacific Economic Review, 1998, April Vol. 21, pp. 44 – 60.

[217] Lemoine F. , Ünal-Kesenci D. "China in the International Segmentation of Production Processes" [J]. CEPII Working Paper No. 02, 2004.

[218] Levchenko, Andrei A. "Institutional Quality and International Trade" [J]. IMF working paper 04/231, 2007.

[219] Marin, Dalia & Verdier, Thierry. "Power Inside the Firm and the Market: a General Equilibrium Approach" [J]. CEPR Discussion Papers 3526, C. E. P. R. Discussion Papers. 2004.

[220] Marin, Dalia & Verdier, Thierry. "Corporate Hierarchies and the Size of Nations: Theory and Evidence" [J]. University of Munich, mimeo, 2008.

[221] Masten, S. "the organization of production: evidence from the aerospace industry" [J]. the journal of law and economics, 1984, Vol. 27, pp. 403 – 17.

[222] Markusen, James R. "Trade versus Investment Liberalization" [J]. NBER Working Paper No. W6231. 1997.

[223] Markusen, James R. and Authony J. Venables "Multinational Firms and The Trade Theory" [J]. NBER Working Paper No. 5036, 1995, Febrnary.

[224] Markusen, James R. and Antbony J. Venables. "Multiontioanl Production Skilled Labor and Real Wages" [J]. NBER Working Paper No. 5483, 1998a, March.

[225] Markusen, James R. and Antbony J. Venables. "The Theory of Endowment Intra-industry, and Multinational Trade" [J]. NBER Working Papger No. 5529. 1998b, April.

[226] McLaren, J. "Globalization and vertical structure" [J]. American Economic Review, 2002, Vol. 90, pp. 1239 – 1254.

[227] Melitz, Marc J. "The Impact of Trade on Intra-Industry Reallocations and Aggregate Industry Productivity," Econometrica, 2006, Vol. 71, pp. 1695 – 1725.

[228] Monteverde, Kirk, and David Teece. "Supplier Switching Costs and Vertical Integration in the Automobile Industry." Bell Journal of Economics 1982, Vol. 13, pp. 206 – 12.

[229] Nelson R. R. National Innovation Systems: A Comparative Analysis [M]. NewYork, Oxford University Press, 1993.

[230] Nicolini, Marcella. "Institutional Quality and Comparative Advantage: an Empirical Assessment" [J]. mimeo. Bocconi University, 2008.

[231] North. D. "Government and the cost of exchange in history" [J]. Journal of Economic History, 1984, Vol. 44, pp. 255 – 264.

[232] North, D. "Institutions" [J]. Journal of Economic Perspectives, 1991, Vol. 5, pp. 97 – 112.

[233] Nunn, Nathan. "Relationship-specificity, incomplete contracts and the pattern of trade" [J]. Mimeo, University of British Columbia, 2009.

[234] Ottaviano, Gianmarco I. P. and Turrini, Alessandro. "Distance and FDI When Contracts and Incomplete" [J]. CEPR Discussion Paper 4041, 2005.

[235] Pack, Howard and Kamal Saggi. "Vertical Technology Transfer via International Outsourcing" [J]. Journal of Development Economics, 2003, Vol. 65 2, pp. 389 –415.

[236] Porter, M. E. Competitive Strategy: Techniques for Analyzing Industries and Competitors [M]. New York: FreePress, 1980.

[237] Porter, M. E. The Competitive Advantage of Nations [M]. New York: Free Press.

[238] P. L Joskow. "Contract duration and relationship-specific investments: evidence from coal markets" [J]. American economics review 1987, Vol. 77, pp. 168 – 185.

[239] Puga, Diego and Trefler, Daniel. "Knowledge Creation and Control in Organizations" [J]. NBER Working Paper No. W9121. 2004.

[240] Ranjan, P. and Lee, J. Y. "Contract Enforcement and the Volume of International Trade in Different Types of Goods," mimeo, UC Irvine, 2005.

[241] Reis, A. B. "On the Welfare Effects of Foreign Investment" [J]. Journal of international Economics, 2003, pp. 411 –427.

[242] Robert C. Feenstra and Gordon H. Hanson, "Ownership and Control in Outsourcing to China" [J]. NBER Woking Paper No. 10198, 2005.

[243] Romalis, John. "Factor Proportions and the Structure of Commodity Trade", American Economic Review, 2006, Vol. 94, pp. 67 –97.

[244] Ronald Jones and Henryk Kierzkowski "The Role of Services in Production and International Trade: A Theoretical Framework" [J]. in R. Jones and A. Krueger, The Political Economy of International Trade: Festschrift in Honor of Robert Baldwin, Basil Blackwell, Oxford. 1990.

[245] Rosenbaum, Paul R. and Donald B. Rubin. "The central role of the propensity score in observational studies for causal effects" [J]. Biometrika 1983, 70, pp. 41 –55.

[246] Rosenbaum, Paul R. and Donald B. Rubin. "Reducing bias in observational studies using subclassification on the propensity score" [J]. Journal of the American Statistical Association 1984, Vol. 79, pp. 516 –524.

[247] Sacchetti, S. Sugden, Roger. "The Governance of Networks and Economic Power: The Nature and Impact of Subcontracting Relationships" [J]. Journal of Economic Surveys, 2005, Vol. 17, pp. 116 –137.

[248] Sanyal, Kalyan and Ronald W. Jones. "The Theory of Trade in Middle Products" [J]. The American Economic Review, 1982, March. pp. 16 – 31.

[249] Segura-Cayuela, Ruben. July, "Inefficient Policies, Inefficient Institutions and Trade" [J]. MIT Working paper, 2008.

[250] Schuler, Philip Martin. "Institutions, international trade, and the post-socialist transition" [J]. University of Maryland College Park, Doctor Dissertation, 2005.

[251] Spencer, Barbara J. "International Outsourcing and Incomplete Contracts" [J]. NBER Working Paper, No. 11418, 2007.

[252] Stephen C. "Contracting Practices in Bulk Shipping Markets: A Transactions. Cost Explanation" Journal of Law and Economics, 1993, Vol. 36 pp. 937 – 76.

[253] Strauss-Kahn, V. "The Role of Globalization in the Within-Industry Shift Away from UnskilledWorkers in France" [J] . NBER Working Papers 9716, 2006.

[254] Ten Raa T. , E. N. Wolff, "Outsourcing of Services and the Productivity Recovery in U. S. Manufacturing in the 1980s and 1990s" [J]. Journal of Productivity Analysis, 2003, Vol. 1 16 pp. 78 – 86.

[255] Teece, D. J. "Technology Transfer by Multinational Firms: The Resource Cost of Transferring Technological know-how" [J]. The Economic Journal, 1977, pp. 242 – 261.

[256] Teece, D. J. "Profiting from Technological Innovation" [J]. Research Policy, 1986, Vol. 15, pp. 285 – 305.

[257] Teece, D. J. , G. Pisano and A. Shuen. "Dynamic Capabilities and Strategic Management" [J]. Strategic Management Journal, 1997, Vol. 18, pp. 509 – 533.

[258] Thomas J. Holmes. "Localization of Industry and VerticalDisintegration" [J]. Research Department: Federal Reserve Bank of Minneapolis, 1995, No. 190, pp. 41 – 52.

[259] Yang, X. , "Endogenous vs. Exogenous Comparative Advantages and Economies of Specialization vs. Economies of Scale" [J]. Journal of Economics, 1994, Vol. 60, pp. 29 – 54.

[260] Yi, K-M. "Can Vertical Specialization Explain the Growth of World Trade?" [J]. Journal of Political Economy. 2006, Vol. 111, pp. 52 – 102.

[261] Yeaple, Stephen Ross. "The complex integration strategies of multinationals and cross country dependencies in the structure of foreign direct investment" [J]. Journal of International Economics, Elsevier, 2006, Vol. 602, pp. 293 – 314.

[262] Yeats, A. J. "Just how big is global production sharing? " Arndt, S. W. and H. Kierzkowski eds. : Fragmentation, New Production Patterns in the World Econo-

my, 2004, pp. 108 – 143.

[263] Vernon R. "International investment and international trade in the product cycle" [J]. Quarterely Journal of Eonomics, 1966, Vol. 5, pp. 190 – 207.

[264] Williamson, O. E. "Market and hierarchies : Analyses and Antitrust Inplications. " [J]. New York: Free Press, 1975.

[265] Williamson, O. E. "The Economic Institutions of Capitalism: Firms, Markets, Relational Contracting" [M]. New York: The Free Press. 1985.

后　　记

本书根据我的博士论文修改而成，其延伸研究获得了 2012 年教育部人文社会科学基金一般项目立项。

一个江南灿烂的秋日，怀着美好憧憬，我迈入了心目中的学术圣地——浙江大学。在美丽的玉泉校园，继续圆我人生之梦——攻读经济学博士学位。读博期间，这所百年名校，以其深厚的文化底蕴、浓郁的学术氛围和"求是创新"的研究精神，使我大受裨益，科研素质有了质的飞跃。当然，对一个已近不惑之年的人来说，多年的求学生涯，也让自己遍尝酸甜苦辣。值此本书付梓出版之际，心中除了欣喜，更多的则是感激。

首先要感谢我的两位导师——汪斌教授和黄先海教授。两位导师严谨踏实的治学态度、深厚的理论功底、诲人不倦的学者风范，将成为我一生学习的榜样。我的博士论文从选题、构思到写作都凝聚了汪老师太多的心血。即使在他病重期间，也仍对我给予了悉心的指导与帮助。令人痛心的是，在毕业前最后半年，汪老师却永远离开了我们。往事历历，潸然泪下，愿老师在天堂里安息！在汪老师去世后，我又有幸得到黄先海老师的指导。在论文的最终修改中，黄老师对我的每一个疑惑，总能以渊博的学识和睿智的思维，高屋建瓴地点明症结所在。通过他的精心指导，我的论文质量明显提升，在双向匿名送审中取得了优良成绩。在这里，再一次对黄老师表示深深的感谢！

感谢浙大经济学院的老师们，在史晋川教授、金祥荣教授、张小蒂教授、张旭昆教授、宋玉华教授、蒋岳祥教授、金雪军教授、肖文教授、朱希伟博士、潘士远博士和汪森军博士等老师的课堂上，我学习了精彩纷呈的现代经济学理论。他们严谨的治学态度和深厚的学识功底令人敬佩，他们深邃的学术思想亦深深印入我的脑中，时时刻刻影响着我的学术科研。张小蒂教授、宋玉华教授、顾国达教授、马述忠教授和陈建军教授在我博士论文开题和预答辩过程中，从论文结构的安排到数理模型的建立甚至到具体细节的写作，给我提出了许多的真知灼见。这些宝贵建议最终点点滴滴地融入本书之中。感谢读博期间，给予我学习与生活上热情帮助的同学和朋友。他们是金星、李有、刘练军、郑明海、余冬筠、候茂章、张利风、茹玉骢、李伟庆、蒋承杰等。

感谢我的小学班主任陆家丽老师。作为我的启蒙老师，陆老师教会了我许多知识和做人的道理，并且一直关心着我的成长。感谢我在中国有色 23 冶一公司结识的挚友潘国强、唐文宏和唐松涛。当初，没有他们的鼓励和帮助，我是难以有勇气走上考研之路的。在一公司考研复习的几年中，我们相互鼓励，彼此支持，共同走过了那段艰苦而又充实的人生岁月。相信无论世事如何变迁，我们的友谊都将永不褪色。

本书的写作得到了嘉兴学院省级重点学科——区域经济学的领导和同事的关心与支持，这里不一一列举，深表谢意。本书汲取和引用了国内外许多专家、学者的研究成果，并尽可能在书中作了说明和注释，在此对有关专家、学者一并表示感谢。

将同样的谢意献给我的家人。感谢母亲和哥哥、弟弟对我学习的支持，感谢岳父母在我读硕期间对小女的照料。特别要感谢我的妻子段敏，没有她的支持，我不可能走上继续求学深造的道路；没有她的照顾，我很难有充足的时间和精力从事学术研究。为了我的学习，她付出了很大的牺牲。感谢我的女儿冰冰，小女的聪明活泼亦给了我写作的灵感与乐趣。

最后，将此书献给我慈祥的父亲，愿他老人家在天之灵安息！

唐铁球

2013 年 4 月于南湖之畔